영원히 목마르지 아니하리라

영원히 목마르지 아니하리라

이영훈 지음

초판 인쇄 2013년 5월 15일
초판 발행 2013년 5월 20일

발행처 서울말씀사
편집인 김호성
등 록 제11-105호

서울 강서구 가양동 1487 가양테크노타운 306
Tel. 02-846-9222
Fax. 02-846-9225
http://www.slogos.co.kr

영원히 목마르지 아니하리라

조용기 목사 추천 이영훈 목사 지음

서울말씀사

추천사

오늘날 사람들은 전쟁과 기아와 테러, 질병과 분열과 다툼으로 가득 찬 세상에서 두려움과 불안, 공포를 느끼며 살아가고 있습니다. 마음에 상처와 고통을 안은 채 갈 바를 알지 못하고 방황하고 있습니다. 사람들은 긴장과 불안으로부터 벗어나기 위해 몸부림치며 마음의 평안을 찾기 원하지만, 이 세상 어디에서도 참된 쉼을 얻지 못하고 있습니다.

우리가 참평안을 얻기 위해서는 예수님을 믿고 의지해야 합니다. 물론 예수님을 믿는 우리 그리스도인들도 인생을 살면서 고난과 역경을 피할 수는 없습니다. 그러나 우리에게는 인생에 몰아치는 광풍과 폭우 속에서 우리를 부둥켜안고 메마른 삶의 광야에서 생수로 만족하게 하시는 분, 예수 그리스도께서 계십니다.

주님께서는 십자가에서 몸 찢기고 피 흘려 죽으심으로 우리의 죄악과 불의, 절망과 저주를 비롯한 우리 삶의 모든 문제를 해결하셨습니다.

그러므로 우리가 어떠한 어려움에 처해 있다고 할지라도 십자가에서 죽으시고 부활하신 예수님을 믿음으로 바라보면 진정한 안식을 얻고 평안을 누릴 수 있습니다. 예수님께서는 "평안을 너희에게 끼치노니 곧 나의 평안을 너희에게 주노라 내가 너희에게 주는 것은 세상이 주는 것과 같지 아니하니라 너희는 마음에 근심하지도 말고 두려워하지도 말라"(요 14:27)고 말씀하십니다. 우리가 주님 안에 거할 때 참된 쉼을 얻고 광야와 같은 이 세상을 살아갈 힘과 용기를 얻게 되는 것입니다.

금번에 이영훈 목사님이 수요 말씀 강해 때 은혜를 나눈 요한복음 강해 설교를 엮어 출간하는 이 책을 기쁜 마음으로 추천합니다. 이 설교집을 통해 살아 계신 예수님을 더욱 깊이 만나게 되시기 바랍니다. 그래서 영혼이 잘됨같이 범사에 잘되고 강건하며 생명을 얻되 풍성히 얻는 복을 받아 누리고, 다른 사람들에게 오직 예수 그리스도 안에 진정한 평안이 있음을 전하며 살아가시기를 축원합니다.

2013년 5월

여의도순복음교회

원로목사 조용기

머리말

요한복음은 우리 그리스도인들에게 오랜 벗과 같은 책입니다. 예수님께서 가나 혼인 잔치에서 물로 포도주를 만드신 기적부터 부활하신 후 갈릴리 호숫가에서 베드로에게 "네가 나를 사랑하느냐?" 라고 물으신 이야기까지 그리스도인들에게 친숙한 이야기들로 가득하기 때문입니다. 그리스도인이라면 누구나 암송할 수 있는 성경 구절인 요한복음 3장 16절도 요한복음을 대하는 친숙함을 더해 줍니다.

그리고 요한복음은 예수님께서 사람들과 나누신 대화와 설교가 비교적 쉽게 쓰여져 있습니다. 따라서 이제 막 신앙생활을 시작한 분들이 쉽게 읽을 수 있고 기독교 신앙의 핵심을 접하기에도 매우 유익합니다.

이러한 점은 제가 수요 말씀 강해 시간에 사도행전 강해를 마치고 요한복음 강해를 시작한 이유이기도 합니다. 요한복음을 통해 우리에게 익숙하고 친근해서 자칫 소홀할 수 있는 복음의 본질과 신앙의 기본을 점검할 수 있습니다. 저는 이번 강해집을 통해 다음과 같은 유익이 있기를 바랍니다.

첫째로, 거듭남의 은혜를 새롭게 경험할 수 있기를 바랍니다. 우리 일생에 가장 큰 축복은 예수님을 믿고 하나님의 자녀가 되는 것입니다. 예수 그리스도의 십자가 대속을 믿음으로 말미암아 새사람으로 거듭나는 이 놀라운 축복은 세상의 어느 것과도 바꿀 수 없습니다. 그런데 거듭남의 은혜는 예수님을 구주로 영접한 사람에게만 주어집니다. 부모님의 신앙이나 기독교적인 가족 분위기에 의해 주어지는 것이 아닙니다. 모태신앙인일지라도 예수님을 인격적으로 만나고 삶의 주인으로 인정하고 고백할 때 거듭날 수 있습니다. 또한 거듭난 사람답게 살아가려면 거듭남의 은혜를 날마다 풍성하게 체험해야 합니다. 그럴 때 더욱 신실한 예배자로 설 수 있으며, 넘치는 감사와 감격 가운데 신앙생활을 해 나갈 수 있습니다

둘째로, 성령님에 대해 더욱 깊이 이해할 수 있기를 바랍니다. 사도행전이 '성령의 행전' 이라면 요한복음은 '성령의 복음' 이라고 할 만큼 성령님에 대한 예수님의 가르침이 두드러집니다. 요한

복음에는 사복음서 가운데 유일하게 예수님께서 성령님을 보혜사로 언급하신 기록이 있습니다. 보혜사는 헬라어로 '파라클레토스'인데 '변호자, 위로자, 상담자' 등의 의미를 가지고 있습니다. 보혜사 성령님의 대한 예수님의 가르침은 예수님의 승천 이후 고난과 박해에 직면한 제자들의 사역에 큰 용기와 힘이 되었습니다. 이는 또한 성령의 시대를 사는 현대 그리스도인의 신앙과 복음 전파 사역의 원동력이 무엇이 되어야 하는지 확실히 알게 하신 말씀이기도 합니다.

셋째로, 예수님과의 친밀한 교제가 회복될 수 있기를 바랍니다. 요한복음에는 예수님께서 자신에 대해 말씀하신 기록이 많이 나옵니다. 예를 들면, 요한복음 15장 5절의 "나는 포도나무요 너희는 가지라"는 말씀에서 보듯 예수님은 어떤 분이시며 우리와 예수님은 어떤 관계인지에 대한 풍성한 가르침을 얻을 수 있습니다. 또한 예수님께서는 예수님 자신이 말씀이시며, 성부 하나님께서 보내신 메시아 예수님을 거부하는 것은 하나님 아버지를 거부하는 것임을 분명히 하셨습니다(요 12:44-48). "내가 곧 길이요 진리요 생명이니 나로 말미암지 않고는 아버지께로 올 자가 없느니라"(요 14:6)고 하신 예수님의 말씀은 종교다원주의가 만연한 시대를 살고 있는 현대 그리스도인에게 신앙의 든든한 버팀목이자 구원의 바른 이정표가 됩니다.

요한복음은 예수님을 향한 우리의 사랑과 헌신을 새롭게 합니다. 거듭난 성령의 사람이 되어 작은 예수의 삶을 살아갈 수 있도록 인도해 줍니다. 이 책을 읽는 모든 분들이 작은 예수가 되어 가는 곳마다 그리스도의 향기를 발하고 영생의 말씀을 전파할 수 있기를 바랍니다. 또한 여러분이 가는 곳에 영생의 기쁨과 천국의 평안이 넘쳐 나기를 축복합니다.

2013년 5월

여의도순복음교회

담임목사 이영훈

서론

Introduction

1. 주제

하나님의 아들이시며 세상의 구주이신 예수 그리스도

2. 핵심 성구 : 요한복음 3장 16절

"하나님이 세상을 이처럼 사랑하사 독생자를 주셨으니 이는 그를 믿는 자마다 멸망하지 않고 영생을 얻게 하려 하심이라"

3. 기록자 : 요한

본서의 기록자는 사도 요한이다. 그는 갈릴리 벳새다 사람으로 아버지는 세베대, 야고보와 형제였고 직업은 어부였다(눅 5:10). 예수님의 사랑을 많이 받았으며(요 13:23), 예수님을 가까이 모신 세 명의 제자(베드로, 야고보, 요한) 중의 한 사람이었고(막 9:2), 성격이 급해서 '보아너게', 곧 '우레의 아들' 이라는 별명이 있었다(막 3:17).

요한은 다른 제자들이 다 도망간 후에도 십자가에 달리신 예수님의 곁에 남아 예수님으로부터 어머니 마리아를 보호해 달라는 부탁을 받은 제자였다(요 19:26-27). 그는 요한복음 외에도 요한 1, 2, 3서와 요한계시록을 기록하였으며, 복음을 전하다가 밧모섬에 유배되었고(계 1:9), 주후 100년경 에베소에서 세상을 떠났다고 전해진다.

4. 기록 목적

이 복음서를 기록한 목적은 요한복음 20장 30절부터 31절에 기록된 대로 예수님께서 하나님의 아들 그리스도이심을 믿게 하려 함이요, 또 믿고 그 이름을 힘입어 생명을 얻게 하려는 것이다.

"예수께서 제자들 앞에서 이 책에 기록되지 아니한 다른 표적도 많이 행하셨으나 오직 이것을 기록함은 너희로 예수께서 하나님의 아들 그리스도이심을 믿게 하려 함이요 또 너희로 믿고 그 이름을 힘입어 생명을 얻게 하려 함이니라" (요 20:30-31)

이것은 요한복음뿐 아니라 모든 복음서들의 공통 목적이며, 모든 성경의 일차적인 목적이다(딤후 3:15).

5. 기록될 당시의 상황

요한복음은 복음서 가운데 가장 나중에 기록된 책으로서 1세기 말, 주후 90년경 에베소에서 기록되었다. 사도 요한이 본서를 기록할 때 초대 교회는 로마 정부의 박해를 이겨 내야 했을 뿐만 아니라 교회의 교리를 확립해야 하는 시급한 과제를 안고 있었다. 당시 교회는 안으로는 유대교인들과의 거센 교리적 갈등이 있었으며, 밖으로는 헬라 철학 사상의 영향을 받은 각종 이단들 때문에 어려움을 겪고 있었다.

6. 특징

1) 사복음서 가운데 가장 영적인 책으로서, 단순 명료한 문체로 쓰였다.
2) 시작에서부터 예수님께서 고난당하시는 순간에 이르기까지 하나님의 독생자이신 예수 그리스도의 영광이 강조되었다.
3) 성령님에 대하여 강조하고 있다.
4) 기독교 윤리의 근원적 규범이 되는 사랑과 하나 됨이 잘 나타나 있다.
5) 예수님께서 행하신 사역을 표적들로 정리하고 있으며, 주님의 가르침은 주로 표적들의 의미를 밝히는 형태로 나타난다.
6) '나는 ……이다' 라는 예수님의 신적 권위를 나타내는 표현

이 많이 등장한다.

7) 이상과 같이 예수님의 신성이 많이 나타나 있지만 그와 동시에 예수님의 인성도 많이 나타나 있다(요 4:6, 11:35, 19:28 등).

7. 사복음서 내의 요한복음

신약 성경에는 네 권의 복음서(마태, 마가, 누가, 요한)가 있다. 각 복음서는 예수님의 탄생부터 공생애 사역, 십자가 수난, 부활, 승천까지 예수님의 전 생애에 걸친 사역과 말씀을 기록하고 있다.

그중에서 첫 세 권의 복음서, 즉 마태, 마가, 누가복음을 요한복음과 구분해서 '공관복음' 이라고 부른다. '공관복음(共觀福音)' 이란 같은 관점에서 예수님의 생애와 사역을 보았다는 의미이다. 공관복음과 요한복음은 내용적인 면에서 차이가 있다. 공관복음은 예수님께서 주로 갈릴리에서 활동하신 사실을 나타내고 있으나, 요한복음에서는 유대에서의 행적을 많이 기록하고 있다. 그리고 공관복음에서는 예수님께서 주로 비유로 가르치시는 반면, 요한복음에서는 예수님께서 행하신 표적이 갖는 의미에 관한 긴 설교가 많이 나타난다. 공관복음에서 예수님께서 선포하신 메시지의 핵심 주제는 '하나님의 나라(천국)' 이지만, 요한복음에서는 '영생(영원한 생명)' 이다. 또한 요한복음에는 예수님의 공적인 접촉보다 개인적인 대화가 많아 무려 열다섯 번이나 대화하신 일이 기록되어 있다.

8. 요한복음에 나타난 예수님

사도 요한은 "나는 … 이다"라는 표현을 일곱 차례 사용하여 예수님의 참모습을 묘사하고 있다.

1) 생명의 떡(요 6:35)

2) 세상의 빛(요 8:12, 9:5)

3) 양의 문(요 10:7)

4) 선한 목자(요 10:11, 14)

5) 부활이요 생명(요 11:25)

6) 길이요 진리요 생명(요 14:6)

7) 참포도나무(요 15:1)

9. 개요

대주제	초점	소주제
하나님의 아들 예수 그리스도	표적을 행하심	1. 서문(1:1-18)
		2. 예수님의 공생애(1:19-12장)
	자신을 나타내심	3. 예수님의 고별 설교와 기도(13-17장)
		4. 예수님의 죽으심과 부활(18-21장)

총 21장 878절

차 례

Contents

Chapter 07
누구든지 목마르거든 내게로 와서 마시라

"일어나
네 자리를 들고
걸어가라"

Chapter

05

A Commentary on the Gospel of John

38년 된 병자를 고치신 예수님

John

요 5:1-9

"그 후에 유대인의 명절이 되어 예수께서 예루살렘에 올라가시니라 예루살렘에 있는 양문 곁에 히브리 말로 베데스다라 하는 못이 있는데 거기 행각 다섯이 있고 그 안에 많은 병자, 맹인, 다리 저는 사람, 혈기 마른 사람들이 누워 (물의 움직임을 기다리니 이는 천사가 가끔 못에 내려와 물을 움직이게 하는데 움직인 후에 먼저 들어가는 자는 어떤 병에 걸렸든지 낫게 됨이러라) 거기 서른여덟 해 된 병자가 있더라 예수께서 그 누운 것을 보시고 병이 벌써 오래된 줄 아시고 이르시되 네가 낫고자 하느냐 병자가 대답하되 주여 물이 움직일 때에 나를 못에 넣어 주는 사람이 없어 내가 가는 동안에 다른 사람이 먼저 내려가나이다 예수께서 이르시되 일어나 네 자리를 들고 걸어가라 하시니 그 사람이 곧 나아서 자리를 들고 걸어가니라 이날은 안식일이니"

14

일어나 걸어라

―― 예수님을 만나는 모든 사람은 삶의 용기와 희망을 얻습니다. 예수님께서는 세상에서 고통당하는 사람을 불쌍히 여기십니다. 마음의 상처로 아파하는 사람을 위로해 주시고 그 눈물을 닦아 주십니다. 육신의 병으로 고통당하는 사람을 치료해 주시고 새로운 삶을 허락해 주십니다. 예수님께서는 아무리 많은 죄를 지은 사람일지라도 예수님께 나아오는 사람을 거절하지 않으십니다. 그에게 비판과 정죄가 아닌 사랑과 용서를 베풀어 주십니다. 예수님께서 이 땅에 오신 이유가 우리의 영혼과 몸을 구원하시고, 심판이 아닌 영생을 선물해 주시기 위함이기 때문입니다.

베데스다 연못가에서 38년 동안 병으로 고통당하던 사람도 예수님의 크신 사랑과 은혜를 입었습니다. 예수님께서 그의 삶에 어떠한 능력과 기적을 베풀어 주셨는지 살펴보도록 하겠습니다.

1. 베데스다 연못가

"그 후에 유대인의 명절이 되어 예수께서 예루살렘에 올라가시니라" 요 5:1

예수님께서는 갈릴리 가나에서 두 번째 표적을 보여 주신 후 유대인의 명절을 맞아 예루살렘에 올라가셨습니다. 본문에서는 예수님께서 어느 명절에 예루살렘에 가셨는지는 말씀하고 있지는 않습니다. 20세 이상의 유대인 남자는 반드시 일 년에 세 번, 유월절(무교절), 칠칠절(오순절) 그리고 초막절(장막절)에 예루살렘 성전에서 예배를 드려야 했습니다.

유월절(무교절)은 우리나라의 광복절처럼 이스라엘의 해방 기념일과 같은 의미가 있는 명절입니다. 이스라엘 백성이 애굽에서 430년 동안 종살이하다가 유월절 어린 양의 피로 구원받아서 출애굽 하게 된 것을 기념하는 절기입니다. 칠칠절(오순절)은 유월절 후 7주가 지나고 50일째 되는 날에 지키는 절기입니다. 이때는 그해의 첫 번째 추수에 대한 감사를 드립니다. 또한 이날은 성령께서 강림하신 날이기도 합니다(행 2:1-4). 그리고 초막절(장막절)은 이스라엘 백성이 광야에서 40년 동안 지낸 것을 기억하면서 천막을 치고 그 안에서 머물며 그때의 고난을 생각하는 절기입니다.

예수님 당시 이 세 절기가 되면 예루살렘에 삼백만 명 이상의 유대인들이 모였습니다. 가족과 함께 예루살렘을 찾는 유대인들도 많았는데, 누가복음 2장을 보면 예수님께서 열두 살 때 부모님을 따라 예루살렘에서 와서 유월절을 보낸 기록이 나옵니다.

성경은 "너의 가운데 모든 남자는 일 년에 세 번 곧 무교절과 칠칠절과 초막절에 네 하나님 야훼께서 택하신 곳에서 야훼를 뵈옵되 빈손으로 야훼를 뵈옵지 말고 각 사람이 네 하나님 야훼께서 주신 복을 따라 그 힘대로 드릴지니라"(신 16:16-17)고 말씀하고 있습니다. 이 명령대로 이스라엘 백성들이 절기를 지킬 때 빈손으로 나오지 않고 하나님께서 주신 복을 따라 그 힘대로 예물을 드렸습니다. 이는 신약 시대를 살고 있는 우리도 지켜야 합니다. 우리는 하나님께 예배드리러 나올 때 하나님께서 주신 구원의 은혜와 축복에 대해 감사하는 마음으로 예물을 준비해야 합니다.

"예루살렘에 있는 양문 곁에 히브리 말로 베데스다라 하는 못이 있는데 거기 행각 다섯이 있고" 요 5:2

'양문' 은 예루살렘 북쪽 성곽의 '함메아 망대' 근처에 있는 문입니다. 이 문 근처에는 양을 매매하는 시장이 있었고, 부근의 연못에서 양들을 깨끗이 씻어 제물로 드리기 위해 이 문을 통해 성안으로 들어갔기 때문에 '양문' 이라고 불렀습니다.

이 양문 곁에는 그 이름이 '베데스다' 라는 연못이 있었습니다. '베데스다' 란 히브리어로 '은혜의 집' 이란 뜻입니다. 베데스다 연못에는 다섯 개의 행각이 있었습니다. '행각' 이란 지붕과 기둥은 있는데 벽은 없는 건물을 말합니다. 사람들은 예루살렘 성전에 있는 행각을 '솔로몬 행각' 이라고 불렀습니다.

"그 안에 많은 병자, 맹인, 다리 저는 사람, 혈기 마른 사람들이 누워 (물의 움직임을 기다리니 이는 천사가 가끔 못에 내려와 물을 움직이게 하는데 움직인 후에 먼저 들어가는 자는 어떤 병에 걸렸든지 낫게 됨이러라)" 요 5:3-4

베데스다 연못가에는 각종 질병과 장애로 고통받는 사람들이 모여 있었습니다. 앞을 못 보는 사람, 다리를 저는 사람, 몸에 마비가 온 사람들이 연못가 행각 안에 누워서 물이 움직이기만 기다리고 있었습니다. 그 이유는 천사가 가끔 연못에 내려와서 물을 움직이게 했을 때 제일 먼저 들어가는 사람은 어떤 병이든지 나았기 때문입니다.

오늘날 교회에도 몸과 마음이 병든 사람들이 모여듭니다. 어떻게 보면 세상 사람들보다 더 많은 문제를 가지고 있는 사람들이 모이는 곳이 교회입니다. 그런데 몸이 아픈 사람보다 마음이 아픈 사람이 더 많습니다. 다만 마음의 병은 평소에는 잘 드러나지 않기 때문에 주위 사람들이 모르고 지나치는 경우가 많습니다. 그러나 병든 마음을 가진 사람은 자기 자신도 힘이 들지만, 사소한 일에도 문제를 일으켜 주위 사람들을 힘들게 합니다. 쉽게 분노하고 비난하고 다툼을 일으킵니다. 화를 잘 내는 사람의 특징 중에 하나는 한번 화를 내고 난 다음에는 정작 자신은 왜 화를 냈는지 금방 잊어버리고 평소와 다름없이 지낸다는 것입니다.

〈베데스다 연못으로 추정되는 장소〉

영적 맹인들도 있습니다. 이들은 신앙생활은 오래 해 왔지만 하나님의 말씀을 깨닫지도 못하고 삶에서 실천하지도 못합니다. 또한 자신의 영적 상태는 바로 볼 줄 모르고 다른 사람들의 신앙생활을 자꾸 판단하려고 합니다. 하나님의 은혜를 날마다 경험하면서 온유하고 겸손한 마음으로 다른 사람들을 돌보기보다 문제점을 들춰내려고만 합니다. 영적인 감각이 둔해진 나머지 부족하고 연약한 사람을 더욱 긍휼히 여기시는 하나님의 사랑과 은혜를 볼 수 없기 때문입니다.

신앙의 균형을 잃어버린 사람도 있습니다. 이들은 한쪽에 치우쳐서 그것만이 신앙생활의 전부인 줄로 착각합니다. 삶의 한 부분이 마비된 사람도 있습니다. 이런 사람은 다른 사람들에게 무거운 짐이 되고 맙니다. 이처럼 교회 안에 병든 사람들이 많이 있는 이유는 치료자 되신 예수님께서 오늘도 우리와 성령으로 함께하시기 때문입니다. 예수님께서는 모든 병을 고치시는 의사이시며, 영적 병원인 교회의 병원장이십니다.

> **예수님께서는 모든 병을 고치시는 의사이시며, 영적 병원인 교회의 병원장이십니다.**

베데스다 연못가에 모인 사람들은 언제 물이 움직일지 알 수 없었습니다. 그리고 물이 움직여도 제일 처음으로 들어간 사람만이 병 고침을 받을 수 있었습니다. 이런 이유로 베데스다 연못은 은혜의 집이 아니라 고통의 집이라고 말하는 사람도 있습니다. 병든 사람 중에서도 그마나 몸을 움직일 수 있는 사람이 먼저 뛰어 들어가면 나머지 사람들은 다음 기회를 하릴없이 기다릴 수밖에 없고 중병에 든 사람일수록 뒤로 밀려날 수밖에 없으니 은혜가 아니라 오히려 고통을 주는 집이라는 것입니다.

그런데 그러한 모습은 예수님이 없는 세상의 모습을 보여 줍니다. 하나님을 떠난 사람은 죄악과 탐욕에 물들어 영혼육이 모두 병든 삶을 살아갑니다. 겉으로 볼 때만 조금 달라 보일 뿐이지 그 속은 다 병들었습니다. 하나님 앞에서는 다 똑같은 죄인인 것을 모르고 세상적인 기준에서 좀 더 나은 사람과 그렇지 못한 사람을 나눕니다. 조금이라도 더 세상의 것들을 차지해 보려고 싸우ㄱ 다투고 시기하고 질투합니다. 이처럼 사람들은 자기중심적인 삶을 살아가지만 고통에서 벗어날 수 없습니다.

구주 되신 예수님을 만날 때 우리가 살아가는 이곳이 진정한 의미의 베데스다 연못이 됩니다. 그리고 그 베데스다는 교회입니다. 어제나 오늘이나 영원토록 동일하신 예수님께서 교회 가운데 임하셔서 병으로 고통받는 사람들을 치유해 주고 계십니다. 예수 그리스도의 보혈을 의지하여 믿음으로 예수님께 나아가는 모든 사람의 병을 치료해 주고 계십니다. 그래서 교회 안에 아무리 많은 병자가 모여 있을지라도 소망이 넘칩니다. 또한 예수님께서는 성령으로 우리 안에 들어와 계십니다. 우리가 성령 충만을 받으면 성령의 능력이 나타나 우리 삶이 베데스다가 되고, 우리가 가는 곳이 베데스다가 됩니다. 그래서 우리를 만나는 모든 사람이 우리 안에 계시는 예수님으로 말미암아 영혼이 잘되고 범사가 형통하고 육신이 건강해지는 놀라운 축복을 경험하게 됩니다.

우리는 언제 올지 모르는 천사를 하염없이 기다리는 베데스다 연못가의 사람들이 아닙니다. 언제나 우리와 함께하시며 우리의 영혼과 육신을 건강하게 하시는 예수님을 만난 사람들입니다. 예수님 안에서 진정한 베데스다의 축복을 나누는 여러분이 되시기를 바랍니다. 예수님만이 우리의 치료자요, 평화의 왕이 되십니다. 복음성가 '오 주 없이 살 수 없네'의 가사에는 다음과 같은 고백이 있습니다.

"평화 없는 세상 고통과 싸움뿐 사람들은 무서워 떠네
평화의 왕이 다시 올 때까지 죄와 전쟁은 끝이 없네
오 주 없인 살 수 없네 오직 주께만 구원 있네
주님 없는 세상 평화 없네 오 주 없인 살 수 없네"

우리는 예수님 없는 삶을 살 수 없습니다. 사람이나 물질, 세상 권력을 의지하면 결국 남는 것은 상처와 절망뿐입니다. 영원한 치유와 용서의 연못, 기쁨과 사랑의 연못 되시는 예수님 안에서 사시기 바랍니다.

2. 서른여덟 해 된 병자

"거기 서른여덟 해 된 병자가 있더라" 요 5:5

병 고침을 받으려고 베데스다 연못가에 있는 많은 사람들 가운데 서른여덟 해 된 병자가 있었습니다. 그가 병을 앓아 온 세월이 38년이나 되었으므로 정상적인 삶을 살고자 하는 희망을 포기한 지 오래였습니다. 어떤 의사도, 약도, 그의 병을 고쳐 주지 못했습니다. 마지막 희망과도 같은 베데스다 연못조차 물이 움직일 때 제일 먼저 들어가야 병 고침을 받는데, 그는 병이 너무 깊어서 혼자서는 몸을 움직이지 못했습니다. 이 때문에 그는 비록 몸은 베데스다 연못가에 있어도 마음속은 절망으로 꽉 들어차 있었습니다.

여기서 그가 병을 앓아 온 38년이라는 시간은 이스라엘 백성이 광야에서 방황한 기간을 생각나게 합니다. 이스라엘 백성은 애굽에서 나온 후 2년 만에 가나안 근처 가데스 바네아에 이르렀습니다. 그곳에서 모세는 가나안 땅을 정탐하고 오라고 열두 명의 정탐꾼을 보냈습니다. 정탐을 마친 정탐꾼들 중에 열 명은 부정적인 보고를 했고, 여호수아와 갈렙만이 확신에 찬 긍정적인 보고를 했습니다. 이스라엘 백성은 부정적인 보고에 충동되어 하나님을 원망하고 모세를 죽이려고 했습니다. 그 모습을 본 하나님께서는 이스라엘 백성의 불신앙에 대한 심판으로 그 후 38년 동안 그들로 하여금 광야에서 방황하다가 죽게 하셨습니다.

이 병자가 치유와 회복의 가나안에 들어가지 못한 채 연못가에서 머물며 보낸 38년은 이스라엘이 불신앙으로 말미암아 광야에서 방황하며 보낸 38년 세월을 보여 줍니다. 오늘날 우리도 이와 같습니다. 예수님을 믿는다고 하면서도 예수님의 말씀을 따라 살지 않고 내 생각과 경험만을 의지하여 살면 약속의 땅에 들어가지 못합니다. 세상의 소리에 귀를 기울여 원망, 불평하면 세월을 허송하며 목자를 잃어버린 양처럼 세상이란 광야에서 방황하며 절망 가운데 살아가게 됩니다. 절대 긍정의 믿음으로 주님만 의지하고 나아가야 축복과 기적의 땅에 들어갈 수 있습니다.

어떤 분들은 교회에 나와 예배드릴 때에는 성령 충만하고 마음에 기쁨이 넘치지만 세상에 나가면 자신도 모르게 한숨부터 나온다고 합니다. 물론 나를 둘러싼 모든 환경이 절망적으로 다가올 때가 있습니다. 가정은 가정대로, 직장은 직장대로, 사업장은 사업장대로 마음을 답답하고 힘들게 할 때가 있습니다.

얼마 전에 남대문시장에서 사업을 하시는 장로님과 함께 시장

이곳저곳을 둘러볼 기회가 있었습니다. 그런데 제가 기억하고 있는 예전의 남대문시장의 모습과는 많이 달랐습니다. 발 디딜 틈 없이 붐비고 활기차던 모습은 온데간데없고 불경기란 말 그 자체였습니다. 시장 상인들의 얼굴에는 불안하고 낙심한 마음이 그대로 나타났습니다.

그러나 세상살이가 힘들고 절망스러울 때 믿음의 사람은 더욱 주님을 의지합니다. 갈릴리 호수에 돌풍이 몰아쳐서 예수님과 제자들이 타고 있던 배가 물에 잠기려 하자 제자들은 두려워 떨며 죽게 되었다고 소란을 떨었습니다. 그때 예수님께서 바람과 물결을 꾸짖어 잠잠하게 하신 후 제자들에게 "너희 믿음이 어디 있느냐?" 고 물으셨습니다. 어렵고 힘들 때일수록 주님께 여러분의 믿음을 보여 드릴 수 있기를 바랍니다.

"예수께서 그 누운 것을 보시고 병이 벌써 오래된 줄 아시고 이르시되 네가 낫고자 하느냐" 요 5:6

예수님께서는 서른여덟 해 된 병자가 누워 있는 것을 보시고 그가 얼마나 오랫동안 병을 앓아 왔는지를 아셨습니다. 그리고 그를 불쌍히 보시고 그에게 "네가 낫고자 하느냐?" 라고 물으셨습니다. 예수님은 전지전능하신 하나님이시기 때문에 모든 것을 다 아십니

> 오늘날도 예수님께서는 우리의 문제를 해결해 주시기 위해 찾아 오십니다.

다. 오늘날도 예수님께서는 우리 마음의 아픔, 가정의 문제, 생활을 어려움을 다 아시고 그 문제를 해결해 주시기 위해 찾아오셔서 "마음의 아픔을 치료받기 원하느냐? 가정의 문제가 풀리기 원하느냐? 생활의 어려움이 해결되기 원하느냐?"라고 우리에게 물으십니다.

"병자가 대답하되 주여 물이 움직일 때에 나를 못에 넣어 주는 사람이 없어 내가 가는 동안에 다른 사람이 먼저 내려가나이다" 요 5:7

병자는 예수님의 물음과는 상관없는 대답을 했습니다. 예수님께서 낫기를 원하느냐고 물으셨으니 간단히 "예, 주님. 낫고 싶습니다."라고 대답하면 될 텐데 "물이 움직일 때, 저를 연못에 넣어 주는 사람이 없습니다. 그래서 제가 가려고 애쓰는 동안 다른 사람이 먼저 내려가 버리고 맙니다."라고 신세를 한탄했습니다. 다시 말하면 "병이 낫기를 원하지만 불가능합니다. 방법이 없습니다."라는 대답이었습니다.

우리도 이 병자처럼 기도할 때가 있었다면, 이제는 더 이상 그러한 기도를 하지 말고 분명하게 구해야 합니다. 물질의 어려움을 겪게 되었으면 주님께 도와 달라고 기도하고, 병으로 고통하게 되었으면 주님께 고쳐 주시라고 단순하고도 분명하게 구하십시오. 병 고침 받기 위해 기도하면서 "주님, 의사 선생님이 하는 말이……. 다른 사람들이 하는 말이……. 제가 걸린 병이 얼마나 낫기 힘든 병이냐면……. 이 병에 걸린 사람들을 보니……."라고 할 필요가 없습니다. 주님은 우리의 모든 형편과 사정을 다 아십니다. 우리의 생각에 우리에게 찾아온 문제가 크고 어려워 보여도 주님께는 불가능이 없습니다. 간절한 마음으로 주님께 매달리면 주님께서는 우리를 불쌍히 여기시고 은혜를 베풀어 주십니다. 우리의 질병을 고쳐 주시고, 아픔을 위로해 주시고, 필요를 채워 주십니다.

누가복음 7장 11절부터 17절을 보면 예수님께서 나인 성 과부의 아들을 살려 주신 내용이 기록되어 있습니다. 예수님께서 나인 성을 향해 가시다가 성 밖으로 나오는 운구 행렬을 보셨습니다. 그 성에 살고 있는 어느 과부의 아들이 죽은 것이었습니다. 예수님께서는 그 과부에 대해서도 과부의 아들의 죽음에 대해서도 들으신 적이 없었지만 그 모든 상황을 다 아셨습니다. 그래서 예수님께서는 과부를 불쌍히 여겨 "울지 말라."고 위로하시고 관에 손을 대시며 죽은 아들을 향해 "청년아 일어나라."고 하셨습니다. 그러자 죽었던 아들이 살아나는 기적이 일어났습니다.

나인 성의 과부는 예수님께 아들을 살려 달라고 매달리지 않았습니다. 과부와 함께 있던 사람들이 예수님께 도움을 청한 것도 아니었습니다. 예수님께서 과부의 처지를 아시고 불쌍히 여기셔서 과부의 아들을 살려 주셨습니다. 이것을 보면 예수님께서 고통당하는 사람, 슬픔에 처한 사람, 어려운 처지에 놓인 사람을 얼마나 긍휼히 여기시고 도와주기 원하시는지 알 수 있습니다.

이런 예수님을 주님으로 모시고 사는 우리가 예수님께 기도하면서 신세를 한탄하고 주님께 우리의 상황을 이해시키려고 애쓴다는 것은 불필요한 일입니다. 그저 있는 모습 그대로, 처한 상황 그대로 고백하고 간절히 구하고 나아가면 주님께서 놀라운 은혜와 기적을 베풀어 주십니다.

3. 네 자리를 들고 걸어가라

> "예수께서 이르시되 일어나 네 자리를 들고 걸어가라 하시니 그 사람이 곧 나아서 자리를 들고 걸어가니라 이날은 안식일이니" 요 5:8-9

병자의 대답은 궁색했지만 예수님께서는 단호하게 "네 자리를 들고 걸어가라"고 명령하셨습니다. 그 순간 놀라운 기적이 일어났습니다. 예수님께서 권세 있게 명령하신 순간 병자는 38년 동안 앓아 왔던 병에서 해방되었습니다. 그리고 그 긴 세월 동안 누웠던 자리를 들고 걸어갔습니다. 예수님께서는 질병의 자리, 고통의 자리, 절망의 자리에 누워 있는 우리에게도 단호하게 말씀하십니다. 부정적인 마음, 자기 연민, 상처, 아픔에 눌려 있지 말고 일어나 믿음의 사람답게 걸어가라고 명령하십니다.

> 예수님께서는 우리에게 믿음의 사람답게 걸어가라고 명령하십니다.

이명남 선교사님은 중국 연변과 동남아 지역의 한센인들을 대상으로 사역을 하고 계십니다. 선교사님 역시 한센병을 앓았었습니다. 초등학교 4학년 때 학교 운동장에서 뛰다가 넘어졌는데, 그 상처가 감염되어 한센병에 걸리게 되었습니다. 결국 선교사님은 마을에서 쫓겨나 산골 움막에서 지내다가 소록도로 가게 되었습니다. 하지만 10대 소년에게 그곳은 더 큰 절망의 장소였습니다. 얼굴 형체를 알아볼 수 없는 사람, 손이 뭉개진 수천 명의 사람들을 보니 죽고 싶다는 생각밖에 할 수 없었습니다.

그러던 중 한 장로님의 인도로 교회를 다니게 되었습니다. 그 후 선교사님은 새벽마다 주님께 기도로 매달렸습니다.

"무슨 죄 때문에 내가 한센병에 걸렸습니까? 하나님이 살아 계시다면 나 좀 낫게 해 주십시오!"

신실하신 하나님께서는 절규에 가까운 선교사님의 기도에 응답하셨습니다. 소록도를 방문한 오스트리아 출신의 두 간호사의 정성스러운 치료와 돌봄을 받자 선교사님에게 기적이 일어났습니다. 빠진 머리카락이 나고, 막혔던 코가 뚫리고, 잘 보이지 않던 눈이 보이기 시작했습니다. 이렇게 해서 선교사님은 정상인의 모습을 완전히 회복해 8년 만에 소록도를 떠나게 되었습니다.

소록도를 떠난 선교사님은 자신이 한센인이었다는 것을 숨기고 살았습니다. 한센병 환자에 대한 사람들의 시선은 여전히 냉담했기 때문이었습니다. 그러던 어느 날 예배 중에 누가복음 17장에 나오는 치유 받은 열 명의 나병 환자 가운데 한 명만 돌아와서 예수님께 감사했다는 설교를 듣고 충격을 받았습니다. '하나님께서 나를 깨끗하게 치료해 주셨는데, 감사하지 못하고 비겁하게 한센병 환자였다는 사실을 숨기며 살다니!' 라는 생각에 자신이 한없이 부끄러웠습니다.

이후 선교사님은 자신이 한때 한센인이었음을 밝히고 자신의 체험을 수기로 써서 한센인에 대한 사회적 편견을 깨기 위해 노력했습니다. 또한 월급을 쪼개어 옷과 의약품을 사서 한센인들에게 나누어 주기 시작했습니다. 그러던 중 본격적으로 한센인들을 위한 사역을 하기 위해 2000년에 한센인 전문 선교사로 헌신하고 2002년에는 한센국제선교회를 설립했습니다. 선교사님은 연변 조선족 자치구, 중국 광동성, 인도 뱅갈로, 필리핀 딸라 등지에 있는 한센인 마을을 찾아가 한센병 환자들을 돌보았습니다. 가족들마저도 등을 돌린 그들을 진심으로 사랑하고 섬기는 선교사님의 모습은 그들에게 깊은 감동을 주었습니다.

최근 선교사님은 부산 상애원의 설립자이자 '한국 한센인들의 친구'라 불리는 호주 출신의 맥켄지 선교사님의 사랑에 보답하는 마음으로 '호주 맥켄지 한센 선교회'를 설립했습니다. 이명남 선교사님은 이렇게 말했습니다.

"이런 일을 기독교인이 아니면 누가 하겠습니까? 하나님께서 이 일을 시키기 위해 저를 깨끗하게 치료하셨다고 생각합니다."

우리는 모두 하나님의 은혜를 입은 사람들입니다. 예수 그리스도의 십자가 대속으로 말미암아 죄와 죽음에서 해방된 사람들입니다. 예수님께서 보혈을 흘려 주셨기 때문에 우리는 새로운 삶을 살게 되었습니다. 이 놀라운 은혜와 사랑을 받았음에도 불구하고 우리의 형편과 처지를 핑계 삼아 믿음의 길을 포기하고 주저앉아 있어서는 안 됩니다. 주님의 은혜에 감사드리며 고통과 절망에 처한 이웃들을 찾아가 주님의 사랑으로 섬기며 살아가야 합니다.

사랑하는 여러분, 예수님을 만난 사람의 삶에는 사랑과 용서, 치유와 기쁨이 있습니다. 세상은 우리에게 아픔과 상처를 가져다주지만 예수님께서는 우리에게 희망과 용기를 주십니다. 예수님과 함께한다면 어떠한 시련과 역경이 찾아와도 믿음의 길을 굳건히 걸어갈 수 있습니다. 예수님 앞에는 어떠한 병마도, 절망도, 고난도 문제가 되지 않습니다. 날마다 능력의 주님 앞에 나아가는 여러분 되시기를 바랍니다.

묵상을 위한 질문

1. 베데스다 연못가에 모인 수많은 병자들의 모습에서 우리는 오늘날의 어떤 모습을 떠올려 볼 수 있습니까(요 5:3-4)?

2. 예수님께서는 베데스다 연못가의 38년 된 병자를 보시는 순간 그의 병이 오래된 것을 아셨습니다(요 5:6). 여기서 우리는 예수님께서 어떤 분이신지를 알 수 있습니까?

3. 예수님께서 38년 된 병자에게 "네가 낫고자 하느냐"라고 물으셨을 때 그는 어떻게 대답했고, 알 수 있는 그의 상태는 어떠합니까(요 5:7)?

4. 예수님께서는 38년 된 병자를 어떻게 치유하셨습니까(요 5:8-9)?

5. 당신은 예수님께서 고쳐 주시기를 간구하는 것이 있습니까? 만약 있다면, 치유를 위해 어떻게 기도해야 할지 구체적으로 적어 보십시오.

암송 성구

"예수께서 그 누운 것을 보시고 병이 벌써 오래된 줄 아시고 이르시되 네가 낫고자 하느냐" (요 5:6)

요 5:10-18

"유대인들이 병 나은 사람에게 이르되 안식일인데 네가 자리를 들고 가는 것이 옳
지 아니하니라 대답하되 나를 낫게 한 그가 자리를 들고 걸어가라 하더라 하니 그
들이 묻되 너에게 자리를 들고 걸어가라 한 사람이 누구냐 하되 고침을 받은 사람
은 그가 누구인지 알지 못하니 이는 거기 사람이 많으므로 예수께서 이미 피하셨
음이라 그 후에 예수께서 성전에서 그 사람을 만나 이르시되 보라 네가 나았으니
더 심한 것이 생기지 않게 다시는 죄를 범하지 말라 하시니 그 사람이 유대인들에
게 가서 자기를 고친 이는 예수라 하니라 그러므로 안식일에 이러한 일을 행하신
다 하여 유대인들이 예수를 박해하게 된지라 예수께서 그들에게 이르시되 내 아버
지께서 이제까지 일하시니 나도 일한다 하시매 유대인들이 이로 말미암아 더욱 예
수를 죽이고자 하니 이는 안식일을 범할 뿐만 아니라 하나님을 자기의 친아버지라
하여 자기를 하나님과 동등으로 삼으심이러라"

15

내 아버지께서 이제까지 일하시니

—— 예수님께서는 우리의 치료자이십니다. 예수님께서는 우리의 병든 영혼을 고치시고, 병든 마음과 육신도 치료해 주십니다. 예수님께서는 못 고치시는 질병이 없습니다. 예수님께서는 우리에게 무한하고 변함이 없는 사랑을 주십니다. 예수님의 사랑의 손길이 닿는 곳마다 치유와 회복이 있고, 예수님을 만나는 모든 사람이 변화를 경험합니다. 우리는 질그릇같이 깨어지기 쉬운 존재이지만, 우리의 삶 가운데 예수님을 모시고 살면 어떠한 시련과 역경도 이겨 낼 수 있습니다. 우리가 연약하면 연약할수록 주님께서는 우리를 더욱 강하게 붙잡아 주십니다. 그러므로 우리는 항상 넘치는 감사로 주님께 나아가며 주님을 위해 살아가야 합니다.

베데스다 연못가의 서른여덟 해 된 병자도 예수님의 이러한 은혜와 긍휼을 입었습니다. 그러나 그는 예수님께 감사를 드리고 하나님께 영광을 올려 드리기는커녕 도리어 예수님께서 유대인들의 박해를 받게 하는 도구가 되었습니다.

1. 비판적인 유대인들의 모습

"유대인들이 병 나은 사람에게 이르되 안식일인데 네가 자리를 들고 가는 것이 옳지 아니하니라" 요 5:10

예수님께서는 소망 없이 살아가던 서른여덟 해 된 병자에게 새로운 삶을 선물해 주셨습니다. 우리가 병원에 입원해서 침대에 일주일만 누워 있어도 너무 갑갑하고 힘이 듭니다. 더구나 붕대를 감고 움직이지 못한 채로 지내면 얼마나 답답한지 모릅니다. 그러다가 퇴원하고 붕대도 풀게 되면 날아갈 듯 기분이 좋습니다. 그런데 이 병자는 자그마치 38년 동안이나 병석에 누워 있다가 일어났습니다. 그를 고통스럽게 하던 병도 깨끗이 고침 받았습니다. 그의 인생에서 최고의 순간을 맛보게 된 것입니다.

그런데 이때 문제를 제기한 사람들이 있었습니다. 바로 예수님의 사역을 지속적으로 반대하고 훼방하는 유대인들이었습니다. 그들은 병 나은 사람에게 "안식일에 네가 자리를 들고 가는 것이 옳지 않다."라고 정죄했습니다. 이러한 정죄에는 그들만의 명분이 있었습니다.

하나님께서 모세를 통해 주신 십계명 중 네 번째 계명이 '안식일을 기억하여 거룩히 지키라'는 것입니다. 이 말씀은 안식일에는 주님께 예배드리고 찬양을 드리고 영광 돌리고 세상의 기쁨과 육신적인 쾌락을 금하라는 뜻이며, 오직 주님을 위한 날이 되게 하라는 것입니다.

그런데 율법주의적인 유대인들은 계명의 본뜻을 이해하고 따르기보다 안식일에 해서는 안 될 행위만을 찾는 일에 초점을 맞췄습니다. 유대인 장로들의 전통을 모아서 기록한 '미쉬나'에는 안식일에 금하는 39가지 조항이 들어 있습니다. 그중 39번째 조항은 물건을 옮기는 것에 관한 것인데, 이에 따르면 집에서 쓰는 깔개를 옮겨도 안식일을 범한 것이 됩니다. 안식일에는 예배를 드리기 위해 1km 이하로 이동하는 것만 허락되었습니다. 그래서 유대인들은 이 규정을 지키기 위해 회당 1km 반경 안에 집을 지어 거주했습니다. 이렇게 율법주의적인 유대인들은 규정을 구체화시키고, 조항을 많이 추가시켜서 예수님 당시에는 613개나 되었습니다. 613개 중에서 해서는 안 되는 것이 365개이었고, 해야 되는 것이 248개이었습니다.

영국의 저명한 기독교 사상가인 C. S. 루이스는 그의 저서 『피고석의 하나님』에서 다음과 같이 말했습니다.

"옛날 사람들은 피고인이 재판장에게 가듯 하나님께(또는 신들에게) 나아갔다. 하지만 현대인의 경우에는 그 역할이 뒤바뀌었다. 인간이 재판장 자리에 앉아 있고 하나님이 피고석에 앉아 있다. 인간은 하나님에게 전쟁, 가난, 질병을 왜 허용하셨는지 조리 있게 설명해 달라고 요구한 뒤, 하나님이 이에 대해 얘기하시면 아주 이해심 많은 재판장인 양 귀를 기울인다. 물론 인간이 하나님에게 '무죄'를 선고하면서 재판이 끝날 수도 있다. 그러나 중요한 사실은 인간이 판사석에 앉아 있고, 하나님은 피고석에 계시다는 것이다."

예수님을 적대시한 율법주의적인 유대인들이 저지른 잘못은 하나님의 뜻을 이해하려고 하기보다 자신들이 규정을 만들어 하나님의 자리에서 사람들을 정죄하려고 한 것입니다. 심지어 그들은 하나님의 아들인 예수님을 정죄하고 십자가에 못 박는 일에 앞장섰습니다.

하나님의 자리에 앉아 자신의 기준으로 선과 악을 판단하고 정죄하는 것이 바로 교만입니다. 어떤 사람은 다른 사람의 구원까지도 자신의 재판대에 올려놓습니다. 다른 사람의 겉모습만 보고 자기 마음대로 "그 사람은 구원받지 못했어."라며 하나님께 속한 구원에 대해 판단합니다. 하나님만이 재판장이 되시고, 옳고 그름을 판단하실 수 있습니다.

"대답하되 나를 낫게 한 그가 자리를 들고 걸어가라 하더라 하니"
요 5:11

병 나은 사람은 유대인들의 공격적인 비판을 받자 마땅히 대답할 말을 찾지 못하고, 그저 '나를 낫게 한 그가 자리를 들고 걸어가라 하더라'는 옹색한 대답을 했습니다. 이것을 보면 병 나은 사람에게 문제가 많습니다. 몸의 병은 나았지만 38년 동안 패배 의식과 절망으로 얼룩진 마음은 그대로였습니다. 예수님께서 자신의 병을 고쳐 주셨으니 "누구십니까? 누구신데 저를 이렇게 불쌍히 보시고 병을 고쳐 주십니까?"라고 묻고 감사를 드려야 할 텐데, 그는 그러지 않았습니다. 그리고 자신을 정죄하는 율법주의적인 유대인들에게 "나를 고쳐 준 사람이 자리를 들고 가라고 해서 들고 갔습니다."라고 대답하면서 그들의 비난을 피하려고만 했습니다.

은혜를 베푸신 분을 기억하고 감사와 찬양을 드리는 것은 매우 중요한 일입니다. 우리가 예수님을 믿음으로써 놀라운 은혜와 축복을 받고 살면서도 주님께 감사하지 못하고 심지어 주님을 잊어버리고 살면 병 나은 사람과 다를 바가 없습니다. 어떤 사람은 잘되면 내

탓, 잘못되면 주님 탓을 하기도 합니다. 이런 사람은 성숙한 그리스도인이라고 할 수 없습니다. 축복을 받으면 오직 주님께만 영광을 돌리고, 고난을 만나면 혹시 나에게 부족함과 잘못이 있는지 돌아볼 줄 아는 사람이 성숙한 그리스도인입니다.

> **"그들이 묻되 너에게 자리를 들고 걸어가라 한 사람이 누구냐 하되 고침을 받은 사람은 그가 누구인지 알지 못하니 이는 거기 사람이 많으므로 예수께서 이미 피하셨음이라"** 요 5:12-13

유대인들은 병 나은 사람에게 "너에게 자리를 들고 걸어가라 한 사람이 누구냐"라고 재차 다그쳤습니다. 예수님께서는 행각에 모인 많은 사람들을 피해 이미 자리를 떠나셨기 때문에 병 나은 사람은 이 질문에 대답하지 못했습니다. 그저 "나를 고친 사람이 누군지 모릅니다."라고 말할 수밖에 없었습니다.

병 나은 사람을 정죄하고 추궁하는 유대인들에게서 우리는 하나님의 은혜에서 멀어진 사람들의 모습을 볼 수 있습니다. 그들은 오랜 세월 동안 병으로 고통받던 사람이 병에서 해방되어 새 삶을 찾게 된 것에는 관심이 없었습니다. "하나님께서 함께하셨군요! 하나님께서 병을 고쳐 주셨어요! 하나님께서 참으로 살아 계십니다!"라고 감사를 드리고 하나님을 찬양해도 부족할 텐데, 오히려 그들은 자신들이 만들어 놓은 규정을 어긴 사람을 찾는 일에만 혈안이 되었습니다.

우리 신앙의 본질은 사랑과 섬김입니다. 내가 받은 예수님의 사랑으로 이웃을 사랑하고 예수님을 섬기듯 이웃을 섬기는 것이 우리 신앙의 모습이 되어야 합니다. 내 기준에 맞지 않는다고 비판하고 정죄하고, 작은 실수 하나도 용납하지 못하는 모습은 예수님을 적대시했던 율법주의적인 유대인들의 모습입니다. 교회에서 봉사하는 분들 중에는 신앙생활을 시작한 지 얼마 되지는 않았지만 구원받은 감사와 감격 때문에 무슨 일이든 가리지 않고 열심히 봉사하는 분들이 있습니다. 그런데 아직은 미숙한 부분이 있어서 실수할 때도 있기 마련입니다. 그런 모습을 보면 격려해 주고 더욱 열심히 주의 일을 감당하도록 이끌어 주는 것이 먼저 신앙생활을 해 온 분들의 역할입니다.

> **우리 신앙의 본질은 사랑과 섬김입니다.**

얼마 전에 순복음의정부교회 박종선 목사님을 뵐 기회가 있었습니다. 목사님은 저에게 "이 목사님, 나는 지금까지 비행기를 그렇게 많이 탔어도 비행기가 뜨는 것을 본 적이 없어요."라고 말씀하셨습니다. 그 말씀은 비행기에 오르자마자 잠이 든다는 것입니다. 그래서 기내식이 나올 시간이 돼서 승무원이 깨우면 그때 일어난다고 하셨습니다. 그만큼 주님 안에서 마음이 평안하신 것입니다.

목사님은 이런 간증도 하신 적이 있습니다. 목사님이 봉천동에서 목회하던 시절에 있었던 일입니다. 연탄 장수가 연탄을 가득 실은 손수레를 끌고 오르막길을 오르고 있어서 목사님이 손수레를 뒤에서 밀어 주셨습니다. 그랬더니 연탄 장수가 목사님께 감사하다며 누구시냐고 물었습니다. 그래서 목사님은 "봉천동교회 박 목사입니다. 우리 교회에 한번 나오세요."라고 대답하셨습니다. 그리고는 헤어졌는데 다음 주일에 양복을 말끔히 차려입은 한 신사가 예배를 드리러 왔습니다. 예배를 마치고 성도들과 인사를 하는데 그 신사가 다가와서 인사를 했습니다. 목사님이 누군지 몰라서 물었더니 손수레를 끌던 연탄 장수였습니다. 그렇게 손수레를 밀어 준 인연으로 교회에 나오기 시작한 그분은 신앙생활을 열심히 했습니다. 그 후 그분은 결혼을 하고 온가족을 예수님께로 인도했으며, 아들을 믿음으로 잘 키워 명문대에 진학시켰습니다. 목사님은 손수레를 밀어 준 것뿐이었는데 그것이 계기가 되어 그분이 교회에 나와 신앙생활을 하게 되었고, 또 그의 가정이 하나님의 복을 받아 형통하게 되었습니다. 목사님의 작은 섬김이 한 가정에 하나님의 은혜와 축복이 임하는 통로가 된 것입니다.

하나님의 은혜와 축복은 우리의 사랑 실천과 작은 섬김에서 비롯됩니다. 선한 마음과 긍휼히 여기는 마음으로 이웃을 돌보고 섬기는 것이 우리 그리스도인들이 할 일입니다. 비판하고 정죄하는 것은 믿음의 사람들이 할 일이 아닙니다.

하나님의 은혜와 축복은 우리의 사랑 실천과 작은 섬김에서 비롯됩니다.

사랑으로 밀어 주고 끌어 주어야 합니다. 하나님을 신실하게 섬긴다고 자부하던 유대인들은 병 고침을 받은 사람의 기쁨에 함께하기보다 자신들의 잣대에 맞춰 그를 비판하고 정죄하기 바빴습니다. 꼬투리를 잡아서 돌을 던지려고 하는 모습은 하나님께서 기뻐하시지 않습니다. 그것은 천국의 마음이 아닙니다. 성숙한 그리스도인은 오직 겸손한 마음으로 자기보다 남을 더 낫게 여기고 이웃들을 섬기고 돌보아 줍니다.

2. 예수님을 박해하는 유대인들

"그 후에 예수께서 성전에서 그 사람을 만나 이르시되 보라 네가 나았으니 더 심한 것이 생기지 않게 다시는 죄를 범하지 말라 하시니" 요 5:14

그 후에 예수님께서는 병 나은 사람을 성전에서 다시 만나 그에게 "네가 나았으니 더 심한 것이 생기지 않게 다시는 죄를 범하지 말라"고 말씀하셨습니다. 예수님의 이 말씀을 통해 그의 병이 죄 때문이었다는 것을 알 수 있습니다.

우리는 고의적인 죄, 습관적인 죄, 연약함에서 오는 죄를 짓습니다. 그러나 죄인 줄 알면서 죄의 유혹을 뿌리치지 못하고 빠져 들어가면 죄의 결과를 피할 수 없습니다. 죄는 우리의 삶에 많은 문제를 일으키고 질병을 가져오기도 합니다.

그런데 모든 병이 다 죄로부터 오는 것은 아닙니다. 감기에 걸린 사람한테 "죄지었죠? 회개하세요."라고 하는 사람도 있습니다. 건강관리를 잘못해서 감기에 걸릴 수도 있고, 바쁜 생활에 피로가 누적돼서 면역력이 약해진 탓에 감기에 걸릴 수도 있습니다. 길을 가다가 돌에 걸려 넘어진 사람에게 "무슨 죄를 지었기에 돌부리에 걸려 넘어졌어요?"라고 하는 사람도 있습니다. 모든 질병은 귀신이 가져다주는 것이라고 말하는 사람도 있습니다. 이런 것들은 잘못된 것입니다.

요한복음 9장을 보면 날 때부터 맹인 된 사람의 이야기가 나오는데, 그가 눈먼 이유를 묻는 제자들에게 예수님께서는 "이 사람이나 그 부모의 죄로 인한 것이 아니라 그에게서 하나님이 하시는 일을 나타내고자 하심이라"(요 9:3)고 말씀하셨습니다. 이처럼 하나님께서 하시는 일을 나타내기 위한 병도 있습니다.

욥과 같은 경우도 있습니다. 욥기 2장 7절부터 8절을 보면 "사탄이 이에 야훼 앞에서 물러가서 욥을 쳐서 그의 발바닥에서 정수리까지 종기가 나게 한지라 욥이 재 가운데 앉아서 질그릇 조각을 가져다가 몸을 긁고 있더니"라고 기록되어 있습니다. 이는 마귀가 하나님의 사람을 시험하기 위해서 질병을 가져다준 경우입니다.

이처럼 사람이 병드는 이유는 자신이 지은 죄 때문일 수도 있고, 하나님께서 영광을 받으시기 위해서일 수도 있고, 마귀가 시험하기 위해서일 수도 있고, 자신이 건강관리를 잘못해서일 수도 있습니다.

병이 들면 고통스럽기도 하지만 육신의 고통을 겪는 다음에 얻는 유익도 있습니다. 병을 고침 받아 하나님의 은혜를 경험하는 사람은 그 신유의 체험으로 인해 하나님께 더 가까이 나아가게 되고 하나님께 대한 확고한 믿음을 갖게 됩니다. 그리고 한번 아프고 나면 병든 사람들에게 관심을 갖게 됩니다. 자신이 아파 보니까 "저 사람들도 저렇게 고생하고 있구나."라는 생각을 하게 되고 병자들을 찾아가 위로해 주게 됩니다.

"그 사람이 유대인들에게 가서 자기를 고친 이는 예수라 하니라"
요 5:15

병 나은 사람은 자신을 고쳐 준 사람이 예수님이라는 사실을 알게 되자 자신을 추궁하던 유대인들에게 가서 "나를 고쳐 준 사람은 예수라는 사람입니다."라고 말했습니다. 이를테면 고자질을 한 것입니다. 꿈에도 생각하지 못한 병 고침의 은혜를 베풀고 새로운 삶을 허락해 주신 분에 대한 고마운 마음도 없이 유대인들의 비난을 피하려고만 했습니다.

이때 그가 "먼저 하나님께 모든 영광을 올려 돌립니다. 저를 고쳐 주신 분은 하나님의 아들인 것이 틀림없습니다. 여러분도 예수님을 믿으세요."라고 말했다면 믿음의 인물로 기록되었을 것입니다. 세상이 뭐라고 하든, 어떠한 고난과 핍박을 받든 은혜의 주님, 사랑의 주님을 담대하게 증거할 수 있어야 합니다.

서상륜 선생은 한국에서 가장 먼저 기독교를 받아들이고 복음 전도자가 된 분입니다. 그는 본래 뼈대 있는 양반 집안에서 태어났지만, 부모님이 콜레라로 세상을 떠나고 가세가 기울자 만주를 오가며 인삼 장사를 했습니다. 그러던 중 중국의 '영구'라는 지방에 갔다가 그만 장티푸스에 걸려 사경을 헤매게 되었습니다. 그때 그의 목숨을 구한 사람이 바로 매킨타이어 선교사였습니다.

중국에서 선교 중이던 매킨타이어 선교사는 생명이 위급한 서상륜 선생을 자기 집으로 데려와서 영국인 의료 선교사 헌터의 진료를 받게 했습니다. 그 결과 서상륜 선생은 2주 만에 완쾌될 수 있었습니다. 서상륜 선생은 이러한 은혜에 감사해 매킨타이어 선교사에게 "제가 은혜를 갚을 방법이 없겠습니까?"라고 물었습니다. 이때 매킨타이어 선교사가 이와 같이 대답했습니다.

"당신이 진정으로 은혜를 갚기를 원한다면 하나님께 감사하고 예수님을 믿기 바랍니다."

이 말에 시상륜 선생은 매킨타이어 선교사의 처남인 로스 선교사에게 세례를 받고 그가 추진하던 누가복음 번역에 참여하게 되었습니다. 당시 매킨타이어 선교사와 로스 선교사는 성경을 한국어로 번역하고 반포할 계획으로 한국인 동역자를 구하고 있었는데, 학식 있는 서상륜 선생이 참여하게 되어 성경 번역 작업이 활기를 띠게 되었습니다. 누가복음 번역에 그의 공이 얼마나 컸던지, 와그너 선교사는 "로스 번역이 아니라 '서씨 번역' 이라고 하는 것이 맞지 않은가?" 라고 말할 정도였습니다.

성경을 번역한 후 그는 성경을 가지고 몰래 국경을 넘다가 국경 관리에게 발각되었습니다. 당시 쇄국 정책으로 인해 성경은 금서로 지정되어 있었기 때문에 그는 가지고 있던 성경을 모두 압수당하고, 감옥에 갇히고 말았습니다. 그러나 그는 한국인 관리인 김효순과 김천련의 도움으로 탈출할 수 있었습니다. 그때 그는 자기 한 몸도 빠져나오기 힘든 상황에서 압수당한 복음서를 찾아 달라고 강청하여 10여 권의 성경을 건질 수 있었습니다.

이후 서상륜 선생은 많은 사람들에게 성경을 배포하며 복음을 전했으며, 그가 한국 기독교에 세운 공은 이루 헤아릴 수 없습니다. 한국 최초의 교회인 소래교회를 세웠으며, 그가 전도한 사람들이 언더우드 선교사가 세운 새문안교회의 개척 멤버들이 되었습니다. 그리고 동생 서경조 선생은 한국 장로교 최초의 목사 7인 중 한 분이 되었습니다. 그는 받은 은혜에 감사함으로 풍성한 열매를 맺은 진실한 그리스도인이었습니다.

"그러므로 안식일에 이러한 일을 행하신다 하여 유대인들이 예수를 박해하게 된지라" 요 5:16

유대인들은 안식일에 서른여덟 해 된 병자를 치유했다는 이유로 예수님을 정죄하고 박해했습니다. 그리고 이때부터 지속적으로 예수님을 핍박하고 예수님의 사역을 방해했습니다.

연약한 사람을 감싸 주고 긍휼을 베푸는 예수님과 같은 그리스도인이 되시기 바랍니다. 영혼을 살리는 말, 치료하는 말, 용기와 힘을 북돋아 주는 말을 하시기 바랍니다. 유대인들처럼 자신들의 형식과 기준으로 다른 사람을 비판하고 정죄하지 않기를 바랍니다.

3. 쉬지 않고 일하시는 예수님

"예수께서 그들에게 이르시되 내 아버지께서 이제까지 일하시니 나도 일한다 하시매" 요 5:17

안식일에 병자를 고쳤다는 이유로 예수님을 박해하는 유대인들을 향한 예수님의 대답은 간단명료했습니다. "내 아버지께서 이제까지 일하시니 나도 일한다." 예수님의 이 말씀은 곧 하나님과 예수님은 한 분임을 분명히 밝히신 것입니다. 하나님이신 예수님께서는 율법주의적인 유대인들이 만들어 놓은 규정에 제한을 받지 않으십니다. 예수님께서 하시는 일은 곧 하나님께서 하시는 일이기 때문입니다.

> **예수님께서는 성령으로 우리와 함께 하시며 잠시도 쉬지 않고 일하고 계십니다.**

하나님께서는 졸지도 주무시지도 않으시고 우리를 불꽃 같은 눈으로 지켜보고 계십니다. 시편 121편 3절은 "야훼께서 너를 실족하지 아니하게 하시며 너를 지키시는 이가 졸지 아니하시리로다"라고 말씀하고 있습니다. 예수님께서는 성령으로 우리와 함께하시며 잠시도 쉬지 않고 일하고 계십니다.

예수님께서 안식일에 38년 동안 병으로 고통당하던 사람을 고치신 것은 전혀 문제가 되지 않습니다. 왜냐하면 예수님께서 안식일의 주인이시기 때문입니다.

"인자는 안식일의 주인이니라" (눅 6:5)

유대교는 토요일을 안식일로 지킵니다. 안식일의 주인이신 예수님을 인정하지 않기 때문입니다. 초대 교회 당시에는 토요일과 예수님께서 부활하신 날, 즉 지금의 주일에 예배를 드렸습니다. 그러던 것이 유대교의 박해로 토요일을 안식일로 지킬 수 없게 되었습니다. 그리고 예수님께서는 안식일의 주인이시고 하나님과 한 분이시며 모든 찬양과 경배를 받으시기에 합당하신 분이시기 때문에 그리스도인들은 예수님께서 부활하신 날을 주님의 날로 정해 예배를 드리게 된 것입니다. 어떤 사람들은 토요일을 안식일로 지켜야 구원을 받을 수 있다고 주장하기도 합니다. 그러나 절기나 날짜는 결코 구원의 조건이 될 수 없습니다. 예수님을 믿는 것 외에 다른 조건이 있을 수 없습니다.

"유대인들이 이로 말미암아 더욱 예수를 죽이고자 하니 이는 안식일을 범할 뿐만 아니라 하나님을 자기의 친아버지라 하여 자기를 하나님과 동등으로 삼으심이러라" 요 5:18

예수님께서 하나님을 자기의 친아버지라 하여 자기를 하나님과 동등하다고 말씀하시자, 유대인들은 예수님에 대해 살의를 품었습니다. 그들이 볼 때 하나님과 자신을 동등하다고 말하는 것은 안식일을 범하는 것보다 더 큰 죄였습니다. 예수님에 대한 그들의 이러한 판단은 결국 예수님을 십자가 죽음으로 이끌었습니다. 율법주의적인 비판만을 일삼던 유대인들이 하나님의 뜻을 깨닫지 못하고 돌이킬 수 없는 죄악을 저지르게 된 것입니다. 영적인 눈이 어두워지면 이처럼 심각한 결과를 맞이하게 됩니다.

하나님을 섬긴다고 하면서도 자기 자신을 의의 기준으로 삼는 교만한 마음을 가지고 있으면 하나님의 아들을 몰라보고 도리어 십자가에 못 박는 자가 될 수 있습니다. 예수님을 못 박는 일에 앞장선 사람들은 이방인들이 아니었습니다. 하나님의 말씀에 무지하던 사람들도 아니었습니다. 구약 성경에 대해 가장 많이 알고 자신들을 종교 지도자로 내세우던 사람들이었습니다. 오늘날도 하나님의 은혜 안에 거하지 못하고 성령의 깨닫게 하심을 받지 못하면 그들과 같은 사람이 될 수 있습니다. 교회 안에서 형제자매들에 대해 비판하고 자신과 자신의 기준을 앞세우기 좋아하는 사람이 있다면 주님 앞에서 자신을 철저히 돌아봐야 합니다. 다른 사람에게 던지려고 들었던 돌로 자신의 가슴을 치며 은혜 없는 삶을 살았던 것을 회개해야 합니다. 눈에 보이는 형제자매를 사랑하는 사람이 눈에 보이지 않는 하나님을 사랑할 수 있습니다. 남을 사랑하는 사람은 율법을 다 이룬 사람입니다. 사랑은 율법의 완성이기 때문입니다.

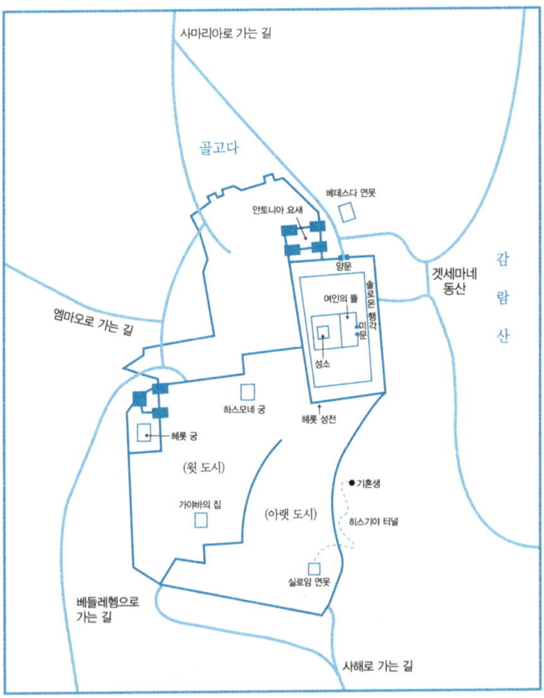

〈예수님 당시의 예루살렘〉

사랑하는 여러분, 오직 예수 그리스도 중심의 삶을 살아가시기 바랍니다. 어느 곳에서 어떤 모습으로 살아가든지 오직 예수님만을 바라보고 예수님만을 높일 때 하나님 보시기에 아름다운 삶을 살아갈 수 있습니다. 예수님의 말씀을 지켜 행하고 예수님께서 기뻐하시는 일을 하는 사람만이 하나님의 사랑을 받고 하나님의 놀라운 역사가 나타내는 도구가 될 수 있습니다. 오직 예수 그리스도의 흔적만을 남기며 하루하루를 살아감으로 하나님과 교회 앞에 신실한 믿음의 사람으로 기억될 수 있기를 바랍니다.

묵상을 위한 질문

1. 예수님께서 38년 동안 앓던 병을 고쳐 주신 사람은 유대인들이 안식일 규정을 근거로 정죄했을 때 어떻게 반응했습니까(요 5:10-13)?

2. 38년 된 병이 나은 사람을 성전에서 다시 만나신 예수님께서는 그에게 무엇이라고 말씀하셨습니까(요 5:14)? 그리고 이와 관련하여 죄와 질병의 관계에 대해서 어떻게 설명할 수 있습니까?

3. 예수님께서 안식일 규정을 어겼다고 비난하는 유대인은 예수님에 대해 무엇을 깨닫지 못한 것입니까(요 5:17, 눅 6:5)?

4. 당신은 주님께 받은 은혜를 세상 사람들에게 전하는 삶을 살고 있습니까? 은혜를 전하는 삶을 살기 위하여 무엇을 해야 할지 구체적으로 적어 보십시오.

5. 토요일을 안식일로 지켜야 구원을 받을 수 있다고 주장하는 사람들은 어떤 오류에 빠져 있다고 할 수 있습니까?

암송 성구

"예수께서 그들에게 이르시되 내 아버지께서 이제까지 일하시니 나도 일한다 하시매" (요 5:17)

영원히
목마르지
아니하리라

요 5:19-29

"그러므로 예수께서 그들에게 이르시되 내가 진실로 진실로 너희에게 이르노니 아들이 아버지께서 하시는 일을 보지 않고는 아무것도 스스로 할 수 없나니 아버지께서 행하시는 그것을 아들도 그와 같이 행하느니라 아버지께서 아들을 사랑하사 자기가 행하시는 것을 다 아들에게 보이시고 또 그보다 더 큰 일을 보이사 너희로 놀랍게 여기게 하시리라 아버지께서 죽은 자들을 일으켜 살리심같이 아들도 자기가 원하는 자들을 살리느니라 아버지께서 아무도 심판하지 아니하시고 심판을 다 아들에게 맡기셨으니 이는 모든 사람으로 아버지를 공경하는 것같이 아들을 공경하게 하려 하심이라 아들을 공경하지 아니하는 자는 그를 보내신 아버지도 공경하지 아니하느니라 내가 진실로 진실로 너희에게 이르노니 내 말을 듣고 또 나 보내신 이를 믿는 자는 영생을 얻었고 심판에 이르지 아니하나니 사망에서 생명으로 옮겼느니라 진실로 진실로 너희에게 이르노니 죽은 자들이 하나님의 아들의 음성을 들을 때가 오나니 곧 이때라 듣는 자는 살아나리라 아버지께서 자기 속에 생명이 있음 같이 아들에게도 생명을 주어 그 속에 있게 하셨고 또 인자 됨으로 말미암아 심판하는 권한을 주셨느니라 이를 놀랍게 여기지 말라 무덤 속에 있는 자가 다 그의 음성을 들을 때가 오나니 선한 일을 행한 자는 생명의 부활로, 악한 일을 행한 자는 심판의 부활로 나오리라"

16

아버지와 아들

—— 예수님께서 베데스다 연못가의 서른여덟 해 된 병자를 고쳐 주신 이후로 예수님께 대한 유대인들의 적대감은 더욱 심해졌습니다. 그들은 예수님께서 안식일을 범했다는 이유보다 하나님을 친아버지라고 부르며 하나님과 동등되다고 말씀하시는 것에 더욱 크게 분노했습니다. 이러한 유대인들을 통해 영적 무지와 교만이 사람을 얼마나 어리석게 만들고 하나님 앞에 범죄하게 하는지를 볼 수 있습니다.

예수님의 말씀은 진리입니다. 예수님께서는 우리에게 하나님을 보여 주시고 알게 하시며, 하나님께서 주시는 은혜와 축복의 통로가 되어 주십니다. 그러나 예수님의 말씀을 믿고 따르고 의지하는 자만이 그 진리의 참뜻을 알고 능력을 경험할 수 있습니다. 인간적인 생각과 기준으로 판단하려고 하면 의심이 들고 진리 안에 거할 수 없습니다. 예수님께서 하나님과 예수님의 관계에 대해서 말씀하시는 것을 전폭적으로 믿고 의지할 때 삼위일체 하나님의 위대하심과 크고 놀라운 능력을 깨달을 수 있습니다.

1. 두 분이 같은 일을 행하심

> "그러므로 예수께서 그들에게 이르시되 내가 진실로 진실로 너희에게 이르노니 아들이 아버지께서 하시는 일을 보지 않고는 아무것도 스스로 할 수 없나니 아버지께서 행하시는 그것을 아들도 그와 같이 행하느니라" 요 5:19

예수님께서 하나님을 자기의 친아버지라 하여 자기를 하나님과 동등하다고 말씀하시자, 유대인들은 예수님이 신성 모독죄를 저질렀다고 판단했습니다. 그러나 예수님께서는 그들의 정죄에도 불구하고 흔들림 없이 하나님과 예수님의 관계에 대해서 말씀하셨습니다.

먼저 예수님께서는 "진실로 진실로 너희에게 이르노니"라고 하시며 말씀을 시작하셨습니다. 이는 예수님께서 매우 중요한 말씀을 하시려는 것임을 나타내는 것입니다. 예수님께서는 자신을 하나님의 아들이라고 말씀하셨습니다. 그리고 하나님의 아들이신 예수님께서는 아무것도 스스로 하지 않고 아버지께서 하시는 일을 보고 행한다고 말씀하셨습니다. 예수님께서는 하나님과의 친밀한 관계를 드러내실 뿐만 아니라 하나님과 예수님은 완전히 연합된 존재라는 것을 밝히셨습니다.

"아버지께서 아들을 사랑하사 자기가 행하시는 것을 다 아들에게 보이시고 또 그보다 더 큰 일을 보이사 너희로 놀랍게 여기게 하시리라" 요 5:20

하나님께서는 아들이신 예수님을 사랑하시고 하나님께서 행하시는 것, 곧 하나님의 역사를 다 보여 주십니다. 그리고 예수님께 보여 주신 그 역사보다 더 큰 일들을 아들에게 나타나게 하셔서 사람들이 보고 놀라게 하십니다. 이는 하나님께서 예수님과 함께 동일한 비전을 가지고 계시며 예수님을 통해 하나님의 모든 역사를 나타내신다는 말씀입니다.

성부 하나님께서 온 우주 만물을 창조하실 때 성자 예수님과 성령님께서 함께하셨습니다. 예수님께서 이 땅에 오셔서 아버지의 일을 하실 때에도 성령님께서 함께하셨습니다. 예수님께서 승천하신 이후로는 성령님께서 우리 마음 가운데 오셔서 하나님께서 예수님을 통해 하신 일들을 계속하고 계십니다.

"아버지께서 죽은 자들을 일으켜 살리심같이 아들도 자기가 원하는 자들을 살리느니라" 요 5:21

하나님께서는 예수님께 죽은 자들을 살리는 권세를 주셨습니다. 예수님의 말씀대로 예수님께서는 회당장 야이로의 딸, 나인성 과부의 아들, 마르다와 마리아의 오빠 나사로를 살려 주셨습니다. 이처럼 예수님께서 계시는 곳에는 생명과 치유, 회복의 역사가 있습니다. 영원한 사망에서 영원한 생명으로, 질병과 고통에서 치유와 기쁨으로, 낙심과 절망에서 믿음과 소망으로 변화되는 역사가 나타납니다.

반면에 마귀가 역사하는 곳에는 공포와 불안, 죄악이 넘쳐 납니다. 마귀가 하는 일은 도둑질하고 죽이고 멸망시키는 것뿐이기 때문입니다. 마귀는 우는 사자처럼 달려들어 사람들을 두렵게 하고 정신을 혼미하게 만듭니다.

최근 어떤 사람들이 지옥에 간 사람들의 소리를 전달한다고 하면서 사회적으로 물의를 일으켰습니다. 이것은 예수님의 역사가 아닙니다. 예수님께서는 세상에 오셔서 심판에 대한 공포심을 심어 주시지 않았습니다. 죄인을 용서하시고, 병든 자를 고치시고, 십자가에서 죽으시기까지 모든 사람을 사랑하셨습니다. 예수님께서는 사랑으로 죄인을 변화시키셨습니다.

성령님의 역사도 마찬가지입니다. 성령님께서는 우리 안에 임하셔서 사랑, 희락, 화평, 오래 참음, 자비, 양선, 충성, 온유, 절제의 열매를 맺게 하십니다. 결코 걱정, 근심, 공포, 불안, 초조와 같은 것을 우리 마음에 심어 주시지 않습니다. 우리가 범죄했을 때에도 성령님께서는 우리 마음에 깨달음을 주셔서 눈물로 회개하도록 하십니다. 죄책감에 시달리며 심판에 대한 두려움과 걱정에 사로잡히게 하시지 않습니다.

예수님께서는 생명을 살리는 일을 하시기 때문에 예수님을 마음에 모시면 생명력 넘치는 삶을 살아가게 됩니다. 세상의 어떠한 풍파가 몰아쳐도 소망이 끊어지지 않습니다. 믿음을 잃어버리지 않습니다. 부정적이고 비판적인 마음이 들어설 자리가 없습니다.

> **예수님께서 하시는 일은 생명을 살리는 일입니다.**

임산부는 좋은 생각만 하고 좋은 것만 보고 좋은 것만 들으려고 합니다. 옛날 어른들은 아기를 가지면 사과를 먹어도 예쁜 사과만 골라 먹도록 했습니다. 물론 예쁜 사과를 먹는다고 예쁜 아기를 낳는 것은 아니지만 그만큼 마음가짐을 좋게 하라는 뜻입니다.

우리 안에는 예수 그리스도의 복음이 있고, 우리의 몸은 성령님께서 거하시는 거룩한 전입니다. 그렇기 때문에 우리는 주님께서 보시기에 아름다운 것으로 우리의 마음을 채우고, 항상 기뻐하고 사랑을 나누며 거룩한 삶을 살아가야 합니다. "이제는 예수님께서 기뻐하시는 일만을 하며 살겠습니다. 예수님께서 기뻐하시는 생각, 예수님께서 기뻐하시는 말, 예수님께서 기뻐하시는 행동만을 하겠습니다."라고 결단하시기 바랍니다.

먼저 가정에서 주님께서 기뻐하시는 모습으로 살아가야 합니다. 남편과 아내가 서로를 사랑과 섬김으로 세워 주고 자녀들에게 꿈과 용기를 주십시오. 경제가 어려워 허리끈을 졸라매야 할 때에도 주님께서 영광 가운데 우리의 모든 쓸 것을 채우실 것을 믿고 나아가면 기쁨과 소망이 있습니다.

자녀들이 부모의 마음을 모르고 속을 썩여도 항상 기도하고 범사에 감사하며 나아가면 주님께서 자녀들의 앞길을 책임져 주십니다. 주님께서 변화시키시지 못할 사람은 없습니다. 치유와 회복을 주시는 주님께서 함께하시면 가족 모두가 주님의 신실한 일꾼으로 변화됩니다.

예수님의 일을 하시기 바랍니다. 사람의 일은 낙심하게 하고, 절망하게 하고, 시기, 질투하게 하고, 다투게 합니다. 예수님과 동행하며 위로하고 용기를 주고 살리는 일을 하시기 바랍니다. 예수님의 일을 하며 예수님을 의지하면 주님께서 놀라운 은혜와 축복을 베풀어 주십니다.

2. 심판과 부활을 아들에게 맡기심

"아버지께서 아무도 심판하지 아니하시고 심판을 다 아들에게 맡기셨으니" 요 5:22

하나님께서는 심판하는 권세를 아들 예수님께 맡기셨습니다. 예수님께서 심판할 권세를 가지셨다는 것은 매우 중요한 의미가 있습니다. 예수께서는 이 세상에 오셔서 구원의 길을 열어 주셨습니다. 그러므로 예수님을 믿는 사람은 심판을 받지 아니하고 영원한 천국에 올라가 영생을 누리게 됩니다. 요한복음 1장 12절은 "영접하는 자 곧 그 이름을 믿는 자들에게는 하나님의 자녀가 되는 권세를 주셨으니"라고 말씀합니다. 예수님을 구주로 영접하면 정죄와 심판을 받지 않습니다. 하지만 예수님을 믿지 않는 사람은 영원한 지옥의 형벌을 받게 됩니다. 예수님을 믿지 않는 사람들이 받는 정죄

예수님께서는 우리에게 구원의 길을 열어 주셨습니다.

와 심판에 대해서 예수님께서는 이렇게 말씀하셨습니다.

"그를 믿는 자는 심판을 받지 아니하는 것이요 믿지 아니하는 자는 하나님의 독생자의 이름을 믿지 아니하므로 벌써 심판을 받은 것이니라" (요 3:18)

"그 정죄는 이것이니 곧 빛이 세상에 왔으되 사람들이 자기 행위가 악하므로 빛보다 어둠을 더 사랑한 것이니라 악을 행하는 자마다 빛을 미워하여 빛으로 오지 아니하나니 이는 그 행위가 드러날까 함이요" (요 3:19-20)

예수님께서 구원의 빛으로 오셨지만 죄에 물든 사람들은 자신의 죄가 드러나는 것이 싫어 예수님께 나아오지 않습니다. 도리어 예수님을 미워하고 죄악의 어둠 가운데 계속 살기를 원합니다. 이처럼 예수님을 미워하여 빛으로 오지 않는 사람들은 죄를 용서받지 못하고 그 죄에 대한 심판을 받을 수밖에 없습니다. 이러므로 예수님께서 이 세상에 오신 것 자체가 인류에게는 심판이 됩니다. 또한 예수님께서 이 세상에 다시 오실 때에는 심판주로 오셔서 모든 사람을 그 행위대로 판단하실 것입니다. 그러나 예수님을 믿는 우리는 심판을 두려워할 이유가 없습니다. 빛 되신 예수님과 동행하며 거룩한 삶을 살아가는 우리에게는 빛난 천국과 상급이 기다리고 있습니다.

"이는 모든 사람으로 아버지를 공경하는 것같이 아들을 공경하게 하려 하심이라 아들을 공경하지 아니하는 자는 그를 보내신 아버지도 공경하지 아니하느니라" 요 5:23

20절을 보면, 하나님께서는 하고자 하시는 일을 예수님께 다 보여 주시고 예수님을 통해 더 큰 일을 나타나게 하셔서 사람들로 하여금 놀라게 할 것이라고 말씀하셨습니다. 예수님께서는 죽은 자를 살리셨고, 맹인을 보게 하셨고, 각색 질병으로 고통당하는 사람들을 치료해 주셨습니다. 이와 같이 예수님께서 수많은 기사와 이적을 베푸셨기 때문에 사람들은 예수님을 따랐습니다. 그러나 하나님께서는 사람들이 예수님께서 베푸신 기적 때문이 아니라 하나님을 공경하듯 예수님을 공경하기를 원하셨습니다. 하나님의 아들이신 예수님을 공경하지 않는 것은 예수님을 보내신 하나님을 공경하지 않는 것과 마찬가지이기 때문입니다.

하나님께서 우리에게 주신 구원의 길은 오직 예수님뿐입니다. 예수님 외에 구원받을 만한 다른 이름을 우리에게 주신 적이 없습니다. 예수님을 믿으면 하나님 자녀가 되고 구원을 선물로 받습니다. 예수님을 사랑하는 것이 곧 하나님을 사랑하는 것이며, 예수님을 사랑하면 하나님께 사랑을 받습니다. 또한 예수님을 찬양하고 예수님의 이름을 높이면 하나님을 찬양하고 하나님께 영광을 돌리는 것이 됩니다.

"내가 진실로 진실로 너희에게 이르노니 내 말을 듣고 또 나 보내신 이를 믿는 자는 영생을 얻었고 심판에 이르지 아니하나니 사망에서 생명으로 옮겼느니라" 요 5:24

예수님을 믿는 사람들은 심판을 두려워할 이유가 없습니다. 그 이유는 예수님의 말씀을 듣고 예수님을 보내신 하나님을 믿으면 다음과 같은 세 가지 변화가 있기 때문입니다.

첫째로, 영생을 얻습니다. 여기서 영생은 하나님의 생명을 가리킵니다. 그리고 '얻었고' 라는 말은 원어 성경에 현재형으로 되어 있습니다. 다시 말하면 예수님을 믿는 사람들은 하나님의 생명인 영생을 지금 가지고 있다는 말입니다.

둘째로, 심판에 이르지 않습니다. '이르지 아니하나니' 라는 말도 원어 성경에는 현재형으로 되어 있습니다. 예수님을 믿는 사람들은 영생을 선물로 받아 누리고 있기 때문에 영원히 심판을 받지 않습니다.

셋째로, 사망에서 생명으로 옮겨졌습니다. '옮겼느니라' 는 말은 원어 성경에서는 이미 끝난 사실을 나타내는 현재 완료형으로 되어 있습니다. 즉, 예수님을 믿는 사람들은 심판을 받지 않고 영원토록 영생을 누리며, 사망에서 생명으로 옮겨진 이 결과는 바뀌지 않으므로 다시 반복될 필요가 없습니다.

예수님을 믿고 구원받은 우리가 죽음을 맞게 되면 그 후에는 우리가 거하는 장소만 이 세상에서 천국으로 바뀔 뿐입니다. 우리는 심판에 이르지 않고 천국에서 영원히 하나님의 생명인 영생을 누리며 사는 것입니다. 그래서 그리스도인의 죽음은 영광스럽고 복됩니다. 사랑하는 사람이 세상을 떠나면 이 세상에서는 이별하는 것이므로 아쉬움이 있지만 결코 좌절과 절망의 죽음이 아닙니다. 우리 모두 근심도, 걱정도, 아픔도, 괴로움도 없는 천국에서 다시 만나서 영원한 기쁨과 행복을 누리며 주님과 함께 영원히 살 소망이 있기 때문입니다.

얼마 전에 평소 잘 알고 지내는 목사님에게 이런 이야기를 들었습니다. 목사님이 사역하시는 교회에서 신앙생활을 아주 열심히 하는 집사님 한 분이 폐암으로 돌아가셨다고 합니다. 그런데 집사님의 딸들이 "우리 아빠가 예수님 잘 믿고 교회를 잘 섬겼는데 왜 암으로 우리 곁을 떠나셔야 했습니까?" 라고 말하며 주님께 섭섭해 하고 슬퍼하는 것을 보고 매우 안타까웠다는 것이었습니다. 하나님께서 우리에게 허락하시는 일들을 우리가 다 이해할 수는 없습니다. 하지만 분명한 것은 천국에서 우리는 완전한 모습으로 영원히 행복한 삶을 살게 된다는 점입니다. 천국에는 완전한 치유와 회복, 영원한 평안과 행복이 있습니다.

> **"진실로 진실로 너희에게 이르노니 죽은 자들이 하나님의 아들의 음성을 들을 때가 오나니 곧 이때라 듣는 자는 살아나리라"** 요 5:25

여기서 '죽은 자들'은 구원받지 못한 사람들입니다. 예수님을 믿지 않는 사람들은 영적으로 죽은 상태입니다. 예수님께서 주시는 하나님의 생명, 곧 영생이 그들 속에 없기 때문입니다. 예수님께는 심판의 권세뿐만 아니라 죽은 자를 살리는 생명의 능력이 있습니다. 예수님의 음성, 곧 예수님의 말씀을 듣는 사람은 생명을 얻습니다. 예수님의 말씀을 듣는 사람에게는 그 속에 영생의 능력이 임합니다. 예수님을 믿고 구주로 영접하면 예수님께서 주시는 영생이 그 안에 들어와 새로운 생명을 가진 자로 다시 태어납니다. 이것을 일본에서는 '신생'(しんせい), 영어로는 '본 어게인'(born again), 우리는 '중생'이라고 합니다. 중생하지 않으면 지옥에서 영

> **예수님께는 심판의 권세뿐만 아니라 죽은 자를 살리는 생명의 능력이 있습니다.**

원한 형벌을 받게 됩니다. 따라서 우리가 복음을 누군가에게 전하는 것이 곧 그 사람의 생명과 직결됩니다.

24절에서 예수님께서는 '내 말을 듣는 사람'이 영생을 얻고 심판에 이르지 않는다고 말씀하셨습니다. 구원을 얻으려면 예수님의 말씀을 들어야 합니다. 먼저 예수님을 믿은 우리가 예수님의 말씀을 전하지 않는다면 세상 사람들은 구원을 얻을 수 없습니다. 아무리 많은 재산을 가지고 남들이 다 부러워하는 높은 지위와 명예를 얻은 사람이라 할지라도 예수님을 믿지 않는 사람은 그 안에 영생이 없기 때문에 죽은 것과 다름없습니다. 예수님을 멀리 떠나 헛되고 헛된 세상일에 매여 방황하다가 영적으로 죽은 상태로 세상을 떠나면 지옥에 가는 수밖에 없습니다.

3. 생명의 권세를 아들에게 주심

> **"아버지께서 자기 속에 생명이 있음같이 아들에게도 생명을 주어 그 속에 있게 하셨고"** 요 5:26

하나님의 생명은 외부에서 주어진 것이 아닙니다. 하나님은 스스로 계시는 분으로서 생명의 창조주이십니다. 예수님께서도 하나님의 생명을 동일하게 가지고 계십니다. 이는 예수님 역시 창조된 피조물이 아닌 영원한 분이심을 뜻합니다. 그리고 요한복음 1장 4절에 "그 안에 생명이 있었으니 이 생명은 사람들의 빛이라"고 기록된 대로 예수님 안에 있는 그 생명은 사람들의 빛이 되었습니다. 이 빛을 영접하고 빛으로 나아오는 사람은 영생을 얻습니다. 그러나 어두운 죄악 속에서 살다가 자신의 죄가 드러나는 것이 싫어 빛을 미워하고 외면하면 영원한 죽음, 곧 지옥의 형벌을 받게 됩니다.

영생을 얻은 자는 빛 가운데에서 살아갑니다. 그의 삶에는 어두움이 없습니다. 고난이 찾아왔다고 해서 우울해하거나 낙심하지 않습니다. 영생을 얻은 자는 믿음 안에서 절대 긍정을 선포하고 넘치는 감사로 하나님께 영광을 돌립니다. 항상 밝은 마음과 표정을 가지고 적극적인 자세로 삶의 어려움을 헤쳐 나갑니다. 또한 어려운 처지에 있는 사람들을 돌보아 주며 어두운 세상에 빛이 되어 많은 사람을 주님께로 인도하는 등대가 됩니다.

"또 인자 됨으로 말미암아 심판하는 권한을 주셨느니라" 요 5:27

여기서 '인자'란 '사람의 아들'이라는 말로서, 예수님께서 이 세상에 오셨을 때 가졌던 권세를 나타내거나 심판주로 이 세상에 다시 오실 주님을 표현할 때 주로 사용되는 예수님의 호칭입니다.

"그때에 인자가 구름을 타고 큰 권능과 영광으로 오는 것을 사람들이 보리라 또 그때에 그가 천사들을 보내어 자기가 택하신 자들을 땅 끝으로부터 하늘 끝까지 사방에서 모으리라"(막 13:26-27)

인자이신 예수님께서는 큰 권능과 영광으로 이 세상에 다시 오셔서 모든 믿는 자들을 모으실 것입니다. 그리고 예수님을 믿지 않는 사람들은 영원한 멸망에 처하도록 심판하실 것입니다.

"이를 놀랍게 여기지 말라 무덤 속에 있는 자가 다 그의 음성을 들을 때가 오나니" 요 5:28

예수님께서 이 세상에 다시 오실 때에는 죽은 자들이 먼저 살아납니다.

"주께서 호령과 천사장의 소리와 하나님의 나팔 소리로 친히 하늘로부터 강림하시리니 그리스도 안에서 죽은 자들이 먼저 일어나고 그 후에 우리 살아남은 자들도 그들과 함께 구름 속으로 끌어올려 공중에서 주를 영접하게 하시리니 그리하여 우리가 항상 주와 함께 있으리라"(살전 4:16-17)

이처럼 죽은 자들이 먼저 일어나고 그다음에 살아 있는 자들이 공중으로 들림 받게 됩니다.

사도 바울이 데살로니가 교회에 주님의 재림에 대해 편지를 썼을 때가 주후 51년경입니다. 바울은 자신이 살아있을 때 예수님의 재림을 볼 수 있기를 기대하며 그때 일어날 일들을 기록했습니다. 그러나 바울의 간절한 소망과는 달리 아직 주님의 재림은 이루어지지 않았습니다. 왜냐하면 복음이 모든 민족에 증거되지 않았기 때문입니다. 주님께서는 반드시 재림하십니다. 그러나 모든 민족이 복음을 듣고 한 사람이라도 더 구원받도록 하기 위해 오래 참고 계신 것입니다.

"선한 일을 행한 자는 생명의 부활로, 악한 일을 행한 자는 심판의 부활로 나오리라" 요 5:29

예수님께서 다시 오시면 모든 인류는 두 부류, 즉 생명의 부활을 얻게 될 선한 일을 행한 자와 심판의 부활을 맞게 될 악한 일을 행한 자로 나뉩니다. 선을 행한 자는 예수님을 믿고 구주로 영접한 사람입니다. 악한 일을 행한 자는 예수님을 부인하고 세상과 죄에 빠져 살아온 사람입니다. 이 두 부류 외에 중간에 속한 사람은 없습니다. 오직 천국과 지옥, 두 가지 길밖에 없습니다.

이천 년 전에 예수님께서 구주로 이 세상에서 오셨기 때문에 예수님을 믿는 자는 천국으로 가고 예수님을 믿지 않는 자는 지옥으로 가게 되었습니다. 이미 영생과 멸망, 천국과 지옥의 심판을 받은 것과 마찬가지입니다. 그리고 장차 예수님께서 다시 오시면, 예수님을 믿는 자의 구원은 완성되고 예수님을 믿지 않는 자의 멸망도 돌이킬 수 없게 됩니다. 우리 예수님을 믿는 사람들은 이미 얻은 구원을 잘 지켜서 주님께서 다시 오실 때에 들림 받아 구원의 완성을 이루어야 합니다.

예수님을 믿지 않는 사람들이 멸망에서 돌이킬 수 없을 때가 오고 있는 것도 분명한 사실이기 때문에 우리는 때를 얻든지 못 얻든지 그들에게 복음을 전해야 합니다. 사랑하는 가족은 물론 친척과 친구 누구 한 사람도 영원한 멸망의 지옥에 가게 할 수는 없습니다.

우리에게 보내 주신 이웃들도 마찬가지입니다. 우리가 사는 곳이 바로 선교지입니다. 멀리 타국에 가서 복음을 전하지 못해도 우리가 사는 곳에서 만나는 사람들이 모두 전도 대상자입니다. 요즘은 이웃사촌이라는 말이 무색하게 되어서 옆집에 누가 사는지도 잘 모르는 경우가 많습니다. 그러나 하나님께서는 우리에게 그들의 영혼을 구원할 사명을 주어 지금 우리가 살고 있는 곳에 보내신 것입니다.

내가 살고 있는 집이 선교지라고 생각하면 우리의 삶이 달라질 수밖에 없습니다. 이웃을 살리는 사역을 감당해야 할 우리가 집 안에서 다투고 이웃에게 불친절하고 어려운 일을 당할 때 모른 척할 수 없습니다. 요즘처럼 각박하고 어려운 시기에는 사람들이 자신에게 밝게 인사하고 웃어 주는 사람에게 좋은 감정을 갖습니다. 그래서 자연스럽게 교류를 하게 되는데, 그때 복음을 전하면 쉽게 마음의 문을 엽니다. 평소에 인사 한번 안 하고, 마주쳐도 무표정한 얼굴로 데면데면히 지내다가 같이 교회 가자고 하면 따라올 사람이 없습니다.

선데이 아델라자 목사님은 우크라이나 키예프에 있는 '하나님의대사교회'를 담임하고 있습니다. 목사님은 나이지리아 출신인데, 구소련에 유학 왔다가 소련 연방이 붕괴되는 것을 보고 "나는 이곳 우크라이나에, 온 세계에 복음을 전파하기 위한 크고 강력한 교회를 세우기 원한다. 소련 연방이 온 세계에 공산주의를 전파했듯이, 구소련에 속했던 나라를 통해 온 세계에 복음을 전파할 것이다."라는 하나님의 소명을 받고 교회를 개척하게 되었습니다.

하지만 국민의 대다수가 백인인 우크라이나에서 흑인 목사가 목회를 하자, 우크라이나 민족주의자들이 목사님을 가만두지 않았습니다. 그들은 목사님에게 우크라이나를 떠날 것을 종용하며 그들의 말을 따르지 않으면 죽이겠다고 협박을 했습니다. 얼마 뒤에는 경고의 표시로 장례 화환까지 보냈습니다. 이처럼 상황이 악화되자 목사님은 우크라이나를 떠날 생각으로 기도하기 시작했습니다.

"하나님, 이제 더 이상 못 견디겠습니다. 이곳을 떠나야 할 것 같습니다."

그러자 하나님께서 기도 가운데 물으셨습니다.

"너를 이곳으로 부른 자가 사람들이냐, 아니면 나냐?"

목사님이 "하나님이십니다."라고 대답하자, 하나님께서는 이렇게 말씀하셨습니다.

"그렇다면 너의 임무를 완성하라. 아무도 너를 막지 못할 것이다. 너의 사역을 끝냈을 수 있는 권리는 오직 나에게만 있다. 너는 나를 위해 네가 해야 할 모든 것을 다 완수했느냐?"

목사님은 목회는 자신이 하는 것이 아니라 하나님께서 하신다는 것을 깨달았습니다. 그리고 하나님께서 부르셨으니 하나님께서 책임지실 것이고, 자신이 할 일은 하나님께서 시키신 일을 계속하는 것뿐이라는 것을 깨달았습니다.

그 후에도 민족주의자들의 협박은 수그러들 기색을 보이지 않고 오히려 더 심해져 목사님뿐만 아니라 목사님의 가족과 다른 흑인들도 죽일 것이라는 협박을 받았습니다. 하지만 목사님은 협박에 굴하지 않고, 자신을 통해 일하고 계신 하나님을 굳건히 붙들고 하나님께서 맡기신 양 떼를 돌보는 일을 멈추지 않았습니다.

그러자 얼마 후 그 민족주의자들 중 한 사람이 교회를 찾아왔습니다. 목사님을 쫓아내려는 계획이 자꾸 실패로 돌아가자 그 이유가 궁금해서 찾아온 것이었습니다. 목사님은 그를 사무실로 데리고 가서 예수 그리스도의 사랑으로 친절히 대하며 자신이 우크라이나에서 이루어야 할 사명을 이야기해 주었습니다. 그때 성령께서 역사하심으로 그의 차가웠던 마음이 녹아 목사님과 함께 영접기도를 했습니다. 이 일로 인해 두 사람은 친한 친구가 되었습니다. 그 뒤에도 적대감을 가진 정부로부터 공격이 있었지만 하나님께서 변함없이 지켜 주셔서 성도들은 흔들림 없이 전도와 양육에 힘썼고 교회는 든든히 서 갔습니다.

지금 '하나님의대사교회'는 우크라이나에만 2만 5천 명이 모이는 유럽 최대의 오순절 교회가 되었고, 러시아와 우크라이나 전역에 약물 중독자들과 알코올 중독자들을 위해 300여 개의 재활 센터를 세워 '우크라이나의 희망'으로 불리고 있습니다. 목사님의 이러한 사역이 세계적으로 알려지면서 2007년에는 UN에서 두 차례 연설을 했고, 현재 세계 45개국에 700여 개의 교회를 세우며 하나님의 나라 확장에 힘쓰고 있습니다. 목사님은 이렇게 말했습니다.

"우리가 하나님의 뜻과 목적에 따라 산다면 하나님의 뜻을 완수할 때까지는 아무도 우리를 멸할 수 없습니다. 나는 하나님과 동역자가 되어 하나님의 도우심으로 그 언약에 대한 나의 몫을 이루어 가고 있습니다. 나는 주님께서 그 언약을 이루실 것을 알고 있습니다."

사랑하는 여러분, 우리가 예수님을 믿고 하나님의 자녀가 된 것은 복음을 세상에 널리 전파하라는 거룩한 부르심을 받은 것입니다. 우리가 단 한 번뿐인 인생을 살아가는 가운데 주님을 섬기며 영혼을 구원하는 일에 헌신하는 것보다 더 값진 일은 없습니다. 우리에게 예수님을 믿지 않는 많은 사람들의 운명이 달려 있습니다. 영혼을 살리기 위해 우리의 모든 힘을 쏟는다면 다시 오실 주님 앞에 부끄러움 없이 설 수 있게 될 것입니다. 거룩한 부르심에 합당한 모습으로 살아가는 여러분 모두에게 하나님의 은혜와 사랑이 넘쳐 나기를 축원합니다.

묵상을 위한 질문

1. 예수님께서는 그 행하시는 모든 일이 무엇을 보고 하시는 것이라고 말씀하셨습니까(요 5:19-20)?

2. 하나님께서는 예수님께 심판할 권세를 맡기셨습니다. 그 이유는 무엇입니까(요 5:22-23)?

3. 영생을 얻고 심판에 이르지 않는 은혜는 어떤 사람에게 주어집니까(요 5:24)?

4. '인자' 는 예수님을 어떤 분으로 표현할 때 사용됩니까(요 5:27)?

5. 당신은 하나님께서 원하시는 일을 하고 하나님의 말씀에 온전히 순종하기 위해 어떤 노력을 하고 있습니까? 하나님께 더욱 순종하는 삶을 살기 위해 무엇을 해야 할지 구체적으로 적어 보십시오.

암송 성구

"내가 진실로 진실로 너희에게 이르노니 내 말을 듣고 또 나 보내신 이를 믿는 자는 영생을 얻었고 심판에 이르지 아니하나니 사망에서 생명으로 옮겼느니라" (요 5:24)

영원히
목마르지
아니하리라

요 5:30-38

"내가 아무것도 스스로 할 수 없노라 듣는 대로 심판하노니 나는 나의 뜻대로 하려 하지 않고 나를 보내신 이의 뜻대로 하려 하므로 내 심판은 의로우니라 내가 만일 나를 위하여 증언하면 내 증언은 참되지 아니하되 나를 위하여 증언하시는 이가 따로 있으니 나를 위하여 증언하시는 그 증언이 참인 줄 아노라 너희가 요한에게 사람을 보내매 요한이 진리에 대하여 증언하였느니라 그러나 나는 사람에게서 증언을 취하지 아니하노라 다만 이 말을 하는 것은 너희로 구원을 받게 하려 함이니라 요한은 켜서 비추이는 등불이라 너희가 한때 그 빛에 즐거이 있기를 원하였거니와 내게는 요한의 증거보다 더 큰 증거가 있으니 아버지께서 내게 주사 이루게 하시는 역사 곧 내가 하는 그 역사가 아버지께서 나를 보내신 것을 나를 위하여 증언하는 것이요 또한 나를 보내신 아버지께서 친히 나를 위하여 증언하셨느니라 너희는 아무 때에도 그 음성을 듣지 못하였고 그 형상을 보지 못하였으며 그 말씀이 너희 속에 거하지 아니하니 이는 그가 보내신 이를 믿지 아니함이라"

17

예수님에 대한 증언들

—— 베데스다 연못가에서 서른여덟 해 된 병자를 고쳐 주신 일로 인해 유대인들의 공격을 받게 된 예수님께서는 자신이 누구며, 어떠한 권세로 그러한 사역을 하는지 분명하게 밝히셨습니다. 예수님께서는 하나님의 보내심을 받아 하나님의 일을 하시며, 심판과 부활, 생명에 대한 권세를 받으셨다고 말씀하셨습니다. 이러한 말씀만으로도 사람들이 예수님을 믿고 따르기에 충분했습니다. 그러나 겸손하신 예수님께서는 자신이 하나님의 보내심을 받은 것에 대하여 더 많은 증언을 하시기 원하셨습니다.

1. 침례 요한의 증언

"내가 아무것도 스스로 할 수 없노라 듣는 대로 심판하노니 나는 나의 뜻대로 하려 하지 않고 나를 보내신 이의 뜻대로 하려 하므로 내 심판은 의로우니라" 요 5:30

예수님께서는 하나님의 뜻대로 사역을 하고 있음을 다시 한 번 말씀하셨습니다. 예수님께서는 세상을 심판하실 권한을 받으셨지만 스스로 판단하지 않으시고 하나님께 듣는 대로 심판하십니다. 그리고 예수님을 세상에 보내신 하나님의 뜻대로 행하시기 때문에 예수님의 심판은 의로우십니다.

"그러므로 예수께서 그들에게 이르시되 내가 진실로 진실로 너희에게 이르노니 아들이 아버지께서 하시는 일을 보지 않고는 아무것도 스스로 할 수 없나니 아버지께서 행하시는 그것을 아들도 그와 같이 행하느니라 아버지께서 아들을 사랑하사 자기가 행하시는 것을 다 아들에게 보이시고 또 그보다 더 큰 일을 보이사 너희로 놀랍게 여기게 하시리라" (요 5:19-20)

예수님께서는 세상에서 예수님의 뜻대로 행하실 권세가 있음에도 불구하고 자신의 뜻대로 일하지 않으시고 오직 하나님의 뜻대로 행하셨습니다. 아버지 하나님께서 아들 예수님께 아버지의 일을 보여 주셨고, 예수님께서는 아버지 하나님께서 보여 주신 일을 이 땅에서 그대로 행하셨습니다.

우리는 이 세상에서 주님의 일을 하라고 부르심을 받은 사람들입니다. 주님께서는 우리의 일을 하라고 우리를 부르시지 않으셨습니다. 세상과 구별되어 주님의 거룩한 사역을 감당하도록 부르셨습니다. 우리가 죄악 세상에서 살면서도 세상에 물들지 않고 주님의 거룩한 사역을 감당하려면 성령 충만을 받아야 합니다. 내 감정으로 가득 차고 내 의지로 가득 차고 내 생각으로 가득 차면 주님께 순종하여 주님의 일을 할 수 없습니다. 하나님을 기쁘시게 할 수 없습니다. 성령 충만할 때 주님을 닮아 갈 수 있고, 주님의 뜻을 이루어 드릴 수 있습니다. 우리가 감당해야 할 주님의 사역은 복음을 전하는 것입니다. 주님께서는 우리가 능력 있는 복음 증거자가 되도록 성령을 충만하게 부어 주십니다.

"내가 만일 나를 위하여 증언하면 내 증언은 참되지 아니하되" 요 5:31

하나님의 아들이신 예수님의 말씀은 거짓이 없습니다. 예수님의 모든 것이 참되시며 예수님 자체가 진리이십니다. 그럼에도 예수님께서 "내가 만일 나를 위하여 증언하면 내 증언이 참되지 않다." 라고 말씀하신 이유는, 예수님께서는 자기 자신에 대해 스스로 나타내고 주장하지 않으시는 겸손한 분이시기 때문입니다. 예수님께서는 자신에 대한 증거 역시 하나님과 하나님께서 보내신 사람들에게 맡기셨습니다.

세상에는 자기를 증명해 보이려고 노력하는 사람들이 많습니다. 그래서 다른 사람들이 자기 생각만큼 자신을 인정해 주지 않으면 서운해하고 섭섭해합니다. 그러나 예수님을 믿는 우리는 무엇보다도 하나님의 인정을 받고 하나님 앞에서 신실한 삶을 살기 위해 최선을 다하여야 합니다.

"나를 위하여 증언하시는 이가 따로 있으니 나를 위하여 증언하시는 그 증언이 참인 줄 아노라" 요 5:32

예수님께서 말씀하신 '나를 위하여 증언하시는 이' 는 하나님을 가리킵니다. 하나님께서는 거짓이 없는 분이시므로 하나님께서 하시는 예수님에 대한 증언은 참입니다.

"너희가 요한에게 사람을 보내매 요한이 진리에 대하여 증언하였느니라" 요 5:33

요한복음의 서두에 유대인들이 예루살렘에서 제사장들과 레위인들을 침례 요한에게 보내서 그가 메시아인지 아닌지를 물어본 내용이 기록되어 있습니다. 그때 침례 요한은 유대인들에게 다음과 같이 대답했습니다.

"나는 선지자 이사야의 말과 같이 주의 길을 곧게 하라고 광야에서 외치는 자의 소리로라" (요 1:23)

침례 요한은 자신은 메시아가 아니며, 자신의 사명은 이사야의 예언처럼 '주의 길을 곧게 하라고 광야에서 외치는 소리' 라고 말했습니다.

"그가 증언하러 왔으니 곧 빛에 대하여 증언하고 모든 사람이 자기로 말미암아 믿게 하려 함이라" (요 1:7)

이 말씀처럼 침례 요한의 사명은 빛에 대해 증언하는 것이었습니다. 빛은 곧 예수 그리스도를 말합니다. 침례 요한은 빛이신 예

> 우리는 빛이신 예수님을 드러내는 삶을 살아야 합니다.

수님에 대해 증언하여 모든 사람이 자신을 통해 예수님을 믿도록 부르심을 받았습니다. 침례 요한의 사명은 오늘 우리의 사명입니다. 우리는 빛이신 예수님을 드러내는 삶을 살아야 합니다. 우리는 어두운 세상에 예수님을 나타내기 위해 부르심을 받았습니다. 우리가 가는 곳마다 죄악의 어두움이 물러가고 우리를 통해 예수님을 믿지 않는 사람들이 진리의 빛 가운데로 나아와야 합니다.

현존하는 최고 수준의 기독교 미술 작품으로 꼽히는 그림 중에 독일의 마티아스 그루네발트가 그린 '침례 요한' 이라는 초상화가 있습니다. 이 그림은 많은 그리스도인들에게 영향을 끼쳤으며, 독일의 저명한 신학자인 칼 바르트도 그의 책에서 이 그림에 대해 여러 번 언급했습니다. 이 그림의 초점은 십자가에 달리신 그리스도를 가리키고 있는 요한의 검지인데, 이는 침례 요한의 사명이 자신을 드러내는 것이 아니라 많은 사람들을 예수 그리스도께로 인도하는 것임을 보여 주고 있습니다.

우리는 어떠한 경우에도 사람들의 시선이 우리를 향하게 해서는 안 됩니다. 하나님께서 우리에게 놀라운 축복과 기적을 허락하셨을지라도 우리가 주목을 받아서는 안 됩니다. 오직 주님께만 영광을 돌리고 우리를 통해 주님만이 높임을 받으셔야 합니다. 우리의 삶의 초점이 오직 주님께만 맞추어져 있으면 우리를 바라보는 사람들의 시야에 주님만이 선명하게 드러납니다.

얼마 전에 영국 BBC에서 '서울에서의 하루'(One day in Seoul)라는 프로그램을 촬영하기 위해 우리 교회를 방문해서 수요 예배 장면, 성도들이 통성으로 기도하는 모습, 베데스다 성가대가 연습하는 모습 등을 담아 갔습니다. 6·25 전쟁으로 폐허가 되었던 서울이 반세기 만에 획기적으로 변모한 모습을 소개하면서 세계 최대 교회인 우리 교회의 모습을 방영한 것입니다. 특별히 이날 제가 설교 시간에 전한 "오직 예수님께만 우리의 모든 관심을 쏟고 예수님께만 집중하고 바라보라."는 메시지가 전파를 탔습니다. 저는 이 프로그램을 본 사람들이 우리의 모습이 아닌 우리 가운데 역사하시는 예수님을 만나게 될 것이라 믿습니다.

"그러나 나는 사람에게서 증언을 취하지 아니하노라 다만 이 말을 하는 것은 너희로 구원을 받게 하려 함이니라" 요 5:34

예수님에 대한 침례 요한의 증언은 많은 사람들을 예수님께로 인도했지만 그 자체가 예수님보다 중요한 것은 아닙니다. 예수님께서 구원을 베푸시는 분이라는 것보다 사람의 증언이 중요할 수는 없기 때문입니다.

물론 침례 요한의 증언이 아무런 의미가 없는 것은 아니었습니다. 예수님 당시 유대인들 중에서는 침례 요한을 하나님의 사람으로 알고 따르는 사람들이 많이 있었습니다. 이러한 사람들에게는 침례 요한의 증언이 큰 영향력을 미쳤습니다. 예를 들면, 침례 요한이 예수님을 보고서 "보라 세상 죄를 지고 가는 하나님의 어린양이로다"(요 1:29)라고 말했을 때 그의 두 제자, 즉 안드레와 요한이 예수님을 따랐던 것을 볼 수 있습니다.

우리가 천국 가는 날까지 잊지 말아야 할 것은 예수님께서 우리의 구주시라는 것입니다. 예수 그리스도의 십자가 대속과 부활로 말미암아 우리가 죄에 대해 죽고 의에 대해 살게 되었습니다. 죽을 수밖에 없었던 죄인이 하나님의 자녀로 거듭나 영생 천국을 누릴 수 있게 되었습니다. 이것은 변함없는 진리이며, 사람이 경험할 수 있는 가장 큰 기적입니다.

2. 요한의 증언보다 더 큰 증언

"요한은 켜서 비추이는 등불이라 너희가 한때 그 빛에 즐거이 있기를 원하였거니와" 요 5:35

예수님께서 침례 요한에 대해 '켜서 비추이는 등불' 이라고 말씀하셨습니다. 이것은 그의 사역이 어떠한 한계를 가지고 있는지에 대해 말씀하신 것입니다. 왜냐하면 등불은 기름이 떨어지면 더 이상 빛을 낼 수 없고, 아무리 밝은 등불이라고 할지라도 햇빛 앞에서는 아무런 쓸모가 없기 때문입니다.

하지만 참빛이신 예수님께서 나타나시기 전까지는 등불인 침례 요한의 사역이 필요했습니다. 사람들은 침례 요한이라는 등불을 통해 잠시 동안 영적 어두움을 피할 수 있었습니다. 그래서 예수님께서 "너희가 한때 그 빛에 즐거이 있기를 원했다."라고 말씀하신 것입니다.

예수님보다 더 밝은 빛은 없습니다. 예수님보다 더 빛난 존재는 있을 수 없습니다. 우리는 주님 앞에 지극히 작은 빛입니다. 그럼에도 우리는 넘치는 감사와 기쁨으로 예수님의 빛을 드러내 세상 사람들의 어두운 마음을 밝혀 줄 수 있습니다. 우리의 사랑과 용서를 통해 예수님의 따뜻함을 보여 주어 세상 사람들의 강퍅한 마음을 녹일 수 있습니다.

"내게는 요한의 증거보다 더 큰 증거가 있으니 아버지께서 내게 주사 이루게 하시는 역사 곧 내가 하는 그 역사가 아버지께서 나를 보내신 것을 나를 위하여 증언하는 것이요" 요 5:36

하나님께서는 '말씀의 역사' 와 '기적의 역사' 를 통해 예수님을 증언하셨습니다.

예수님께서는 침례 요한의 증거보다 더 큰 증거를 가지고 있다고 말씀하셨습니다. 그것은 바로 예수님의 '말씀의 역사' 와 '기적의 역사' 입니다. 이 역사들은 하나님께서 예수님을 통해 이루어지게 하신 것이기 때문에 그 역사를 목격한 사람은 예수님께서 어떤 분이신지를 깨닫게 되었습니다. 이는 예수님께서 가나 혼인 잔치에서 물로 포도주를 만드신 기적을 행하신 것을 본 제자들의 모습에서 확인할 수 있습니다.

"예수께서 이 첫 표적을 갈릴리 가나에서 행하여 그의 영광을 나타내시매 제자들이 그를 믿으니라"(요 2:11)

제자들은 '예수님께서 행하시는 역사' 가 말해 주는 것이 무엇인지 깨닫자 예수님을 믿게 되었습니다. 제자들은 예수님께서 하나님의 일을 나타내시고 구원을 베푸시는 하나님의 아들이심을 깨닫게 된 것입니다. 죽은 자를 살리고 눈먼 자의 눈을 뜨게 하고 귀신에 눌린 자를 자유하게 하는 것은 하나님의 아들께서 베푸시는 역사이기 때문입니다.

오늘날 이슬람교를 믿는 무슬림들 중에는 꿈이나 환상을 통해 예수님을 만나 복음을 받아들이는 경우가 종종 있습니다. 한때 무슬림이었다가 기독교로 개종해 복음 전도자가 된 나시르 시디키 박사의 경우가 그렇습니다.

이랍인 부모 사이에서 태어난 그는 수백만 달러의 수입을 올리는 무슬림 사업가였습니다. 그런 그가 34세 되던 해, 대상포진에 걸려 병원에 입원을 하게 되었습니다. 그런데 그가 걸린 대상포진은 매우 심각했습니다. 의사들은 설령 그가 완전히 치료가 된다고 해도 면역 체계에까지 심각한 이상이 생겨 오른쪽 눈과 귀가 멀게 되며 심각한 뇌 손상을 피할 수 없게 될 것이라고 말했습니다.

이런 절망적인 진단을 듣게 된 그는 이슬람교의 신인 '알라'를 찾고 싶었지만 '알라가 사람의 병을 치유한다.'라는 말을 들어 본 적이 없었습니다. 그래서 그는 '하나님'을 찾기로 하고, "하나님, 당신이 정말 살아 계시다면 저를 살려 주세요!"라고 기도하기 시작했습니다. 그러던 어느 날 기도하던 중에 침대 발치에 한 사람이 서 있는 것을 보았습니다. 그 사람의 얼굴이 너무나 밝게 빛나서 윤곽밖에 볼 수 없었지만, 시디키는 한눈에 그 사람이 '예수님'이라는 것을 알 수 있었습니다. 이슬람 경전인 코란에도 예수님을 선지자로 말하고 있고 더욱이 '많은 사람을 치료하는 예수'라고 설명하고 있기 때문입니다. 하지만 그는 예수님께서 무슬림인 자신의 병을 고쳐 주실지 알 수 없었습니다.

그런데 신기한 것은, 점점 번져가던 물집들이 예수님께서 그에게 찾아오신 다음 날부터 더 이상 번지지 않는 것이었습니다. 의사들도 그를 괴롭히던 대상포진 바이러스가 소강상태에 들어가는 것을 확인하고 깜짝 놀랐습니다. 이처럼 병세가 호전되어 그는 퇴원할 수 있었습니다. 집에 돌아온 그는 병실에 나타나신 예수님께서 자신을 치료해 주셨다는 것을 확신할 수 있었다. 그러나 그의 마음에는 여전히 한 가지 의문이 있었습니다.

'예수님은 크리스천들이 주장하는 대로 하나님의 아들인가, 아니면 내가 배운 대로 선지자에 불과한가?'

그런데 다음 날 아침, 무심코 TV 채널을 돌리던 그는 화면에 나온 다음과 같은 자막을 보고 깜짝 놀랐습니다. '예수님은 하나님의 아들인가?' 우연치고는 너무도 기막힌 우연이었습니다. 그는 그 프로그램에서 두 사람이 예수님에 대해 토론하는 것을 열심히 들었습니다. 그들은 그가 예수님에 관해 궁금해하던 모든 물음에 답을 주었습니다. 결국 그는 그 자리에서 무릎을 꿇고 방송에서 나오는 영접 기도를 따라 했습니다. 예수님을 하나님의 아들로 인정하고 영접한 것입니다.

그 후 그는 외출하지 말라는 의사의 경고에도 불구하고 밖에 나가 성경을 사 가지고 와서 열심히 읽기 시작했습니다. 그리고 대상포진이 생기기 전의 사진을 보며 "예수님, 제 모습을 전처럼 되돌려 주세요!"라고 기도하기 시작했습니다. 그 결과 병원에서 퇴원한 지 일주일 만에 물집이 완전히 사라졌고, 얼마 후 그의 기도대로 대상포진이 생기기 전의 상태로 몸이 온전히 회복되었습니다. 의사의 말과는 달리, 시력도 청력도 말하는 것도 정상이었으며 뇌손상도 전혀 없었습니다. 통증이나 후유증도 없었습니다.

이와 같이 기적적인 치유를 통해 예수님을 믿게 된 그는 신학을 공부한 뒤 현재 인도, 남미, 유럽, 아프리카 등지에서 복음을 전하고 있습니다. 또한 아내와 함께 미국 TBN의 '지혜롭게 승리하기'(Winning with Wisdom)라는 프로그램에 출연해 위성을 통해 수백만 중동 사람들에게 예수님을 증거하고 있습니다. 그는 믿지 않는 사람들에게 다음과 같이 말하며 하나님의 아들이신 예수님을 전했습니다.

"병들었을 때 나는 절망했습니다. 도움이 필요했습니다. 하지만 내가 믿던 모하메드도 알라도 나를 도와주지 못했습니다. 그러나 예수 그리스도는 나를 살리셨습니다!"

이처럼 오늘날도 예수님께서는 표적을 통해 하나님의 아들이심을 나타내고 계십니다. 그러므로 우리는 하나님의 아들로서 우리를 구원하시기 위해 오신 예수님의 복음을 전하는 데 최선을 다해야 합니다. 예수님께서 하나님의 아들이시며 모든 믿는 이에게 구원을 베푸실 메시아라는 소식이 전파되는 곳마다 어제나 오늘이나 영원토록 동일하신 주님의 능력이 나타날 것입니다. 병든 자가 치료를 받고, 슬픔에 빠진 자가 위로를 받고, 삶의 소망을 잃은 자가 살아갈 용기를 얻게 될 것입니다.

3. 아버지 하나님의 증언

"또한 나를 보내신 아버지께서 친히 나를 위하여 증언하셨느니라 너희는 아무 때에도 그 음성을 듣지 못하였고 그 형상을 보지 못하였으며" 요 5:37

예수님께서는 하나님께서도 예수님에 대해서 직접 증언하신다고 말씀하셨습니다. 물론 침례 요한의 증언과 예수님을 통해 나타난 역사들도 하나님께서 행하신 증언입니다. 그러나 예수님께서 침례 요한에게 침례를 받으려 하실 때의 장면에서 보듯 하나님께서는 예수님에 대해 친히 말씀하셨습니다.

"요한이 또 증언하여 이르되 내가 보매 성령이 비둘기같이 하늘로부터 내려와서 그의 위에 머물렀더라 나도 그를 알지 못하였으나 나를 보내어 물로 침례를 베풀라 하신 그이가 나에게 말씀하시되 성령이 내려서 누구 위에든지 머무는 것을 보거든 그가 곧 성령으로 침례를 베푸는 이인 줄 알라 하셨기에 내가 보고 그가 하나님의 아들이심을 증언하였노라 하니라" (요 1:32-34)

하나님께서는 침례 요한에게 "성령이 내려서 누구 위에든지 머무는 것을 보거든 그가 곧 성령으로 침례를 베푸는 이인 줄 알라." 고 말씀하심으로써 예수님에 대해 증언하셨습니다. 또한 하나님께서는 이때뿐만 아니라 예수님을 이 땅에 보내시기 전부터 많은 선지자들을 통해 예수님에 대해 증언하셨습니다.

"옛적에 선지자들을 통하여 여러 부분과 여러 모양으로 우리 조상들에게 말씀하신 하나님이 이 모든 날 마지막에는 아들을 통하여 우리에게 말씀하셨으니 이 아들을 만유의 상속자로 세우시고 또 그로 말미암아 모든 세계를 지으셨느니라" (히 1:1-2)

하나님께서는 아들 예수 그리스도를 통해 모든 인류를 구원하려는 계획을 신실하게 진행하셨고 또 선지자들을 통해 미리 알리셨습니다. 그러나 예수님께서 "너희는 아무 때에도 그 음성을 듣지 못하였고 그 형상을 보지 못하였으며"라고 말씀하신 것처럼 이스라엘 백성, 곧 유대인들은 하나님께서 말씀하신 바를 깨닫지 못했습니다.

"그 말씀이 너희 속에 거하지 아니하니 이는 그가 보내신 이를 믿지 아니함이라" 요 5:38

하나님께서 미리 말씀하시고 이제 예수님을 세상에 보내시어 직접 증언하셨어도 유대인들은 예수님께서 하나님의 아들이신 것을 믿지 않았습니다. 그들은 자신들이 만들어 놓은 형식만을 중요시할 뿐 구약의 선지자들을 통해 하나님께서 말씀하신 바와 예수님의 말씀을 전혀 깨닫지 못했습니다. 그들이 예수님을 믿고 영접하지 않았기 때문에 그들 속에 말씀이 거하지 않았던 것입니다.

글래디스 에일워드 선교사님은 제2차 세계 대전 당시 중국에서 고아들과 교도소에 갇힌 사람들을 돌보는 사역을 하며 중국인들을 섬긴 영국 출신의 독신 여성 선교사님입니다. 선교사님의 이야기는 1958년에 잉그리드 버그만이 주연한 '여섯 번째 행복의 여관'이라는 제목의 영화로 제작되기도 했습니다.

에일워드 선교사님이 중국인 청년과 함께 '친추이'라는 지역으로 전도 여행을 갔을 때의 일입니다. 하루는 산지에 올라가서 전도를 했다가 그만 해가 저물고 말았습니다. 선교사님 일행은 쉴 만한 장소를 찾지 못했지만 낙심하지 않고 그 자리에 앉아 기도와 찬양을 드렸습니다. 그때 한 티베트 라마승이 다가와서 선교사님 일행을 사원으로 초대해 숙소와 음식을 제공해 주었습니다.

선교사님은 깜짝 놀랐습니다. 일반적으로 라마승들은 여성을 자신들의 처소에 들이지 않기 때문입니다. 더구나 그들은 선교사님 일행이 부르던 찬양까지 다시 불러 달라고 하면서 이런 질문을 했습니다.

"그분이 왜, 그리고 어떻게 죽으셨는지 말씀해 주시겠습니까? 그분이 왜 우리를 사랑하시는지 설명해 주시겠습니까?"

선교사님은 그들이 예수님에 관한 이야기를 어디서 듣고 이런 질문을 하는지 몹시 궁금했는데, 나중에 알게 된 사연은 이러했습니다.

그 사원의 라마승들은 해마다 산에서 감초를 수확해서 도시에 팔러 가는데, 한 승려가 도시에서 요한복음 3장 16절이 적힌 전도지를 받아 왔습니다. 그 전도지를 본 승려들은 '세상을 이처럼 사랑하시는 하나님'의 존재를 알게 되었습니다. 그 후 5년 동안 승려들은 도시에 내려갈 때마다 만나는 사람들에게 하나님에 대해 물어보았지만, 하나님에 대해 설명을 해 주는 사람이 아무도 없었습니다. 결국 처음에 전도지를 받아 왔던 승려가 하나님에 대해 알아오기 위해 여행을 떠나 복음서를 구해서 돌아왔습니다. 승려들은 책의 내용을 다 이해할 수는 없었지만, 그것을 믿는 데는 어려움이 없었습니다. 복음서를 읽던 중 그들은 "너희는 온 천하에 다니며 만민에게 복음을 전파하라"(막 16:15)는 말씀을 보게 되었고, 그 말씀대로라면 '세상을 사랑하시는 하나님' 께서 틀림없이 누군가를 자신들에게 보내 주실 것이라고 생각했습니다. 그렇게 그들이 하나님께서 보내실 사람들을 기다린 지 3년 만에 에일워드 선교사님 일행을 만나게 된 것입니다. 그런데 승려들이 가장 감동을 받은 것은 예수님께서 온 인류의 죄를 짊어지고 십자가에 달려 돌아가신 이야기였습니다. 전능하신 하나님의 아들인 예수 그리스도께서 골고다 언덕에서 십자가에 달려 죽으신 이야기는 그들에게 놀라움을 넘어서 충격 그 자체였습니다.

선교사님 일행이 그들에게 복음을 전하고 그곳을 떠나고 나서 얼마 후, 공산주의자들이 그 사원을 파괴하고 승려들을 쫓아 버렸습니다. 하나님께서는 이때를 대비해 그 승려들에게 복음을 전할 기회를 주신 것이었습니다. 선교사님은 그들 가운데 많은 수가 예수님을 믿고 구원을 받게 된 것에 감사하며 이렇게 고백했습니다.

"하나님께서는 우리가 씨를 뿌릴 땅을 미리 준비해 두시고 우리를 그분의 메신저로 부르셨습니다."

주님의 말씀은 오직 예수님을 영접하고 의지하는 자에게 '발의 등' 과 '길의 빛' 이 되십니다. 예수님께 우리의 마음을 활짝 열 때 진리의 빛이 우리 삶에 들어와 우리를 자유롭게 합니다. 죄와 사망의 어두움이 떠나가고 성령 충만을 받아 생명이 넘치는 삶을 살게 됩니다. 오늘 우리가 받은 은혜와 축복, 이 모든 것은 하나님께서 예수님을 통해 우리에게 허락하신 것입니다. 그러므로 우리는 하나님께서 주신 모든 은혜와 축복에 감사하며 때를 얻든지 못 얻든지 예수 그리스도의 복음을 증거하는 일에 최선을 다해야 합니다.

지난 2012년은 한국과 중국이 수교를 맺은 지 20년이 되는 해였습니다. 그래서 수교 20주년 기념행사의 일환으로 중국 교회 지도자들이 한국을 방문해 한국 목회자들과 교제하고 교회들을 둘러보는 시간을 가졌습니다. 저도 중국 목회자들과 이야기를 나눌 기회가 있었는데, 그 대화를 통해 최근 중국이 몰라보게 달라지고 있다는 것을 느낄 수 있었습니다. 무엇보다도 교회에 놀라운 부흥이 일어나고 있음을 확인했습니다. 이처럼 복음이 들어가는 곳에는 하나님의 놀라운 역사가 나타납니다. 현재 중국 그리스도인이 1억 2천만 명으로 알려져 있지만, 앞으로 더욱 큰 부흥이 중국 전역을 뒤덮을 것이라 기대합니다.

사랑하는 여러분, 예수 그리스도의 복음은 진리입니다. 예수님만이 인류를 구원할 유일한 분이십니다. 이는 하나님께서 친히 말씀하신 것이며, 구름같이 허다한 증인들을 통해 증언하신 것입니다. 그러나 여전히 많은 사람들이 마음의 문을 닫아 둔 채로 예수님을 영접하지 않고 어둠 속에서 방황하고 있습니다. 그중에는 하나님의 아들이신 예수 그리스도께서 우리를 구원하기 위해 오셨다는 기쁨의 소식을 한 번도 듣지 못한 사람들이 있습니다. 진리의 말씀, 곧 예수 그리스도의 복음을 증거하기 위해 모든 삶을 드리는 여러분이 되시기를 바랍니다.

묵상을 위한 질문

1. 예수님께서는 자신이 하나님께 보냄을 받은 것에 대한 증거로 무엇을 말씀하셨습니까(요 5:33-37)?

2. 예수님께서는 세상을 심판하실 때 어떤 기준으로 심판하신다고 말씀하셨습니까(요 5:30)?

3. 예수님께서 말씀하신 '침례 요한의 증거보다 더 큰 증거' 는 무엇입니까(요 5:36)?

4. 하나님께서 예수님에 대해 친히 증언하심에도 불구하고 사람들이 예수님을 영접하지 않은 까닭은 무엇입니까(요 5:37-38)?

5. 예수님을 영접하지 않은 사람들에게 예수님께서 그리스도라는 사실을 어떻게 증거할 수 있을까요?

암송 성구

"내가 아무것도 스스로 할 수 없노라 듣는 대로 심판하노니 나는 나의 뜻대로 하려 하지 않고 나를 보내신 이의 뜻대로 하려 하므로 내 심판은 의로우니라" (요 5:30)

요 5:39-47

"너희가 성경에서 영생을 얻는 줄 생각하고 성경을 연구하거니와 이 성경이 곧 내게 대하여 증언하는 것이니라 그러나 너희가 영생을 얻기 위하여 내게 오기를 원하지 아니하는도다 나는 사람에게서 영광을 취하지 아니하노라 다만 하나님을 사랑하는 것이 너희 속에 없음을 알았노라 나는 내 아버지의 이름으로 왔으매 너희가 영접하지 아니하나 만일 다른 사람이 자기 이름으로 오면 영접하리라 너희가 서로 영광을 취하고 유일하신 하나님께로부터 오는 영광은 구하지 아니하니 어찌 나를 믿을 수 있느냐 내가 너희를 아버지께 고발할까 생각하지 말라 너희를 고발하는 이가 있으니 곧 너희가 바라는 자 모세니라 모세를 믿었더라면 또 나를 믿었으리니 이는 그가 내게 대하여 기록하였음이라 그러나 그의 글도 믿지 아니하거든 어찌 내 말을 믿겠느냐 하시니라"

18

예수님에 대한
성경의 증언

——— 예수님께서 모든 사람의 구주가 되신다는 것은 변하지 않는 진리입니다. 예수님을 믿는 사람은 누구나 영원한 생명을 얻고 거듭난 삶을 살아가게 됩니다. 예수님께서 그리스도이심은 침례 요한뿐만 아니라 하나님께서 친히 증언하셨고, 예수님께서 베푸신 기적을 통해서도 증언되었습니다. 또한 구약 성경과 모세를 통해 그리스도는 예수님이시라는 것을 분명히 알 수 있습니다.

1. 구약 성경의 증언

"너희가 성경에서 영생을 얻는 줄 생각하고 성경을 연구하거니와 이 성경이 곧 내게 대하여 증언하는 것이니라" 요 5:39

유대인들은 영생을 얻는 길을 찾기 위해 성경을 연구했습니다. 요한복음에서 '영생'은 '구원'을 가리키는데, 이 말은 곧 유대인들이 구원을 얻기 위해 성경을 열심히 연구했다는 말입니다. 지금도 유대인들은 자녀가 말을 배울 나이가 되면 신명기 6장 4절에 기록된 "이스라엘아 들으라 우리 하나님 야훼는 오직 유일한 야훼이시니"라는 구절을 암송하게 할 만큼 그들의 성경인 구약 성경을 열심히 가르칩니다. 예수님께서는 유대인들이 열심히 연구하는 그 성경이 바로 예수님에 대해서 증언하고 있다고 말씀하셨습니다. 하나님께서는 구약 성경을 통해 모든 인류를 구원하러 세상에 오실 메시아 예수님에 대해 계시하셨습니다.

지금은 신구약 성경이 다 완성되었습니다. 구약은 오실 예수님, 신약은 오신 예수님과 다시 오실 예수님에 대해 말씀합니다. 신구약 성경 모두 예수님께 초점을 맞추고 있습니다. 그 안에 기록된 거의 모든 예언은 예수님을 통해 다 이루어졌습니다. 다만 신약 성경의 몇몇 부분과 마지막 책인 요한계시록만큼은 장차 오실 예수님에 대해 예언하고 있기 때문에 아직 이루어지지 않았습니다. 그래서 이단들이 주로 요한계시록을 자신들의 편리대로 해석해서 사람들을 미혹하게 하는 경우가 많습니다. 그리고 성경과 무관한 이야기들을 마치 신비한 예언이라도 되는 것처럼 떠들고 다닙니다.

성경이 기록되기 전에는 하나님께서 예언이나 환상이나 꿈을 통해서 말씀하셨지만, 지금은 성경이 완성되었기 때문에 성경을 통해서 말씀하십니다. 그러므로 우리는 기록된 하나님의 말씀 안에서 하나님과 교제하고 신앙생활의 교훈을 얻어야 합니다.

> 우리는 기록된 하나님의 말씀 안에서 하나님과 교제하고 신앙생활의 교훈을 얻어야 합니다.

당시 유대인들은 구약 성경을 항상 읽고 연구했지만 예수님을 알아보지 못했습니다. 그들은 자신들의 전통과 규칙을 세워 놓고 선입견과 고정관념에 빠져 구약 성경이 예언하고 있는 메시아가 예수님이심을 깨닫지 못하고 예수님을 거부하고 배척했습니다. 바울 사도는 유대인들의 이러한 무지함에 대해, 그리고 어떻게 하면 그 무지함에서 벗어날 수 있는지에 대해 이렇게 말했습니다.

"그러나 그들의 마음이 완고하여 오늘까지도 구약을 읽을 때에 그 수건이 벗겨지지 아니하고 있으니 그 수건은 그리스도 안에서 없어질 것이라 오늘까지 모세의 글을 읽을 때에 수건이 그 마음을 덮었도다 그러나 언제든지 주께로 돌아가면 그 수건이 벗겨지리라" (고후 3:14-16)

사도 바울은 유대인들이 구약 성경을 읽으면서 메시아 예수님을 발견하지 못하는 것은 마음에 수건이 덮여 있기 때문이라고 말했습니다. 이는 모세가 시내 산에서 하나님께 율법을 받고 내려온 후 이스라엘 백성들 앞에서 수건을 썼던 것을 빗대어 말한 것입니다. 모세는 이스라엘 백성이 자신의 얼굴에서 나는 광채에 주목하자 수건으로 얼굴을 가려 백성들이 하나님의 말씀에 집중하게 했습니다. 따라서 이 수건은 이스라엘 백성이 하나님의 말씀에 집중하지 못하고 그 의미를 깨닫지 못하는 상태를 뜻하는 상징이라고 할 수 있습니다.

예수님 당시의 유대인들의 마음에도 그러한 수건이 덮고 있다는 것은 모세의 글, 곧 구약 성경을 읽을 때 바르게 깨닫지 못하고 있다는 말입니다. 그러나 언제든지 그들이 '주', 곧 예수님께로 돌아가면 그 수건이 벗겨져 구약 성경이 말씀하는 바를 바르게 깨닫게 될 것이라고 사도 바울은 말했습니다.

지금 우리의 마음도 바울이 말하는 수건이 가리고 있을 수 있습니다. 우리가 구원받고 하나님의 자녀가 된 것은 전적으로 하나님의 은혜입니다. 우리의 힘으로 얻은 것이 결코 아닙니다. 그러나 어떤 사람들은 은혜 안에 살아가기보다 자신의 행위와 노력을 의지합니다. 하나님 앞에 더 많은 일을 해야 인정받을 것이라고 생각합니다. 신앙의 모습은 은혜에 대한 감사와 감격에서 나오는 것입니다. 그 자체가 구원의 조건이 아닙니다.

종교 심리학을 연구하는 사람들의 말에 의하면, 사람이 10살 전후로 구원에 대한 믿음을 갖게 되면 그 믿음이 평생 신앙을 유지할 수 있는 토대가 된다고 합니다. 우리나라로 따지면 초등학교 3, 4학년 즈음까지 거듭남의 은혜를 체험하면 그것이 평생 신앙의 밑거름이 된다는 말입니다. 어릴 때부터 성경의 가르침을 따라 구원의 확신을 갖게 되면 성장해서도 믿음이 흔들리지 않고 바른 신앙생활을 할 수 있습니다. 물론 인생의 어느 때라도 하나님의 은혜를 체험하고 주님께 헌신하는 삶을 살게 된다면 감사한 일입니다. 그러나 어릴 때 신앙이 바로 서면 일평생 신앙의 무게 중심이 예수님께 고정되어서 헛된 세상의 지식과 철학, 죄악 된 풍조에 휩쓸리지 않을 수 있습니다.

기독교 변증가로 잘 알려진 래비 재커라이어스는 탁월한 영적 통찰력을 가지고 있는 인도 출신의 신학자입니다. 그는 17살 때 인생이 너무도 허무하다는 생각에 독약을 먹고 자살을 시도했습니다. 마침 집에서 일하는 하인이 그를 발견해서 병원으로 데리고 가 생명을 건질 수 있었습니다. 어느 날 입원 중인 그에게 예수님을 믿는 친구가 찾아와서 성경을 주고 요한복음 14장 6절과 19절을 읽어 주었습니다.

"예수께서 이르시되 내가 곧 길이요 진리요 생명이니 나로 말미암지 않고는 아버지께로 올 자가 없느니라" (요 14:6)

"조금 있으면 세상은 다시 나를 보지 못할 것이로되 너희는 나를 보리니 이는 내가 살아 있고 너희도 살아 있겠음이라" (요 14:19)

그는 친구가 읽어 준 말씀에 큰 충격을 받았습니다. 예수님께서 길과 진리, 생명이 되시고 살아 계시다는 말씀에 삶의 희망을 얻고 예수님을 영접했습니다. 병원에서 퇴원한 그는 캐나다로 이민을 가서 본격적으로 신학 공부를 시작했습니다. 그 후 그는 20여 권이 넘는 기독교 변증서를 썼고, 여러 대학에서 학생들을 가르치고 있습니다.

말씀을 읽을 때마다 살아 계신 예수님을 만날 수 있기를 바랍니다. 예수님만이 구원의 진리, 구원의 길이 되시며 영생을 주실 분이십니다. 예수님을 만나지 못하도록 가로막는 모든 인본주의적이고 세상적인 수건을 제거하시기를 바랍니다. 주님을 간절히 바라며 겸손한 마음으로 말씀을 대할 때 예수님께서 우리 안에 성령으로 충만하게 거하실 것입니다.

2. 예수님을 거부한 사람들

"그러나 너희가 영생을 얻기 위하여 내게 오기를 원하지 아니하는도다" 요 5:40

유대인들은 그들을 구원하고 영생을 주실 메시아가 오시기를 간절히 기다려 왔습니다. 그러나 막상 예수님께서 오셨을 때 그들은 예수님을 영접하지 않고 배척했습니다. 예수님께서는 이러한 유대인들의 어리석음을 지적하셨습니다. 그들은 자기 의와 교만으로 가득 차 있었기 때문에 예수님을 영접하지 못했습니다. 스스로 의롭다고 여기는 특권 의식에 사로잡혀 예수님을 메시아로 인정하지 않았던 것입니다. 더욱이 예수님께서 가난하고 헐벗고 굶주리고 배운 것이 없는 사람들과 어울리고 손가락질받는 죄인들의 친구가 되어 주시는 것을 보고 메시아의 자격이 없다고 판단했습니다.

사람이 자기 의와 교만에 눈이 멀면 주님도 못 알아봅니다. 예수님께서는 "아무든지 나를 따라오려거든 자기를 부인하고 날마다 제 십자가를 지고 나를 따를 것이니라"(눅 9:23)고 말씀하셨습니다. 자기 십자가를 지라는 것은 옛 사람의 성품, 곧 고집, 교만, 탐욕, 정욕, 불신앙을 다 십자가에 못 박으라는 뜻입니다. 그러므로 우리는 날마다 십자가에서 죽고 의의 사람으로 매일 새롭게 태어나야 합니다. 내가 살아 있으면 죽고, 주님의 십자가와 함께 완전히 죽으면 살아납니다. "나만큼 잘난 사람이 없습니다."라고 하면 문제와 어려움이 끊이지 않지만, "저는 아무것도 아닙니다."라고 겸손하게 나아가면 문제와 어려움이 사라집니다.

예수님께서는 "수고하고 무거운 짐 진 자들아 다 내게로 오라 내가 너희를 쉬게 하리라 나는 마음이 온유하고 겸손하니 나의 멍에를 메고 내게 배우라 그리하면 너희 마음이 쉼을 얻으리니 이는 내 멍에는 쉽고 내 짐은 가벼움이라"(마 11:28-30)고 말씀하십니다. 예수님께서는 우리에게 진정한 안식과 평안을 주시려고 우리를 찾아오셨습니다. 아무리 무거운 인생의 짐을 지고 있다고 하더라도 그것을 주님께 맡겨 드리면 주님께서 우리 대신 그 짐을 맡아 주시고 우리에게 참된 안식과 평안을 주십니다. 찬송가 528장에 다음과 같은 가사가 있습니다.

"예수가 우리를 부르는 소리 그 음성 부드러워
문 앞에 나와서 사면을 보며 우리를 기다리네
오라 오라 방황치 말고 오라
죄 있는 자들아 이리로 오라
주 예수 앞에 오라"

하나님 아버지를 떠나 죄악 세상에서 탕자처럼 방황하는 사람들을 회복시키시고 영생을 주시려고 예수님께서 이 땅에 오셨습니다.

그러므로 우리가 예수님을 믿고 나아가기만 하면 우리의 모든 죄를 용서받고 새로운 삶을 살아갈 수 있습니다. 그런데 자기를 믿고 사는 사람이 있습니다. 자신의 신념과 자신의 소유를 의지하며 사는 사람이 있습니다. 야고보서 4장 14절은 "내일 일을 너희가 알지 못하는도다 너희 생명이 무엇이냐 너희는 잠깐 보이다가 없어지는 안개니라"고 말씀합니다. 우리는 구주 예수님이 없으면 안개와 같은 삶을 살 수밖에 없는 존재라는 것을 기억하시기 바랍니다.

> **우리는 구주 예수님이 없으면 안개와 같은 삶을 살 수밖에 없는 존재입니다.**

"나는 사람에게서 영광을 취하지 아니하노라" 요 5:41

인간적인 눈으로 보면 이 땅에서의 예수님의 사역은 외로운 길이었습니다. 예수님과 함께했던 제자들조차도 예수님의 말씀을 제대로 이해하지 못할 때가 많았고, 예수님을 따르던 많은 무리들도 예수님보다 예수님께서 베푸시는 기사와 이적에 더 많은 관심을 보였습니다.

예수님께서는 이러한 사람들에게서 자신의 영광을 취하지 않으시고 오직 하나님의 영광만을 구하셨습니다. 또한 사람들의 환호와 열광에 도취되지 않으시고 사람들의 거절과 핍박에도 아랑곳없이 자신이 가야 할 길을 묵묵히 걸어가셨습니다. 사도 바울도 다음과 같은 고백을 했습니다.

"이제 내가 사람들에게 좋게 하랴 하나님께 좋게 하랴 사람들에게 기쁨을 구하랴 내가 지금까지 사람들의 기쁨을 구하였다면 그리스도의 종이 아니니라"(갈 1:10)

예수님을 믿는 사람들은 오직 주님의 영광을 위해 살고, 오직 주님의 뜻에 따라 살아야 합니다. 요즈음 청년들이 갈수록 좁아지는 취업의 문 때문에 고민이 많습니다. 하지만 취업을 위해서 믿음을 후퇴시키는 일이 있어서는 안 됩니다. 또한 대학에서 술을 강요하는 문화가 사회적으로 많은 물의를 일으키고 아까운 생명마저 잃게 만드는 경우가 얼마나 많은지 모릅니다. 대학에 들어가면 선배들과 교수님들로부터 술을 마시라고 강요를 받을 때가 많습니다. 그럴 때 그들의 눈치를 보느라고 타협하면 안 됩니다. 그리스도인답게 세상 사람들과 구별된 모습을 보여 줘야 합니다.

『하늘의 특별 검사』라는 책의 저자로 우리에게 잘 알려진 김인호 장로님의 간증입니다. 장로님은 2003년 고양지방검찰청에 근무할 때 상사가 저녁 식사 자리에서 권하는 술잔을 거절했습니다. 하나님에 대한 두려움이 사람에 대한 두려움보다 컸기 때문입니다.

그 후 장로님은 승진 대열에서 밀려나 다른 지방검찰청으로 좌천되었습니다. 그러나 장로님은 좌절하지 않고 날마다 말씀을 붙잡고 기도하고 전근 간 곳에서 복음을 열심히 전해 많은 영혼들을 예수님께로 인도했습니다. 장로님은 비록 사람에게 미움을 받았을지 몰라도 하나님께는 크게 영광을 돌리고 쓰임 받는 일꾼이 되었습니다.

예수님을 믿으려면 이 정도의 배짱과 담대함이 있어야 합니다. 사람의 눈치를 보고 세상과 타협하고 살면 하나님께서 기뻐하지 않으십니다. 어떠한 불이익이 있어도 예수님을 믿고 의지하고 나아가면 반드시 주님께서 좋은 것으로 갚아 주시고 영광을 받으십니다.

'음악의 아버지' 라 불리는 바흐는 독실한 그리스도인이었습니다. 그가 그린 악보 첫 장에는 '예수님, 도와주세요.' 라는 뜻의 라틴어 'J.J.' 가 적혀 있고 마지막 장에는 '오직 하나님께 영광' 이라는 뜻의 라틴어 'S.D.G.' 가 적혀 있습니다. 당시뿐만 아니라 지금도 위대한 음악가로 인정과 존경을 받는 그는 그의 작품을 통해서 오직 하나님께만 영광을 돌리기 원했습니다. 그가 작곡한 칸타타 중에 '예수, 인류 소망의 기쁨' 이라는 곡은 이런 가사를 가지고 있습니다.

"예수님은 나의 기쁨의 원천이시며
내 마음의 본질이며 희망이십니다
예수님은 모든 근심에서 나를 보호하시며
내 생명에는 힘의 근원이 되시며
내 눈에는 태양이며 기쁨이 되시고
나의 영혼에는 기쁨이며 보물입니다
그래서 나는 내 마음과 눈에서
예수님을 멀리하지 않으려 합니다"

"다만 하나님을 사랑하는 것이 너희 속에 없음을 알았노라" 요 5:42

예수님께서는 유대인들에게 하나님을 사랑하는 마음이 없다는 것을 아셨습니다. 유대인들은 하나님을 사랑한다고 말하면서도 자기 자신을 더 사랑했고, 자기의 가문을 더 사랑했고, 자기의 위치를 더 사랑했고, 자기의 가진 것을 더 사랑했습니다.

바리새인들은 하나님을 잘 섬기기 위해 일주일에 이틀씩 금식하고 철저한 십일조 생활을 했지만, 그것은 다 자기를 과시하기 위한 행동이었습니다. 그래서 그들은 메시아이신 예수님을 배척한 것입니다.

"나는 내 아버지의 이름으로 왔으매 너희가 영접하지 아니하나 만일 다른 사람이 자기 이름으로 오면 영접하리라" 요 5:43

예수님께서는 하나님의 보내심을 받아 하나님의 이름으로 오셨습니다. 따라서 유대인들이 예수 그리스도를 영접하지 않은 것은 곧 하나님을 거부한 것입니다. 이처럼 예수님께서 세상에 오셨을 때 자기 백성들이 영접하지 않은 것은 요한복음의 서문에 이미 언급돼 있습니다.

"그가 세상에 계셨으며 세상은 그로 말미암아 지은바 되었으되 세상이 그를 알지 못하였고 자기 땅에 오매 자기 백성이 영접하지 아니하였으나" (요 1:10-11)

그들의 영적 눈은 어두웠고, 그들의 마음은 하나님을 대적하는 악한 세상에 속해 있었습니다. 그들은 자신들이 만들어 놓은 기준대로 신앙생활을 하며, 하나님 아닌 자기 자신을 섬겼습니다. 자기 자신이 신앙의 기준이 되고 삶의 주인이 되면, 다른 사람에 대해 늘 비판하게 되고 하나님을 향해서는 교만한 마음을 품게 됩니다. 우리는 일생 동안 "저는 아무것도 아닙니다. 오직 주님만이 저의 모든 것이 되십니다. 저의 삶을 통해 오직 주님만이 영광을 받아 주옵소서."라고 고백하는 신앙을 가져야 합니다.

"너희가 서로 영광을 취하고 유일하신 하나님께로부터 오는 영광은 구하지 아니하니 어찌 나를 믿을 수 있느냐" 요 5:44

예수님을 믿고 예수님의 말씀을 따라 살아가는 사람은 하나님의 영광을 위해 사는 사람입니다. 반면에 예수님을 영접하지 않고 자기중심으로 사는 사람은 주님의 영광이 아니라 자신의 영광, 주님의 뜻이 아니라 자신의 뜻만을 추구하며 사는 사람입니다. 이런 사람의 마음에는 주님께서 계실 수 없습니다. 오직 하나님의 영광을 구하며 하나님만을 높이고 예배하는 삶이 최선의 삶입니다.

얼마 전에 천국에 가신 최인회 목사님은 제가 병문안을 갈 때마다 "목사님, 우리 교회 대성전에 가서 예배드리는 것이 제 소원입니다."라고 말했습니다. 이제 천국에 가셨으니 이 세상에서는 드릴 수 없는 영광스러운 예배를 하나님께 드리고 계실 것입니다.

제가 나성순복음교회에서 사역할 때 평소 알고 지내던 목사님의 손자가 천국에 갔습니다. 엄마 배 속에 있을 때부터 아이의 심장에 문제가 있었지만, 부모는 하나님께서 주신 생명이니 다시 부르실 때까지 최선을 다해 기르겠다는 마음으로 출산한 아이였습니다. 아이의 장례식이 있던 날 새벽, 제가 아이의 천국 환송 예배를 인도하러 가기 전에 기도하는 가운데 "아이의 죽음을 슬퍼하지 마라. 내가 아이의 아픈 것을 완전히 치료해 주기 위해 천국으로 데리고 왔다."라고 말씀하시는 하나님의 음성을 들었습니다. 저는 아이의 장례식에서 하나님께서 주신 그 말씀을 나누었습니다. 이로 인해 아이의 할아버지이신 목사님도 많은 위로를 받으셨고, 아이의 부모도 위로를 받고 하나님께 영광을 올려 드렸습니다.

그날 저는 어린아이들을 위한 묘지에 갔다가 47분 만에 세상을 떠난 아이의 묘지석을 보았습니다. 제가 그때 생각한 것이 있습니다. 약간의 시간 차이만 있을 뿐 우리는 모두 하나님의 부르심을 받아 세상을 떠나게 될 텐데 잠시뿐인 세상에서 헛된 영광을 구하지 말고 오직 하나님을 위해 살아야겠다는 생각이었습니다. 찬송가 450장의 가사처럼 "내 평생 소원 이것뿐 주의 일 하다가 이 세상 이별하는 날 주 앞에 가리라"는 고백처럼 살아가시기를 바랍니다.

3. 모세의 증언

> "내가 너희를 아버지께 고발할까 생각하지 말라 너희를 고발하는 이가 있으니 곧 너희가 바라는 자 모세니라 모세를 믿었더라면 또 나를 믿었으리니 이는 그가 내게 대하여 기록하였음이라" 요 5:45-46

예수님께서는 예수님을 영접하지 않는 유대인들의 모순된 신앙을 지적하셨습니다. 예수님께서는 그들이 모세의 가르침을 잘 지키고 따른다면 예수님께서 구주이심을 깨닫고 믿을 것이라고 말씀하셨습니다. 모세 오경은 자기 백성을 구원하시기 위해 오실 구주에 대해 가르치고 있기 때문입니다. 창세기 3장 15절에는 예수님께서 오실 것에 대해서 이렇게 기록되어 있습니다.

모세 오경은 자기 백성을 구원하시기 위해 오실 예수님에 대해 가르치고 있습니다.

"내가 너로 여자와 원수가 되게 하고 네 후손도 여자의 후손과 원수가 되게 하리니 여자의 후손은 네 머리를 상하게 할 것이요 너는 그의 발꿈치를 상하게 할 것이니라 하시고"

여기서 '여자의 후손'은 예수님을 가리킵니다. 이처럼 모세 오경의 첫 번째 책인 창세기에는 예수님께서 인류의 죄악을 대신해 죽임을 당하실 것이 예언되어 있습니다. 그러나 유대인들은 이를 깨닫지 못했습니다. 그들은 모세의 율법을 무엇보다도 중요하게 생각하고 지킨다고 자부했지만 예수님께서 구주이심을 깨닫지 못했습니다. 이는 그들이 율법의 핵심을 깨닫지 못했음을 보여 줍니다. 그들이 예수님을 영접하지 않은 것은 곧 그들이 믿고 따르는 모세를 통해 심판을 받는 것과 다름없습니다.

> "그러나 그의 글도 믿지 아니하거든 어찌 내 말을 믿겠느냐 하시니라" 요 5:47

모세의 율법이 말씀하고 있는 바를 온전히 깨닫지 못하는 것은 그 말씀하는 바를 믿지 못하는 것과 같습니다. 이처럼 모세의 율법도 믿지 못하는 사람들이 예수님의 말씀을 믿는다는 것은 더더욱 불가능한 일입니다.

유대인들의 이러한 어리석음은 지금도 계속되고 있습니다. 이스라엘의 국기를 보면 중앙에 별이 하나 있습니다. 그것은 다윗의 별로서, 다윗의 자손으로 오실 메시아에 대한 그들의 염원이 담겨져 있습니다. 예수님 당시의 유대인들은 그들 가운데 오신 메시아 예수님을 박해하고 십자가에 못 박았는데, 그 후손인 오늘날의 유대인들 역시 그들의 기준에 맞는 메시아를 기다리며 예수님을 영접하는 유대인들을 박해하고 있습니다. 예수님을 영접한 유대인들을 '메시아닉 쥬' 라고 부르는데, 김종철 감독이 그들의 이야기를 담은 '회복' 이라는 영화를 만들었습니다. 이 영화에는 유대교도들이 메시아닉 쥬의 집에 테러를 저지르고 비밀 예배 장소를 찾아내서 출입을 막는 등 온갖 악행을 자행하는 모습이 담겨 있습니다.

이 영화에는 티크바 오트라는 이름의 한 자매가 예수님을 영접하게 된 것에 대해서 다음과 같이 간증하는 장면이 나옵니다.

"신약 성경을 받아서 예루살렘 집으로 가져왔어요. 어느 날은 신약을 읽고 싶은 마음이 강하게 들어서 한밤중에 마태복음에 나온 예수님의 족보를 읽기 시작했는데 갑자기 제 마음에 빛이 임하는 거예요. 저는 바닥에 무릎을 꿇고 울면서 이렇게 기도했어요. '아브라함과 이삭과 야곱의 하나님, 만약 예수님께서 진정 메시아라면 제 눈으로 보고 싶어요. 직접적인 증거를 좀 보여 주세요.' 그날 밤 제 꿈에 그분이 찾아오셨어요. 그때부터 저는 복음을 전하기 시작했죠. 이스라엘 전역을 다니며 복음을 전했고 친구들에게 전화를 걸어서 메시아가 누군지 말했어요. 사람들에겐 제가 미친 것처럼 보였을 거예요. 예수님을 사랑합니다."

이처럼 주님께서는 지금 이 시간에도 예수님을 부인하는 사람들을 구원하시기 위해 친히 역사하고 계십니다. 주님께서는 유대인들뿐만 아니라 세상 모든 사람이 예수님을 믿고 구원에 이르기를 원하십니다. 그러므로 먼저 예수님의 영접한 우리의 사명은 분명합니다. 땅 끝까지 예수 그리스도의 복음을 증거하는 것입니다. 복음을 위해 헌신하시는 여러분이 되시기를 바랍니다. 우리 삶의 가장 큰 축복은 복음을 위해 사는 것입니다.

사랑하는 여러분, 예수님은 우리의 행복 그 자체이십니다. 예수님을 영접하지 않은 사람은 세상의 어떤 부귀영화를 누린다고 할지라도 그 속에 참된 평안과 기쁨과 생명이 없습니다. 수많은 선지자들과 성경의 기록과 하나님께서 친히 말씀하시는 바는 오직 한 가지, 예수님만이 유일한 구주라는 것입니다. 여러분 모두 구주 예수님을 항상 믿고 따르며, 때를 얻든지 못 얻든지 예수 그리스도의 복음을 최선을 다해 전파하시기를 바랍니다.

묵상을 위한 질문

1. 구약 성경은 누구에 대해 증언하고 있습니까(요 5:39)?

2. 예수님께서 사람에게서 영광을 취하지 않는다고 말씀하신 뜻은 무엇입니까(요 5:41)?

3. 예수님께서는 예수님께 적대적인 유대인들을 고발하는 이가 있다고 말씀하셨습니다. 그는 누구이며, 그 이유는 무엇입니까(요 5:45-46)?

4. 하나님의 영광을 위해 사는 삶이란 어떤 삶을 말하는 것일까요?

5. 구약 성경에서 예수님에 대해 어떻게 증언하고 있는지 찾아봅시다.

암송 성구

"너희가 성경에서 영생을 얻는 줄 생각하고 성경을 연구하거니와 이 성경이 곧 내게 대하여 증언하는 것이니라" (요 5:39)

영원히
목마르지
아니하리라

"나는 생명의 떡이니
내게 오는 자는 결코 주리지 아니할 터이요
나를 믿는 자는
영원히 목마르지 아니하리라"

Chapter

06

A Commentary on the Gospel of John

생명의 떡이신 예수님

John

요 6:1-13

"그 후에 예수께서 디베랴의 갈릴리 바다 건너편으로 가시매 큰 무리가 따르니 이는 병자들에게 행하시는 표적을 보았음이러라 예수께서 산에 오르사 제자들과 함께 거기 앉으시니 마침 유대인의 명절인 유월절이 가까운지라 예수께서 눈을 들어 큰 무리가 자기에게로 오는 것을 보시고 빌립에게 이르시되 우리가 어디서 떡을 사서 이 사람들을 먹이겠느냐 하시니 이렇게 말씀하심은 친히 어떻게 하실지를 아시고 빌립을 시험하고자 하심이라 빌립이 대답하되 각 사람으로 조금씩 받게 할지라도 이백 데나리온의 떡이 부족하리이다 제자 중 하나 곧 시몬 베드로의 형제 안드레가 예수께 여짜오되 여기 한 아이가 있어 보리떡 다섯 개와 물고기 두 마리를 가지고 있나이다 그러나 그것이 이 많은 사람에게 얼마나 되겠사옵나이까 예수께서 이르시되 이 사람들로 앉게 하라 하시니 그곳에 잔디가 많은지라 사람들이 앉으니 수가 오천 명쯤 되더라 예수께서 떡을 가져 축사하신 후에 앉아 있는 자들에게 나눠 주시고 물고기도 그렇게 그들의 원대로 주시니라 그들이 배부른 후에 예수께서 제자들에게 이르시되 남은 조각을 거두고 버리는 것이 없게 하라 하시므로 이에 거두니 보리떡 다섯 개로 먹고 남은 조각이 열두 바구니에 찼더라"

19

오병이어의 기적

—— 예수님께서는 이 땅에 구세주로 오셨습니다. 예수님만이 인류의 희망입니다. 하나님께 이르는 길은 오직 예수 그리스도밖에 없습니다. 예수님께서는 이천 년 전에 이 땅에 오셔서 십자가에 달려 하나님의 구속 사역을 이루시고 지금은 하나님 보좌 우편에 앉아 계십니다. 그리고 마지막 때에 이 땅에 다시 오셔서 우리를 부활의 영광에 초대하실 것입니다. 예수님께서는 오병이어의 기적을 통해 자신이 메시아이심을 나타내셨습니다. 오늘 함께 볼 말씀이 바로 오병이어의 기적에 관한 내용입니다. 오병이어의 사건은 4복음서에 다 나오는데, 이는 이 사건의 중요성과 위대함을 말해 줍니다. 이제 그 놀라운 기적의 역사를 함께 나누고자 합니다.

1. 보리떡 다섯 개와 물고기 두 마리

"그 후에 예수께서 디베랴의 갈릴리 바다 건너편으로 가시매" 요 6:1

'디베랴'는 헤롯 대왕의 아들인 갈릴리의 분봉 왕 헤롯 안디바가 로마 황제 티베리우스의 이름을 따서 만든 도시입니다. 그는 이 도시를 세운 후 이름을 '디베랴' 라고 짓고 갈릴리 지역의 수도로 정했습니다. '디베랴' 는 갈릴리 바다 남서쪽과 바로 붙어 있는데, 당시 사람들은 이 도시 이름을 따라 갈릴리 바다를 '디베랴 바다' 라고도 불렀습니다. 본문은 예수님께서 그 바다 건너편으로 가셨다고 말씀하고 있습니다.

"큰 무리가 따르니 이는 병자들에게 행하시는 표적을 보았음이러라" 요 6:2

큰 무리가 예수님을 따른 이유는 그들이 예수님을 진정한 구세주로 믿었기 때문이 아니라 예수님께서 병자에게 행하시는 표적을 보았기 때문입니다. 이처럼 '무리' 는 표적만 따라다니다 흩어지고 마는 사람들입니다. 그들은 예수님의 참제자와 구분됩니다. 예수님께서는 이러한 사람들을 결코 신뢰하지 않으십니다.

"유월절에 예수께서 예루살렘에 계시니 많은 사람이 그의 행하시는 표적을 보고 그의 이름을 믿었으나 예수는 그의 몸을 그들에게 의탁하지 아니하셨으니 이는 친히 모든 사람을 아심이요 또 사람에 대하여 누구의 증언도 받으실 필요가 없었으니 이는 그가 친히 사람의 속에 있는 것을 아셨음이니라" (요 2:23-25)

그들은 훗날 예수님께서 십자가 고난을 받으실 때 모두 도망쳤습니다. 심지어 어떤 사람들은 예수님의 기적을 체험하고도 예수님을 십자가에 못 박으라고 소리쳤습니다. 그들은 십자가에 달리신 예수님께서 아무런 표적도 행하시 못할 것이라고 생각했을 것입니다. 그들의 눈에는 십자가가 징벌로 보였습니다.

"그는 실로 우리의 질고를 지고 우리의 슬픔을 당하였거늘 우리는 생각하기를 그는 징벌을 받아 하나님께 맞으며 고난을 당한다 하였노라" (사 53:4)

더 나아가 그들에게 십자가는 단지 미련한 것으로 보였습니다.

"우리는 십자가에 못 박힌 그리스도를 전하니 유대인에게는 거리끼는 것이요 이방인에게는 미련한 것이로되" (고전 1:23)

표적만 보고 따르는 사람은 표적이 사라지면 그 믿음도 쉽게 변하게 마련입니다. 예수님을 따르던 무리들은 십자가야말로 하나님의 구원을 나타내는 확실한 표적이라는 사실을 깨닫지 못했습니다.

"예수께서 산에 오르사 제자들과 함께 거기 앉으시니" 요 6:3

무리들과 달리 제자들은 늘 예수님과 함께했습니다. 마태복음 5장 1절은 "예수께서 무리를 보시고 산에 올라가 앉으시니 제자들이 나아온지라"고 말씀하고 있습니다. 이처럼 예수님께서는 종종 산에 올라가셔서 제자들을 가르치셨습니다. 여기서 '앉으셨다' 라는 표현이 나오는데, 이는 당시 유대인 랍비들이 교육을 할 때 취하는 전형적인 모습이었습니다. 선생님이 자리를 잡고 먼저 앉으면 제자들은 그 주위에 둘러앉아서 말씀을 들었습니다.

이처럼 제자들은 언제나 스승과 함께하며 스승의 가르침에 귀를 기울이며 나아가 그 가르침을 자신의 삶 속에서 실천하고 또한 다른 사람들에게도 그 가르침을 전하기 위해 온 힘을 다합니다. 여러

〈벳새다 광야〉

분 모두 '무리' 가 되지 말고 주님의 '참제자' 가 되시기 바랍니다.

"마침 유대인의 명절인 유월절이 가까운지라" 요 6:4

여기에 언급된 유월절은 2장 13절에 이어 요한복음에 나오는 두 번째 유월절입니다. 본래 유월절은 출애굽기 12장 13절에서 사용된 '넘어가다' 라는 의미의 히브리어에서 유래했습니다.

"내가 애굽 땅을 칠 때에 그 피가 너희가 사는 집에 있어서 너희를 위하여 표적이 될지라 내가 피를 볼 때에 너희를 넘어가리니 재앙이 너희에게 내려 멸하지 아니하리라"

하나님께서는 모세를 통해 애굽에서 430년간 종살이한 이스라엘 백성을 구원하셨습니다. 이때 하나님께서는 애굽에 열 가지 재앙을 내리셨는데 유월절은 그중 마지막 재앙과 관련이 있습니다. 하나님께서는 애굽의 왕 바로의 완악함으로 인해 죽음의 천사를 보내 애굽의 모든 첫 태생, 즉 사람과 짐승의 처음 출생한 것들을 멸하겠다고 말씀하셨습니다. 그리고 이스라엘 백성에게는 어린 양을 잡아 그 피를 문 인방과 좌우 문설주에 바르도록 하셨습니다. 이는 죽음의 천사가 애굽의 모든 초태생을 치러 두루 다닐 때 그 피를 보고 그 문을 넘어가 이스라엘 백성들의 집에서는 죽음을 피할 수 있도록 하기 위함이었습니다.

"모세가 이스라엘 모든 장로를 불러서 그들에게 이르되 너희는 나가서 너희의 가족대로 어린 양을 택하여 유월절 양으로 잡고 우슬초 묶음을 가져다가 그릇에 담은 피에 적셔서 그 피를 문 인방과 좌우 설주에 뿌리고 아침까지 한 사람도 자기 집 문밖에 나가지 말라 야훼께서 애굽 사람들에게 재앙을 내리려고 지나가실 때에 문 인방과 좌우 문설주의 피를 보시면 야훼께서 그 문을 넘으시고 멸하는 자에게 너희 집에 들어가서 너희를 치지 못하게 하실 것임이니라" (출 12:21-23)

유월절은 이스라엘 백성의 구원을 의미합니다. 그리고 예수 그리스도의 십자가 사건은 하나님의 구원 사역의 완성입니다. 따라서 유월절은 바로 예수님의 십자가 사건을 가리킵니다. 요한복음에는 유월절에 관한 언급이 세 번 있는데, 매번 예수님의 십자가 고난을 의미하는 말씀이 함께 나옵니다.

처음으로 유월절이 언급되었을 때, 예수님께서는 이렇게 말씀하셨습니다.

"너희가 이 성전을 헐라 내가 사흘 동안에 일으키리라"(요 2:19)

두 번째 유월절이 가까워 왔을 때에는 오병이어의 기적을 행하신 다음 예수님께서 다시 한 번 고난에 관해 말씀하셨습니다.

"내 살을 먹고 내 피를 마시는 자는 영생을 가졌고 마지막 날에 내가 그를 다시 살리리니 내 살은 참된 양식이요 내 피는 참된 음료로다"(요 6:54-55)

마지막으로 11장 55절에서 세 번째 유월절을 언급한 후 12장에서 마리아가 순전한 나드 한 근을 예수님께 붓고 자신의 머리털로 예수님의 발을 닦을 때, 예수님께서는 또다시 십자가 고난을 말씀하셨습니다.

"그를 가만두어 나의 장례할 날을 위하여 그것을 간직하게 하라"(요 12:7)

이처럼 유월절은 예수님의 십자가 고난과 매우 밀접한 연관이 있습니다. 출애굽 당시의 유월절이 예수님의 구원 사건을 미리 보여 주는 모형이기 때문입니다. 유월절 어린 양의 피가 죽음으로부터 이스라엘 백성을 구원한 것처럼, 예수님의 보혈은 우리 온 인류를 죽음으로부터 해방시켰습니다. 그러므로 예수님의 보혈의 능력만이 우리를 구원할 유일한 길입니다.

우리는 십자가의 능력을 의지하고 그 은혜에 대해 늘 감사해야 합니다. 우리는 모두 죄 덩어리입니다. 우리가 아무리 멋진 옷을 입고 사람들 앞에서 인정받고 칭찬받는 삶을 살고 있을지라도 우리의 마음속을 들여다보면 더러운 죄가 가득합니다. 하지만 우리는 예수님의 보혈을 의지함으로 그 더러운 죄를 전부 씻어 낼 수 있습니다. 우리가 육신을 입고 있는 동안에는 끊임없이 죄와 싸워야 하지만, 우리가 예수 그리스도의 보혈의 능력을 의지하기만 한다면 그것은 언제나 '이겨 놓고 싸우는 싸움' 입니다. 이천 년 전에 예수님께서 십자가에서 "다 이루었다"(요 19:30)라고 하셨을 때 우리의 승리가 이미 결정되었기 때문입니다.

"예수께서 눈을 들어 큰 무리가 자기에게로 오는 것을 보시고 빌립에게 이르시되 우리가 어디서 떡을 사서 이 사람들을 먹이겠느냐 하시니" 요 6:5

예수님께서는 자기에게로 오는 큰 무리를 보시고 빌립에게 "우리가 어디서 떡을 사서 이 사람들을 먹이겠느냐?"라고 물으셨습니다. 그들은 비록 믿음 없이 예수님의 표적을 보고 따르는 무리였지만, 예수님께서는 의지할 곳도 없고 가진 것도 없는 그들을 불쌍히 여기셨습니다. 이처럼 오병이어의 기적 역시 수많은 무리를 향한 예수님의 긍휼로부터 시작되었습니다.

누가복음 7장 11절부터 17절을 보면, 나인 성 과부 역시 예수님께서 불쌍히 여기셔서 그녀의 죽은 아들이 다시 살아나는 놀라운 기적을 베풀어 주셨습니다. 오늘날도 예수님께서는 우리의 부족함에도 불구하고 우리에게 긍휼을 베풀어 주십니다.

"이렇게 말씀하심은 친히 어떻게 하실지를 아시고 빌립을 시험하고자 하심이라" 요 6:6

예수님께서는 빌립이 주님의 방법을 신뢰하는지, 아니면 세상의 방법을 의지하는지를 시험하셨습니다. 이것은 사탄의 '유혹' 처럼 넘어뜨리기 위한 시험이 아니라 믿음에 관한 문제였습니다. 예수님께서 우리를 시험하시는 것은 연단과 인내를 통해 더 큰 축복을 누리도록 하기 위함입니다.

"시험을 참는 자는 복이 있나니 이는 시련을 견디어 낸 자가 주께서 자기를 사랑하는 자들에게 약속하신 생명의 면류관을 얻을 것이기 때문이라" (약 1:12)

"빌립이 대답하되 각 사람으로 조금씩 받게 할지라도 이백 데나리온의 떡이 부족하리이다" 요 6:7

빌립은 참으로 똑똑한 사람이었던 것 같습니다. 그는 재빨리 계산하여 결과를 주님께 보고했습니다.

빌립의 계산으로는 그 많은 사람들을 먹이기 위해서는 적게 잡아도 이백 데나리온 이상의 돈이 필요했습니다. '데나리온' 은 그리스가 2002년에 '유로화' 를 쓰기로 결정하기 전까지 인류 역사상 가장 오랫동안 사용된 화폐 단위로서 예수님 당시에 노동자의 하루 품삯에 해당하는 금액이었습니다. 따라서 지금 우리나라 노동

자의 하루 품삯을 오만 원으로 잡는다면, 이백 데나리온은 약 천만 원에 해당하는 금액입니다. 즉, 빌립에 보기에는 천만 원어치의 떡으로도 그 무리가 먹기에는 부족할 것 같았습니다.

문제는 여기서 끝이 아닙니다. 설령 천만 원을 가지고 있다고 하더라도 그 많은 떡을 구입할 곳이 없었습니다. 빌립의 생각으로는 그 많은 사람들을 먹인다는 것이 절대 불가능해 보였습니다.

"제자 중 하나 곧 시몬 베드로의 형제 안드레가 예수께 여짜오되 여기 한 아이가 있어 보리떡 다섯 개와 물고기 두 마리를 가지고 있나이다 그러나 그것이 이 많은 사람에게 얼마나 되겠사옵나이까" 요 6:8-9

그러나 안드레는 빌립과 달랐습니다. 안드레는 한 아이로부터 보리떡 다섯 개와 물고기 두 마리를 얻어 예수님께 가지고 나왔습니다. 사실 안드레 역시 보리떡 다섯 개와 물고기 두 마리로 그 많은 사람들을 다 먹일 수 있을 것이라고 생각하지는 못했습니다. 그래서 예수님께 "그러나 그것이 이 많은 사람에게 얼마나 되겠사옵나이까?"라고 여쭈어 본 것입니다. 하지만 안드레는 자신의 생각을 접어 두고 일단 먹을 것을 가져오라는 예수님의 말씀에 순종했습니다.

빌립은 안되는 것만 보았지만, 안드레는 불가능 속에서의 가능성을 보았습니다. 오병이어의 기적은 안드레의 순종을 통해 이루어질 수 있었던 것입니다. 이처럼 눈에 보이는 것이 없고 귀에 들리는 것이 없고 손에 잡히는 것이 없을 때에도, 우리는 믿음이 기적을 만들어 낸다는 사실을 기억해야 합니다.

믿음이 기적을 만들어 냅니다.

케이티 데이비스 양은 원래 미국 테네시 주 내쉬빌 출신의 전형적인 미국 소녀였습니다. 그런데 자원 봉사차 방문했던 우간다에서 가난하고 비위생적인 환경에서 고통 받는 아이들을 보고 이들을 돌보기로 결심하게 되었습니다. 그래서 2007년 고등학교를 졸업하자마자 우간다로 건너가 우간다어로 '그리스도의 진리' 라는 의미를 가진 '아마지마' 라는 비영리 사역 단체를 세워 수백 명의 어린이를 돕고 있습니다. 이 단체는 교육을 받지 못하는 우간다 어린이들을 위해 1년에 1인당 300달러씩 후원을 받아 '아동 후원 프로그램' 을 진행하고 있습니다.

이 단체의 운영 초기인 2008년 10월경 그녀는 커다란 재정적 위기를 겪게 되어 150명의 아이들 중 44명만 학교에 보낼 수 있었습니다. 이때 그녀는 기도하며 하나님께 매달렸습니다. 그러자 주님께서 "믿음이 작은 딸아! 이 사업은 나의 뜻이며, 불가능이 없는 내가 벌인 일이란다. 무엇이든 내 이름으로 구하면 주겠다고 하지 않았느냐?"라고 응답해 주셨습니다. 그때서야 그녀는 자신이 아닌 하나님께서 이 모든 것을 책임지고 계시다는 사실을 깨달았습니다. 그리고 자신의 믿음 없음을 회개하고 150명의 아이들을 모두 학교에 보내기로 결정했습니다.

몇 주가 지나자 기적이 일어나기 시작했습니다. 후원자가 한 명씩 늘어나더니 여러 곳을 통해 후원금이 들어왔습니다. 그리고 몇 달이 지나자 그녀가 필요로 했던 7만 달러가 모두 채워졌습니다. 하지만 이것은 시작에 불과했습니다. 처음에는 40명의 아이들을 지원해 학교에 보내던 것이 2008년에는 150명이 되었고, 현재는 400명이 넘는 아이들이 교육 혜택을 받고 있습니다. 뿐만 아니라 매일 다른 지역의 아이들 1,600명에게 식사를 제공하는 사역도 하고 있습니다.

'계산하지 않는 믿음'으로 이런 놀라운 기적을 체험한 그녀는 '주님의 채워 주심'에 대해 이렇게 고백합니다.

"제가 한 일이라곤 기도하고 믿는 것밖에 없었습니다. 하나님께서 나를 부르셨으니 모든 것을 책임져 주시리라 믿었습니다. 불가능은 없습니다. 하나님께서 들어주시지 못할 만큼 큰 요청도 없고, 거들떠보지 않으실 만큼 작은 요청도 없습니다."

2. 먹고 남은 조각이 열두 바구니

"예수께서 이르시되 이 사람들로 앉게 하라 하시니 그곳에 잔디가 많은지라 사람들이 앉으니 수가 오천 명쯤 되더라" 요 6:10

원어 성경을 보면 본문의 앞에 나오는 '사람들'과 뒤에 있는 '사람들'을 표기한 단어가 다릅니다. 앞 단어는 남녀노소를 모두 포함한 '사람들'(people)을 의미합니다. 이에 비해 뒤에 나오는 단어는 '성인 남성'(men)을 가리킵니다. 따라서 오천 명쯤이라는 것은 그곳에 있는 모든 사람의 수가 아니라 '안드로이', 즉 '성인 남성'만 오천 명이었다는 말입니다. 그러므로 본문을 좀 더 자세하게 풀어보면 '예수께서 이르시되 이 모든 사람들을 앉게 하라 하시니 …… 성인 남자들이 앉으니 수가 오천 명쯤 되더라'고 할 수 있습니다. 이때 모인 사람들 중 성인 남자만 오천 명쯤이었으니, 여성과 어린 아이들까지 포함하면 최소한 이만 명 이상이었을 것입니다.

"예수께서 떡을 가져 축사하신 후에 앉아 있는 자들에게 나눠 주시고 물고기도 그렇게 그들의 원대로 주시니라" 요 6:11

여기서 '축사하셨다' 라는 말로 번역된 단어는 본래 '감사드리다' 라는 뜻입니다. 즉, 예수님의 축사는 하나님을 향한 '감사 기도' 였다는 것입니다. 배고픈 2만 명의 사람들을 위해 예수님께서 하신 일은 바로 감사 기도를 드린 것입니다. 손에는 보리떡 다섯 개와 물고기 두 마리밖에 없고 문제가 해결될 기미는 전혀 보이지 않았지만, 예수님께서는 하나님께 감사의 기도를 드렸습니다.

예수님께서 하나님께 감사 기도를 드렸다는 기록은 요한복음 11장에서도 찾아볼 수 있습니다. 예수님께서는 나사로가 병들었다는 소식을 들으셨으나 며칠 더 지나 그가 죽은 후에 베다니로 가셨습니다. 그곳에는 나사로의 동생인 마르다와 마리아가 오라비를 여읜 슬픔에 눈물을 흘리며 애통해하고 있었습니다. 그들은 "예수님께서 계셨더라면 우리 오라비가 죽지 않았을 것입니다."라고 말하

〈오병이어기념교회〉

며 예수님께서 늦게 오신 것을 매우 안타까워했습니다. 그들은 예수님의 능력을 인정하면서도 예수님께서 죽은 자를 살리시는 생명의 주관자라는 사실을 몰랐던 것입니다. 예수님께서는 이를 비통히 여기시며 무덤에 가셔서 그들에게 무덤 입구를 막아 놓은 돌을 옮기라고 말씀하시고 감사 기도를 드리셨습니다. 사랑하는 자의 죽음 앞에서도 감사 기도를 드리신 것입니다. 그런 후 예수님께서 큰 소리로 "나사로야, 나오라."고 부르시자 죽은 지 나흘이 된 나사로가 살아나서 무덤에서 걸어 나왔습니다. 할렐루야! 이처럼 오병이어의 기적과 나사로의 부활은 모두 예수님의 감사 기도를 통해 이루어진 것입니다.

"그들이 배부른 후에 예수께서 제자들에게 이르시되 남은 조각을 거두고 버리는 것이 없게 하라 하시므로" 요 6:12

예수님께서는 보리떡 다섯 개와 물고기 두 마리로 무려 2만 명이 넘는 사람들의 필요를 채워 주셨습니다. 무리가 모두 배불리 먹은 후 예수님께서는 제자들에게 먹고 남은 음식을 거두게 하셨습니다. 이를 통해 우리는 한 가지 교훈을 얻을 수 있습니다. 주님의 은혜가 풍성하다고 해서 낭비해서는 안 된다는 것입니다. 이런 점에서 우리는 "버리는 것이 없게 하라"는 예수님의 말씀을 마음에

깊이 새기고 실천해야 합니다.

제가 워싱턴에서 사역을 할 때 대천덕 신부님께서 부흥회를 인도하러 오신 적이 있습니다. 부흥회가 끝나고 난 다음 저는 신부님을 모시고 가서 식사를 대접하면서 계속해서 여러 가지 음식을 권했습니다. 그러자 신부님께서 미소를 지으시며 제게 "음식을 남기면 그것이 죄입니다."라고 말씀하셨습니다. 저는 지금도 그 말씀을 잊지 못합니다. 귀한 손님을 대접한다고 많은 음식을 준비해도 결국 한 끼 식사할 양 이상은 먹을 수 없습니다. 그럼 남은 음식은 전부 버리게 됩니다. 오늘날에도 이 세상에는 먹을 것이 없어 굶주리는 사람이 많이 있습니다. 그들을 생각한다면 우리에게 있는 풍성한 음식들을 낭비하는 것이 죄라는 사실을 기억하시기 바랍니다. 하나님께서 우리에게 풍성하게 채워 주시는 이유는 나 혼자 쓰고 남는 것을 버리는 것이 아니라 그것들을 가난하고 어려운 사람들과 함께 나누게 하시기 위함입니다.

하나님께서 우리에게 풍성하게 채워 주시는 이유는 그것들을 가난하고 어려운 사람들과 함께 나누게 하시기 위함입니다.

음식이 부족한 사람과 음식이 남는 사람을 연결해 주는 '푸드 뱅크'라는 단체가 있습니다. 푸드 뱅크는 일종의 '식품 은행'과 같은 곳으로, 기업이나 개인으로부터 식품과 생활용품을 기부받아 어려운 사람들에게 나누어 주는 일을 합니다. 최초로 푸드 뱅크의 개념을 도입한 사람은 미국의 존 헹겔이었습니다.

1965년에 존 헹겔은 무료 급식 자원 봉사를 하다가 이상한 광경을 보았습니다. 급식소 앞에는 음식을 구하기 위해서 많은 사람들이 길게 줄을 서서 기다리고 있는데 맞은편 식당에서는 먹을 수 있는 음식들을 쓰레기통에 버리고 있었던 것입니다. 그는 식당으로 뛰어가서 남는 음식을 자기에게 기부해 달라고 호소했습니다. 식당에서 그의 부탁을 들어주어 그는 기부받은 음식들을 가난한 사람들에게 배급해 줄 수 있게 되었습니다. 그렇게 해서 1967년에 최초의 푸드 뱅크인 '세인트 메리즈 푸드 뱅크' 가 설립되었습니다.

이렇게 출발한 푸드 뱅크는 첫해에만도 무려 25만 명에게 음식을 제공했습니다. 이어서 1976년에 헹겔은 '제2의 수확' 이라고 불리는 '피딩 아메리카' 를 설립했는데, 이 컨설팅 기관은 국제적으로 200여 푸드 뱅크 기관들의 네트워크를 도와주고 있습니다.

현재 푸드 뱅크는 '가난한 자들은 항상 우리와 함께 있는데, 왜 그들을 굶주리게 하는가?' 라는 비전 가운데 미국 내 200개 이상의 푸드 뱅크 센터 및 이들과 연계된 5만여 자선 단체를 통하여 2600만여 명에게 혜택을 주고 있습니다. 이것이 바로 오병이어의 축복입니다.

"이에 거두니 보리떡 다섯 개로 먹고 남은 조각이 열두 바구니에 찼더라" 요 6:13

2만 명 이상의 큰 무리가 모두 배불리 먹고도 남은 조각이 열두 바구니에 가득 찰 정도로 예수님께서는 풍성한 식탁을 차려 주셨습니다. 한 아이가 가져온 보리떡 다섯 개와 물고기 두 마리뿐이었지만, 이것이 예수님의 손에 들려지자 이처럼 놀라운 역사가 일어난 것입니다. 성경에는 남은 음식을 담은 열두 바구니를 어떻게 했다는 기록이 없지만, 저 개인적으로는 예수님께서 아마도 보리떡 다섯 개와 물고기 두 마리를 기꺼이 예수님께 드렸던 아이에게 선물로 주시지 않았을까 생각합니다. 한 아이의 작은 나눔으로 그 많은 사람이 다 배불리 먹을 수 있었으니 그 마음을 귀하게 보시고 그렇게 하지 않으셨을까요?

고신대학교 교회음악과 교수이며 동 대학 부총장을 맡고 있는 안민 교수는 이 아이처럼 자신의 작은 달란트를 하나님께 드림으로 큰 복을 받은 분입니다.

그는 어려운 환경 속에서 자라며 자기는 가진 것이 아무것도 없다고 절망했었습니다. 그런데 어느 날 자신도 하나님께서 주신 달란트가 있음을 깨닫게 되었습니다. 그것은 바로 목소리였습니다. 그 후 그는 자신의 아름다운 목소리를 사용하여 절망에 빠진 수많은 사람들에게 찬양과 간증으로 희망과 위로의 복음을 전했습니다. 그는 다음과 같이 고백합니다.

"나는 믿는다. 아무리 가진 것 없는 사람일지라도 그 위에 예수님께서 손을 얹으시면 기적이 일어난다는 것을. 내가 가난하다고 울고 있을 때 주님께서는 이렇게 말씀하셨다. '너는 가난하지 않아. 네 속에 있는 소중한 것을 먼저 내놓아 보아라. 그러면 네 인생을 내가 책임질 것이다.' 가난한 어린 시절 때문에 나는 돈에 집착했고 영원히 가난할 줄 알았다. 그러나 하나님께서 내 작은 목소리에 손을 얹어 주시자 상상치 못했던 일들이 이루어졌다. 이처럼 우리 인생에 주님이 찾아오시면 놀랍고 위대한 일들이 일어나는 것이다."

사랑하는 여러분, 하나님께서는 언제나 우리의 필요를 넘치도록 채워 주십니다. 우리가 가진 것이 너무 없어서 문제가 해결되지 않을 것처럼 보일지라도, 주님께 모든 것을 맡기면 우리의 삶에 하나님의 풍성한 은혜가 넘치게 됩니다. 하지만 은혜가 넘친다고 해서 그 은혜를 낭비하거나 소홀히 해서는 안 됩니다. 하나님께서는 우리가 받은 넘치는 은혜를 이웃과 함께 나누기를 원하십니다. 여러분 모두 나누고 베푸는 삶을 통해서 더욱 풍성한 은혜의 삶을 체험하시기를 간절히 소망합니다.

묵상을 위한 질문

1. 큰 무리는 무엇 때문에 예수님을 따랐습니까(요 6:2)?

2. '무리' 와 '제자' 의 차이점은 무엇입니까?

3. '유월절' 의 뜻은 무엇이며, 그 의미는 무엇입니까(출 12:13)?

4. '오병이어의 기적' 은 어떤 사건인가요(요 6:1-13)?

5. 예수님께서 말씀하신 "버리는 것이 없게 하라" 는 말씀은 어떤 의미입니까(요 6:12)?

6. 당신은 오병이어의 기적을 통해 무엇을 느꼈습니까? 느낀 점을 구체적으로 적어 보십시오.

암송 성구

"예수께서 떡을 가져 축사하신 후에 앉아 있는 자들에게 나눠 주시고 물고기도 그렇게 그들의 원대로 주시니라" (요 6:11)

요 6:14-27

"그 사람들이 예수께서 행하신 이 표적을 보고 말하되 이는 참으로 세상에 오실 그 선지자라 하더라 그러므로 예수께서 그들이 와서 자기를 억지로 붙들어 임금으로 삼으려는 줄 아시고 다시 혼자 산으로 떠나가시니라 저물매 제자들이 바다에 내려가서 배를 타고 바다를 건너 가버나움으로 가는데 이미 어두웠고 예수는 아직 그들에게 오시지 아니하셨더니 큰 바람이 불어 파도가 일어나더라 제자들이 노를 저어 십여 리쯤 가다가 예수께서 바다 위로 걸어 배에 가까이 오심을 보고 두려워하거늘 이르시되 내니 두려워하지 말라 하신대 이에 기뻐서 배로 영접하니 배는 곧 그들이 가려던 땅에 이르렀더라 이튿날 바다 건너편에 서 있던 무리가 배 한 척 외에 다른 배가 거기 없는 것과 또 어제 예수께서 제자들과 함께 그 배에 오르지 아니하시고 제자들만 가는 것을 보았더니 (그러나 디베랴에서 배들이 주께서 축사하신 후 여럿이 떡 먹던 그곳에 가까이 왔더라) 무리가 거기에 예수도 안 계시고 제자들도 없음을 보고 곧 배들을 타고 예수를 찾으러 가버나움으로 가서 바다 건너편에서 만나 랍비여 언제 여기 오셨나이까 하니 예수께서 대답하여 이르시되 내가 진실로 진실로 너희에게 이르노니 너희가 나를 찾는 것은 표적을 본 까닭이 아니요 떡을 먹고 배부른 까닭이로다 썩을 양식을 위하여 일하지 말고 영생하도록 있는 양식을 위하여 하라 이 양식은 인자가 너희에게 주리니 인자는 아버지 하나님께서 인 치신 자니라"

20

영생하도록 있는 양식

——— 육신을 위한 썩어질 양식은 잠시 허기를 면하게 할 수는 있지만, 결코 우리를 영생으로 인도하지는 못합니다. 그러나 예수님께서는 우리를 영생으로 인도하시는 생명의 양식이십니다. 예수님께서는 그를 믿는 모든 사람에게 생명의 양식을 주십니다. 이 생명의 양식이야말로 진정한 하나님의 은혜의 선물입니다. 앞서 말씀드린 것처럼 오병이어의 기적은 4복음서에 모두 기록되어 있습니다. 그런데 그 이후의 상황은 오직 요한복음에서만 자세하게 다루고 있습니다. 이제부터 우리가 나눌 이야기가 바로 그 부분입니다.

1. 바다 위로 걸어오시는 예수님

"그 사람들이 예수께서 행하신 이 표적을 보고 말하되 이는 참으로 세상에 오실 그 선지자라 하더라" 요 6:14

한 아이가 가져온 보리떡 다섯 개와 물고기 두 마리로 예수님께서는 이만 명이 넘는 사람들을 먹이시는 기적을 행하셨습니다. 그러자 이 기적을 체험한 사람들은 예수님이 참선지자라고 고백했습니다. 요한복음은 특별히 '기적' 이라는 용어 대신 '표적'이라는 단어를 사용했는데, 이는 이 표적이 하나님의 뜻을 나타내고 있음을 강조하기 위함입니다. 하지만 무리가 표적을 통해 발견한 것은 하나님의 뜻이 아니었습니다. 그들은 정치적, 종교적 이해득실만을 생각했습니다. 그들은 표적을 보고 예수님을 따랐을 뿐, 예수님을 진정으로 믿지는 않았습니다. 오병이어의 기적을 체험한 사람들이 예수님을 참선지자고 고백한 것은 예수님을 믿었기 때문이 아니라 예수님께서 자신들의 필요를 채워 주셨기 때문입니다. 이는 예수님께서 십자가를 지실 때 무리가 모두 흩어졌다는 사실을 통해 알 수 있습니다. 예수님께서 더 이상 표적을 행하실 수 없게 되어 아무것도 얻을 것이 없다고 생각되자 예수님 곁을 떠난 것입니다.

그들의 목적은 예수님이 아니라 오로지 자신들의 필요를 채워 줄 표적이었습니다.

"그러므로 예수께서 그들이 와서 자기를 억지로 붙들어 임금으로 삼으려는 줄 아시고 다시 혼자 산으로 떠나가시니라" 요 6:15

오병이어의 기적에 열광한 무리들은 예수님을 임금으로 삼으려고 했습니다. 이는 그들이 예수님을 하나님의 아들로 믿었기 때문이 아니라, 오병이어로 이만 명을 먹일 수 있는 분이라면 능히 이스라엘을 로마의 압제에서도 구해 낼 수 있을 것이라고 생각했기 때문입니다. 그들은 정작 예수님께서 왜 이 땅에 오셨는지 몰랐습니다. 예수님께서는 이러한 그들의 생각을 아셨기 때문에 그들을 피해 혼자 산으로 떠나가셨습니다.

물론 예수님께서는 장차 이 세상에 다시 오셔서 만왕의 왕으로서 온 민족과 나라들을 통치하실 것입니다. 그러나 아직은 그때가 아니었습니다. 예수님께서는 십자가를 지신 후에야 부활의 영광으로 우리를 찾아오실 것이기 때문입니다.

처음에는 예수님의 제자들도 예수님을 정치적인 메시아로 오해하고 있었습니다. 그래서 예수님께서 왕이 되시면 누가 높은 자리를 차지할 것인가를 놓고 서로 다투었습니다(막 10:35-41). 예수님께서는 이러한 제자들의 발을 씻겨 섬김의 본을 보이심으로써 예수님께서 이 땅에 오신 진정한 목적을 알려 주셨습니다(요 13:1-17).

> **"저물매 제자들이 바다에 내려가서 배를 타고 바다를 건너 가버나움으로 가는데 이미 어두웠고 예수는 아직 그들에게 오시지 아니하셨더니 큰 바람이 불어 파도가 일어나더라"** 요 6:16-18

갈릴리 바다는 분지라는 지형적 특징 때문에 날씨가 급변하는 것으로 유명합니다. 예수님께서 사람들을 피해 혼자 산으로 떠나가신 후 제자들은 가버나움으로 가기 위해 배를 타고 갈릴리 바다를 건너가다가 풍랑을 만났습니다. 갈릴리 바다에서 고기잡이를 하며 잔뼈가 굵은 제자들도 이러한 풍랑은 전혀 예측할 수가 없었습니다.

> **"제자들이 노를 저어 십여 리쯤 가다가 예수께서 바다 위로 걸어 배에 가까이 오심을 보고 두려워하거늘"** 요 6:19

제자들은 풍랑에서 벗어나기 위해 필사적으로 노를 저었습니다. 그렇게 십여 리쯤 갔으니 꽤 오랫동안 풍랑에 시달렸을 것입니다. 과거에 갈릴리 바다에서 어부생활을 했던 제자들조차 높은 파도에 배가 위아래로 크게 요동쳤기 때문에 두려움에 휩싸였을 것입니다. 장시간 노를 저으면서 체력은 바닥났을 것이고 칠흑 같은 어둠과 몰아치는 풍랑 때문에 앞을 제대로 보지 못하는 상황이었을 것입니다. 급기야 그들은 죽음의 공포까지 느끼게 되었을 것입니다. 그런데 바로 그때 예수님께서 물 위로 걸어 배에 가까이 다가오셨습니다. 예수님께서 풍랑을 만난 제자들을 구출하기 위해 찾아오신 것입니다.

인생의 고난도 이와 마찬가지입니다. 순식간에 찾아오는 태산 같은 어려움 앞에서 우리는 그저 두려움에 떨 뿐입니다. 그러나 그때가 바로 예수님을 만나게 되는 때입니다. 예수님께서는 우리의 모든 문제를 아시고 우리를 찾아와서 도와주십니다. 그때 우리는 기쁨으로 예수님을 맞이하기만 하면 됩니다.

"이르시되 내니 두려워하지 말라 하신대" 요 6:20

예수님께서 두려움에 떨고 있는 제자들에게 자신을 밝히셨습니다. '내니' 라는 말씀은 성경 원어에서 예수님께서 특별히 자신의 신성을 나타낼 때 사용하신 용어입니다. 요한복음 4장에서 예수님께서는 사마리아 여인에게 동일한 표현을 사용하여 자신이 '오실 메시아' 임을 밝히셨습니다(요 4:25-26). 또한 예수님께서 자신을 '세상의 빛' 으로 소개할 때에도 이 표현을 사용하셨습니다(요 8:12).

특히 구약 성경에는 이와 동일한 뜻의 표현이 사용되었습니다(출 3:14). 하나님께서 모세에게 하나님 자신을 계시하실 때, 모세가 하나님께 이름을 알려 달라고 요청하자 하나님께서는 자신을 '스스로 있는 자'라고 말씀하셨습니다. 구약 원어에서 이 말은 '나는 나다.' 라는 의미인데, 이는 예수님께서 말씀하신 '내니'라는 말과 같은 뜻입니다. 즉, 예수님께서 '내니' 라고 말씀하신 것은 하나님께서 모세에게 가르쳐 주신 하나님의 이름과 연관시켜 자신이 전능하신 하나님의 아들임을 밝히신 것입니다.

제자들이 바다 위로 걸어오시는 예수님을 보고 두려움에 떨자, 예수님께서는 "내니 두려워하지 말라" 며 제자들을 안심시키셨습니다. 예수님의 말씀을 들은 제자들은 곧 마음의 평정을 되찾을 수 있었습니다. 예수님의 말씀이 얼마나 큰 위로가 되었던지, 성미가 급한 베드로는 예수님께 자신도 물 위로 걸을 수 있게 해 달라고 요청하기까지 했습니다.

"베드로가 대답하여 이르되 주여 만일 주님이시거든 나를 명하사 물 위로 오라 하소서 하니" (마 14:28)

예수님의 음성은 두려움과 불안감에 빠진 우리에게 마음의 평안을 되찾아 주며, 우리의 앞을 막고 있는 장애물과 맞서 싸울 힘을 줍니다.

"이에 기뻐서 배로 영접하니 배는 곧 그들이 가려던 땅에 이르렀더라" 요 6:21

제자들이 기쁨으로 예수님을 영접한 후 배는 곧 목적지에 다다랐습니다. 제자들끼리만 배를 저을 때에는 풍랑을 만나 두려움과 절망에 빠졌습니다. 그러나 그 배에 예수님을 모시자 두려움과 절망은 사라지고 기쁨과 평안이 충만해졌고, 무사히 목적지에 이르게 되었습니다.

이 이야기의 초점은 풍랑에 있는 것이 아니라, 지금 우리 자신이 예수님과 함께하는지 아닌지에 있습니다. 우리의 인생에 있어서 한 번도 풍랑을 만나지 않는다는 것은 불가능합니다. 풍랑은 어떤 모습으로든 우리를 찾아옵니다. 예수님과 함께하지 않을 때에는 풍랑이 두려움과 절망의 심연으로 우리를 빠뜨립니다. 하지만 우리가 예수님과 함께할 때에는 풍랑이 우리를 목적지에 빨리 이르게 도와주는 강한 바람과 같은 역할을 합니다. 풍랑은 우리 인생의 주인공이 아닙니다. 우리 인생의 중심은 바로 예수님입니다. 예수님과 함께하면 풍랑조차도 우리의 인생을 돕는 아름다운 선으로 바뀔 것입니다.

에델 워터스라는 미국의 유명한 가수가 있었습니다. 그녀는 '폭풍우를 지날 때'라는 곡으로 명성을 얻었는데, 예수님을 만나기 전에 그녀의 삶은 그 노래와 똑같았습니다. 가난한 십대 미혼모의 딸로 태어난 워터스는 자신의 고백처럼 '아이였던 적이 없었고, 사랑받지도 못했고, 이해해 줄 가족도 없는' 어린 시절을 보냈습니다. 열세 살에 결혼했지만 남편의 폭력에 시달리다가 결국 돈을 벌기 위해 호텔 청소부로, 나이트클럽 가수로 일을 해야만 했습니다.

그러나 이런 고난 속에서도 그녀에게 기회가 찾아왔습니다. 노래 실력을 인정받아 가수와 연기자의 길을 가게 된 것입니다. 그녀는 크게 성공하여 부와 명성을 얻을 수 있었습니다. 하지만 놀라운 것은 그녀가 여전히 행복을 느낄 수 없었다는 사실입니다. 청중의 환호와 갈채에도 불구하고 마음속 깊은 곳의 공허감이 사라지지 않았습니다. 부와 명예도 그녀에게 평안과 위로를 주지 못했습니다. "내가 가진 모든 것이 사라졌죠. 폭풍우를 지나고 있죠. 어렸을 때부터 나는 외톨이였죠. 항상 비가 오고 있죠. 항상 비가 오고 있죠."라는 노랫말은 그녀의 삶을 대변하고 있었습니다.

그러던 어느 날 한 전도자가 그녀에게 다가와서 예수님을 전했습니다. 이 우연한 만남이 그녀의 삶을 완전히 변화시켰습니다. 폭풍우 대신 주님께서 주시는 '평안'이 그녀에게 찾아온 것입니다.

주님 안에서 참만족과 행복을 찾은 그녀는 '빌리 그래함 전도단'과 함께 동역하며 간증과 찬양을 통해 복음을 전하는 삶을 살았습니다. 80세 생일이 되었을 때 그녀는 다음과 같이 고백했습니다.

"'폭풍우를 지날 때'는 내게 세계적인 명성을 가져다준 곡입니다. 그 노래를 부를 때 내 인생은 그와 같았습니다. 하지만 나는 더 이상 그 노래를 부르지 않습니다. 예수님을 만났기 때문입니다. 설사 앞으로 건강이 나빠지고 심장마비에 걸린다 할지라도 '폭풍우를 지날 때'를 부르지 않을 것입니다. 대신 '나의 예수님'을 부를 것입니다."

이처럼 인생의 폭풍우 속에 있다 하더라도 예수님께서 함께하시면 그 폭풍우는 우리를 해치지 못합니다. 오히려 그 폭풍우는 우리 인생의 목적지를 향해 더 빨리 달려가도록 도와줄 것입니다. 지금 힘들고 어려움이 있습니까? 고통스런 문제를 안고 있습니까? 그럴 때일수록 주님을 굳세게 붙잡고 더욱 기도에 힘쓰며 하나님께 감사의 고백을 드리시기 바랍니다. 주님께서 그 고난을 통하여 여러분을 더 좋은 길로 인도해 주실 것입니다.

2. 예수님을 찾아 나선 무리들

> "이튿날 바다 건너편에 서 있던 무리가 배 한 척 외에 다른 배가 거기 없는 것과 또 어제 예수께서 제자들과 함께 그 배에 오르지 아니하시고 제자들만 가는 것을 보았더니" 요 6:22

오병이어의 기적을 체험한 사람들은 여전히 예수님을 기다리고 있었습니다. 그들은 어제 예수님께서 혼자 산으로 떠나가시고 제자들만 배를 타고 떠나는 것을 보았으니 예수님께서 아직도 그 근처에 머무르고 계시다고 생각했습니다. 그들은 이미 예수님께서 물 위로 걸어 제자들이 탄 배로 가셔서 그들과 함께 바다를 건너셨다는 사실을 알지 못했기 때문에 예수님께서 오시기를 기다렸습니다.

> "(그러나 디베랴에서 배들이 주께서 축사하신 후 여럿이 떡 먹던 그곳에 가까이 왔더라) 무리가 거기에 예수도 안 계시고 제자들도 없음을 보고 곧 배들을 타고 예수를 찾으러 가버나움으로 가서" 요 6:23-24

얼마 후 그들은 예수님께서 그곳에 계시지 않는다는 사실을 알아차리고 항구에 들어오는 배들을 타고 바다를 건너 예수님을 찾으러 가버나움으로 갔습니다. 하지만 이러한 노력은 예수님을 위해서가 아니라 자신들의 필요를 채우기 위한 것이었습니다.

열심을 다하는 것은 매우 중요합니다. 하지만 그 열정과 노력이 무엇을 위한 것인지 생각해 볼 필요가 있습니다. 우리는 종종 겉으로는 예수님을 위한 것이라고 말하면서도 실제로는 우리 자신의 목적을 위해 열정과 노력을 쏟아 붓는 경우가 있습니다. 우리는 항상 우리의 중심이 예수님을 향해 올바로 서 있는지 점검하며 주님을 위해 우리의 열정을 쏟고 노력을 기울여야 합니다.

3. 무리들이 예수님을 찾는 까닭

"바다 건너편에서 만나 랍비여 언제 여기 오셨나이까 하니 예수께서 대답하여 이르시되 내가 진실로 진실로 너희에게 이르노니 너희가 나를 찾는 것은 표적을 본 까닭이 아니요 떡을 먹고 배부른 까닭이로다" 요 6:25-26

그들은 바다 건너편에서 예수님을 만나 "랍비여, 언제 이곳에 오셨습니까?"라고 물었습니다. 그러자 예수님께서는 그들의 질문과 상관없는 대답을 하시며 그들의 마음속에 있는 바를 지적하셨습니다. 예수님께서는 그들이 예수님을 그토록 열심히 찾는 이유를 이미 알고 계셨던 것입니다. 예수님께서는 그들이 오병이어의 표적을 '보고' 그 기적을 일으키신 분이 누구인지 올바로 알고 영접하기를 원하셨습니다. 그러나 그들은 예수님을 단지 기적을 행하여 떡을 공급해 주시는 분으로만 보고 자신들의 필요를 채우기 위해 예수님을 찾은 것입니다.

예수님께 나오는 데에는 특별한 이유가 필요 없습니다. 예수님과 함께하는 것만으로도 우리는 만족할 수 있습니다. 우리가 예수님 외에 물질, 권력, 혹은 인간관계 등 다른 무엇인가를 찾게 될 때 문제가 생깁니다. 이럴 때에는 교회에 나와도 만족감이 없습니다. 자신을 아무도 알아주지 않는 것 같고, 사람들이 무시한다는 생각마저 듭니다. 그런가 하면 소속감을 느끼지 못하고 교회에 대해 섭섭함이나 불편함이 느껴져서 점점 교회를 멀리하게 되는 경우도 생깁니다. 예수님만이 교회에 나오는 유일한 이유가 되어야 합니다. 예수님만을 바라보고 신앙생활을 할 때, 우리는 참된 기쁨과 만족을 얻을 수 있습니다.

『팬인가 제자인가』라는 책이 있습니다. 이 책의 저자는 사우스이스트크리스천교회의 교육 목사인 카일 아이들먼입니다. 그는 부활절 설교를 준비하기 위해 요한복음 6장 26절을 읽다가 본문에 등장하는 '무리' 가 예수님을 따르긴 했지만 진정한 예수님의 제자는 아니었음을 깨닫게 되었습니다. 그리고 자신도 지금까지 그 무리와 다를 바 없는 '팬' 에 불과한 신앙생활을 해 왔음을 깨닫고 큰 충격을 받았습니다. 그는 이 책에서 잠깐 환호하다가 사라지는 '팬' 과 끝까지 생명을 다해 섬기는 '제자' 를 구분하여 다음과 같이 말합니다.

"오늘날 예수님 주변에도 팬이 많이 있다. 팬은 일이 잘 풀릴 때에는 예수님을 응원하지만, 상황이 나빠지면 언제 그랬냐는 듯이 돌아선다. 팬은 예수님과 관계를 맺기 위한 희생과 고통을 조금도 모른다. 하지만 예수님께서는 우리와 '스타와 팬' 의 관계를 맺고 싶어 하시지 않는다. 예수님께서는 자기를 부인하고 십자가를 지는 희생을 원하신다. 예수님께서는 누구든지 믿기만 하면 구원을 얻을 수 있다고 하셨지만(요 3:16), 동시에 자기를 부인하고 자기 십자가를 지고 따라오라고 말씀하셨다(눅 9:23)."

예수님께서 원하시는 사람은 표적을 보고 자신의 필요를 채우기 위해 예수님을 좇는 무리가 아니라, 예수님을 진정으로 따르는 제자입니다. 제자는 스승의 참뜻을 깨닫고 그 뜻을 따르기 위해 온 힘을 다합니다. 우리는 주님의 참된 제자가 되기를 결심해야 합니다. 우리의 마음을 다하고 목숨을 다하고 힘을 다하며 뜻을 다하여 하나님을 사랑하고 또한 우리의 이웃을 우리 자신같이 사랑해야 합니다. 참된 제자는 어려움 속에서도 주님을 따르며 주님의 몸 된 교회를 지키기 위해 최선을 다합니다.

"썩을 양식을 위하여 일하지 말고 영생하도록 있는 양식을 위하여 하라 이 양식은 인자가 너희에게 주리니 인자는 아버지 하나님께서 인 치신 자니라" 요 6:27

예수님께서는 무리를 향해 오병이어의 기적이 담고 있는 중요한 의미를 알려 주셨습니다. 여기서 '썩을 양식'은 주님께서 오병이어의 기적으로 베푸신 양식도 포함합니다. 오병이어의 기적을 보고도 그 안에 있는 참의미를 모른 채 자신의 배를 채우는 데에만 관심을 갖는다면 그것이 바로 썩을 양식을 위해 일하는 것이 됩니다. 예수님께서 오병이어의 기적을 행하신 이유는 진정한 생명의 양식이 되시는 예수님을 그리스도로 영접하고 예수님과 더 깊은 영적 교제를 나누도록 하기 위해서였습니다.

영생하도록 있는 양식은 인간의 힘으로 얻을 수 있는 것이 아니라 하나님의 은혜로 주어지는 선물입니다. 선물은 값없이 받는 것입니다. 우리의 죄를 대속하기 위하여 십자가에 달려 돌아가신 예수님을 구세주로 믿기만 하면 영생하도록 있는 양식을 하나님께서 선물로 주십니다.

예수님께서는 이것을 하나님께서 인 치심으로 약속하셨다고 말씀하셨습니다. '인 침'은 '보증'이나 '확증'을 의미합니다. 예수님의 말씀은 모두 하나님께서 인 치신 약속의 말씀입니다. 하나님의 약속은 변함이 없고 반드시 이루어집니다. 그러므로 우리가 약속의 말씀 위에 굳건히 서서 주님을 바라보면 "일을 행하시는 야훼, 그것을 만들며 성취하시는 야훼, 그의 이름을 야훼라 하는 이"(렘 33:2)의 놀라운 역사를 체험하게 될 것입니다.

중국과 북한에 '생명의 떡'이신 예수 그리스도를 전하는 연변과학기술대학교(이하 연변과기대) 정진호 박사님의 이야기입니다. 그는 연변과기대에서 가르치다가 '평양과학기술대학교'(이하 평양과기대) 설립 부총장을 맡아 2010년 개교하기까지 큰 공헌을 했습니다.

그는 아내를 통해 예수님을 알게 되었지만 유학길에 오르기 전까지는 예수님을 그리스도로 영접하지 않았습니다. 그런데 MIT대학에서 공부하던 어느 날 요한복음 6장 27절의 말씀을 읽고 큰 은혜를 받았습니다. 그는 그 말씀을 통해 자신이 썩을 수밖에 없는 '육신의 떡'만 좇아다니는 '무리'라는 사실을 발견하고 앞으로는 '영생하도록 있는 양식'을 위해 일하는 사람이 되겠다고 결심했습니다.

그 후 그는 한국에서 교수 생활을 하다가 1994년에 자리를 옮겨 '연변과기대' 교수직을 맡게 되었습니다. 그리고 2003년에는 '평양과기대 프로젝트 팀'을 맡아 일을 하면서 틈틈이 북한 사람들에게 '생명의 떡'이신 예수님을 소개했습니다. 이 일은 쉽지 않았습니다. 육신의 떡만 기대하는 북한에 '생명의 떡'을 전하는 일은 말 그대로 '떡의 전쟁'이었습니다. 그는 자신의 저서 『떡의 전쟁』에서 다음과 같이 말했습니다.

"인생의 모드(mode)를 '내 중심'에서 '하나님 중심'으로 바꾸는 작업에는 적어도 두 가지 단계가 필요합니다. 첫째로 '내 손에 있는 떡'을 놓은 일과 둘째로 '하나님이 주시는 새 떡'을 붙드는 일이 그것입니다. 내 손에 이미 있는 떡을 내려놓는 일에 '용기'가 필요하다면, 눈에 보이지 않는 미래를 향해 '생명의 떡'을 붙드는 일에는 '용기'를 넘어선 '믿음'이 필요합니다. 믿음은 하나님이 보여 주시지 않는 미래 속으로 '내 존재'를 던지는 과정입니다."

사랑하는 여러분, 예수님께서는 참하나님이시기에 어떠한 불가능도 없습니다. 그러므로 인생에서 만난 풍랑에 두려워하지 말고, 예수님만 의지하시기 바랍니다. 예수님께서는 고난 가운데서도 여러분을 찾아오셔서 여러분에게 구원의 손길을 내밀어 주실 것입니다. 또한 예수님을 영접하고 예수님과 동행하기만 하면 고난은 오히려 우리의 삶을 밀어 주는 힘으로 변화될 것입니다. 예수님께서는 우리에게 영생을 주시는 생명이 떡이십니다. 육신을 위한 썩어질 양식으로는 우리의 끊임없는 굶주림과 갈증을 해결할 수 없습니다. 생명의 떡이신 예수님만이 우리에게 영원한 만족과 평안을 주십니다. 여러분 모두 주님과 늘 동행함으로 인생의 문제 가운데서도 항상 승리하시기 바랍니다.

묵상을 위한 질문

1. 예수님께서는 왜 무리를 피해 혼자 산으로 떠나가셨습니까(요 6:15)?

2. 제자들끼리 배를 저어 갔을 때 어떤 일이 일어났습니까(요 6:16-18)?

3. 제자들이 타고 있던 배에 예수님께서 함께 오르셨을 때 어떤 일이 일어났습니까(요 6:21)?

4. 예수님께서는 바다 건너편까지 예수님을 따라온 무리를 향해 뭐라고 말씀하셨습니까(요 6:25-26)?

5. 예수님께서 "영생하도록 있는 양식을 주리라"고 말씀하신 이유와 그 의미는 무엇입니까(요 6:27)?

6. 인생의 풍랑을 만났을 때 예수님을 만나 문제를 해결한 경험이 있다면 함께 나누어 보십시오.

암송 성구

"썩을 양식을 위하여 일하지 말고 영생하도록 있는 양식을 위하여 하라 이 양식은 인자가 너희에게 주리니 인자는 아버지 하나님께서 인 치신 자니라" (요 6:27)

영원히
목마르지
아니하리라

요 6:28-40

"그들이 묻되 우리가 어떻게 하여야 하나님의 일을 하오리이까 예수께서 대답하여 이르시되 하나님께서 보내신 이를 믿는 것이 하나님의 일이니라 하시니 그들이 묻되 그러면 우리가 보고 당신을 믿도록 행하시는 표적이 무엇이니이까, 하시는 일이 무엇이니이까 기록된바 하늘에서 그들에게 떡을 주어 먹게 하였다 함과 같이 우리 조상들은 광야에서 만나를 먹었나이다 예수께서 이르시되 내가 진실로 진실로 너희에게 이르노니 모세가 너희에게 하늘로부터 떡을 준 것이 아니라 내 아버지께서 너희에게 하늘로부터 참떡을 주시나니 하나님의 떡은 하늘에서 내려 세상에 생명을 주는 것이니라 그들이 이르되 주여 이 떡을 항상 우리에게 주소서 예수께서 이르시되 나는 생명의 떡이니 내게 오는 자는 결코 주리지 아니할 터이요 나를 믿는 자는 영원히 목마르지 아니하리라 그러나 내가 너희에게 이르기를 너희는 나를 보고도 믿지 아니하는도다 하였느니라 아버지께서 내게 주시는 자는 다 내게로 올 것이요 내게 오는 자는 내가 결코 내쫓지 아니하리라 내가 하늘에서 내려온 것은 내 뜻을 행하려 함이 아니요 나를 보내신 이의 뜻을 행하려 함이니라 나를 보내신 이의 뜻은 내게 주신 자 중에 내가 하나도 잃어버리지 아니하고 마지막 날에 다시 살리는 이것이니라 내 아버지의 뜻은 아들을 보고 믿는 자마다 영생을 얻는 이것이니 마지막 날에 내가 이를 다시 살리리라 하시니라"

21

나는 생명의 떡이니

―― 인간은 누구나 음식을 먹고 살아가지만, 육신의 양식은 잠깐의 허기와 갈증을 해결해 줄 뿐입니다. 그러나 예수님께서 주시는 영원한 생명의 떡을 얻은 사람은 결코 주리지도 않고 목마르지도 않습니다. 예수님께서는 이 생명의 떡을 예수님께 나아오는 모든 사람에게 주신다고 약속하셨습니다. 그리고 그 약속이 바로 하나님의 뜻이라고 말씀하셨습니다.

이처럼 구원의 문은 모든 사람에게 열려 있습니다. 예수님께서 십자가를 지심으로 누구든지 예수님을 통해 하나님께 나아갈 수 있게 되었습니다. 이제부터 생명의 떡이신 예수님에 관해 좀 더 자세히 알아보도록 하겠습니다.

1. 하나님께서 주시는 참떡

"그들이 묻되 우리가 어떻게 하여야 하나님의 일을 하오리이까" 요 6:28

예수님께서 "썩을 양식을 위하여 일하지 말고 영생하도록 있는 양식을 위하여 하라" (요 6:27)고 말씀하시자, 무리들은 어떻게 해야 하나님의 일을 할 수 있는지 예수님께 물었습니다. 여기서 '일'은 원어 성경에 복수형인 '일들'로 나옵니다. 당시 유대인들은 공로주의적 사고를 가지고 '선한 일을 하면 하나님의 은혜를 받을 수 있다.'라고 생각했습니다. 그들은 '내가 하나님의 일들을 함으로써 영생에 이를 수 있다.' 라고 생각했던 것입니다. 이것은 하나님 중심의 사고가 아니라 자기중심적 사고입니다.

하나님의 은혜는 인간의 행위나 도덕성으로 얻을 수 있는 것이 아니라, 오직 예수 그리스도를 믿음으로 값없이 받는 하나님의 선물입니다. 모세는 마흔 살에 자기 힘으로 이스라엘 백성을 구원하려고 하다가 실패했습니다. 그 후 사십 년간 광야 생활을 하며 여든 살이 되어 아무런 희망도 보이지 않을 때에 하나님께서 그를 부르셨습니다. 모세는 이미 백발이 성성한 노인이 되었지만, 하나님께서 그와 함께하시자 당시 최강국이었던 애굽의 바로를 무너뜨리고 온 이스라엘 백성을 구원하는 역사가 일어났습니다.

열심은 좋은 것입니다. 하지만 예수님을 향한 열심이 아닌 자기중심적인 열심은 오히려 예수님과의 관계를 방해합니다. 그러므로 우리는 주님을 향한 뜨거운 열정을 갖는 동시에, 하나님의 은혜는 우리의 행위로 얻을 수 있는 것이 아님을 항상 기억해야 합니다. 오직 예수 그리스도의 보혈을 의지하여 하나님의 풍성한 은혜를 누리시기 바랍니다.

예수님을 향한 열심이 아닌 자기중심적인 열심은 오히려 예수님과의 관계를 방해합니다.

"예수께서 대답하여 이르시되 하나님께서 보내신 이를 믿는 것이 하나님의 일이니라 하시니" 요 6:29

무리의 질문에 예수님께서는 '하나님의 일'을 단수형으로 대답하셨습니다. 이는 '하나님의 일'은 여러 가지가 아니라 오직 하나밖에 없다는 것을 가르쳐 줍니다. 예수님께서 말씀하신 '하나님의 일'은 하나님께서 보내신 이, 즉 예수님을 믿는 것이었습니다.

오늘날 우리는 많은 봉사를 합니다. 이러한 봉사 역시 하나님의 일이지만, 예수님을 향한 믿음의 기초 위에서 감사함으로 섬겨야 하는 것임을 잊지 말아야 합니다. 결코 순서가 뒤바뀌면 안 됩니다. 예수님께서도 이 점을 강조하셨습니다. 많은 유대인들이 선행이나 도덕성을 통해 하나님께 나아가고자 할 때 예수님께서는 오직 믿음만이 하나님께 이르는 유일한 길임을 선포하셨습니다.

'오직 믿음', 이것은 마르틴 루터를 비롯한 종교개혁자들이 강조한 복음의 진수이기도 합니다. 본래 루터는 독일 에르푸르트에 있는 어거스틴 수도원의 수도사였습니다. 그는 수도원의 엄격한 규칙을 철저히 지켰지만 끝내 마음의 평안을 얻지 못했습니다. 그러던 중 로마서 1장 17절 말씀을 통해 새로운 깨달음을 얻었습니다. 지금껏 그는 자신의 행위로 하나님의 의에 이를 수 있을 것이라고 생각했는데, 오직 믿음만이 그것을 가능하게 한다는 사실을 알게 된 것입니다. 그래서 그는 다음과 같이 고백하며 '오직 믿음으로' 라는 구호 아래 종교개혁을 시작했습니다.

"나는 교회가 구원과 은혜의 방편으로 내세우는 성례와 면죄부 제도를 반대합니다. …… 사람이 하나님과 바른 관계를 맺게 되는 것은 인간의 어떤 노력이나 성취를 통해서가 아니라, 그리스도 안에서 인간을 구원하시는 하나님을 신뢰하는 '믿음' 으로 이루어지는 것입니다."

'예수님을 믿는다는 것' 은 단순히 그것을 말로 표현하거나 생각하는 것만을 의미하지 않습니다. 예수님을 위해 살고 예수님의 뜻대로 사는 것이 바로 예수님을 믿는 것이며 하나님의 일을 행하는 것입니다. 아무런 행위의 변화 없이 스스로 믿음이 있다고 생각하는 것은 옳지 않습니다. 그러므로 우리는 예수님을 향한 온전한 믿음을 통해 생각과 말을 포함한 나의 삶 전체를 주님께 드려야 합니다. 그리하면 삶에 새로운 변화를 경험하게 될 것입니다.

"그들이 묻되 그러면 우리가 보고 당신을 믿도록 행하시는 표적이 무엇이니이까, 하시는 일이 무엇이니이까" 요 6:30

예수님께서 오병이어의 기적을 행하시자, 무리는 예수님을 '선지자'(요 6:14)로 고백하며 '임금'(요 6:15)으로 삼으려고 했습니다. 하지만 그들은 예수님을 믿음의 대상으로 여기지는 않았습니다. 본래 유대인들은 오직 한 분 하나님만이 유일한 믿음의 대상이라고 생각했습니다. 그래서 그들은 예수님을 믿을 수 있도록 표적을 보여 달라고 요구했습니다.

유대인들은 표적을 구하는 것으로 유명합니다. 그래서 사도 바울도 고린도전서 1장 22절부터 23절에서 "유대인은 표적을 구하고 헬라인은 지혜를 찾으나 우리는 십자가에 못 박힌 그리스도를 전하니"라고 말했습니다. 그런데 그들은 이미 오병이어의 기적을 직접 경험했는데도 여전히 예수님을 믿지 못하고 다른 표적을 요구하고 있는 것입니다.

"기록된바 하늘에서 그들에게 떡을 주어 먹게 하였다 함과 같이 우리 조상들은 광야에서 만나를 먹었나이다" 요 6:31

그들은 출애굽 당시 광야에 내린 만나의 기적을 예로 들었습니다. 예수님 당시의 유대인들은 모세를 첫 번째 구원자로 이해했습니다. 그리고 구전 율법 모음집인 '미드라쉬' 에 따라 두 번째 구원자가 오실 때 다시 만나가 내릴 것이라고 믿고 있었습니다. 그래서 그들은 만약 예수님께서 진정한 메시아라면 모세처럼 혹은 그 이상으로 기적을 보여 달라고 요구했습니다.

모세는 이스라엘을 애굽으로부터 구원한 구원자였습니다. 하지만 모세의 구원은 단지 예수 그리스도의 십자가 구원의 모델일 뿐입니다. 예수님께서는 요한복음 6장 49절부터 50절에서 "너희 조상들은 광야에서 만나를 먹었어도 죽었거니와 이는 하늘에서 내려오는 떡이니 사람으로 하여금 먹고 죽지 아니하게 하는 것이니라" 고 말씀하셨습니다. 또한 히브리서 3장 전체는 모세보다 더 위대하신 예수님에 관하여 말씀하고 있습니다. 예수님의 구원은 영과 육신을 포함한 전인적인 구원이며, 예수님께서는 그 누구와도 비할 수 없는 유일무이한 구세주이십니다.

"예수께서 이르시되 내가 진실로 진실로 너희에게 이르노니 모세가 너희에게 하늘로부터 떡을 준 것이 아니라 내 아버지께서 너희에게 하늘로부터 참떡을 주시나니" 요 6:32

예수님께서는 무리의 말을 들으신 후 그들의 잘못된 지식을 바로잡아 주셨습니다.

첫째, 예수님께서는 광야에서 만나를 주신 분은 '모세'가 아니라 '내 아버지'라고 말씀하셨습니다. 유대인들은 광야에서 모세가 만나를 내리도록 했다고 믿고 있었습니다. 그래서 예수님께도 '모세와 같은' 표적을 보이라고 요구했습니다. 그러나 출애굽 후 40년간 광야에서 만나를 내려 이스라엘 백성들을 먹이신 분은 모세가 아닌 하나님이십니다.

둘째, 무리는 '주셨다'라는 과거형을 사용해서 질문했는데, 예수님께서는 '주신다'라는 현재형을 사용하여 답하셨습니다. 하나님께서는 과거에만 만나를 주셨던 분이 아니라, 지금 우리에게도 주시는 분이라는 것입니다. 하나님께서는 어제나 오늘이나 영원토록 동일하십니다. 그렇기 때문에 오늘을 살아가는 우리도 하나님의 만나를 체험할 수 있습니다.

셋째, 예수님께서는 하나님께서 주시는 것이 그냥 '떡'이 아니라 '참떡'이라고 말씀하셨습니다. 이는 육신의 배고픔뿐 아니라 영적 갈증을 채워 주는 '생명의 떡'이라는 의미입니다.

> "하나님의 떡은 하늘에서 내려 세상에 생명을 주는 것이니라" 요 6:33

예수님께서는 유대인들이 오해하고 있는 세 가지 지식을 바로잡아 주신 후에 참떡의 의미에 대해 좀 더 자세히 설명하셨습니다. 참떡, 즉 하나님의 떡은 하늘로부터 내리는 것이기 때문에 이 세상에서는 결코 참떡을 찾을 수 없습니다. 인간의 과학, 문명, 철학 등 그 어떤 것도 영혼의 굶주림을 채울 수 없고 오직 하나님께서 주시는 참떡만이 채울 수 있습니다. 하나님의 참떡은 하늘에서 내려 세상에 생명을 주는 떡이며, 그 떡은 바로 예수 그리스도입니다. 예수님께서는 계속해서 '주신다'라는 단어를 현재형으로 사용하심으로 하나님의 참떡은 과거로부터 현재에 이르기까지 내리고 있으며 미래에도 계속 내릴 것임을 강조하셨습니다.

참떡은 생명의 떡입니다. 이 떡을 먹는 사람은 죽었던 영혼이 살아나고 새 사람으로 거듭나게 됩니다. 죽음을 이기는 생명의 떡, 이것이 바로 복음입니다. 진정으로 행복한 사람은 이 복음을 받아들이고 하나님께서 하늘로부터 내려 주시는 참생명을 받아 누리는 사람입니다.

대한민국 최초로 해외 원조를 시작한 민간 구호 기관인 '한국국제기아대책기구'의 회장을 맡고 있는 정정섭 회장의 이야기입니다. 정 회장은 본래 전경련에서 은퇴한 후 선교사가 되어 일본으로 갈 계획이었습니다. 그런데 한 목사님이 "선교사가 되기보다 많은 선교사를 보내는 일을 하십시오."라며 함께 기아 대책 기구를 세우자고 권유하였습니다. 그 역시 배고프고 힘든 어린 시절을 보냈기에 이 제안을 승낙하여 1989년 '한국국제기아대책기구'를 설립했습니다. 그리고 굶주린 사람들에게 떡과 함께 복음을 전하기 시작했습니다.

그 후 2002년에는 아프가니스탄에서 운하를 만들어 25만 평의 땅에 판지 강의 물을 끌어와 경작이 가능하도록 개간하는 일을 했습니다. 그리고 그 땅을 250여 가정에 각각 일천 평씩 나누어 주었습니다. 이 사업을 하는 기간 동안 모든 사역자들이 가가호호 찾아다니며 복음을 전했습니다. 그 결과 무슬림 지역에서 30여 명이 모이는 교회를 개척해 창립 예배를 드릴 수 있었습니다.

그런데 어느 날 아프간 외무부의 고위 관리가 사역자들의 여권을 모두 압수하는 사건이 벌어졌습니다. 정 회장은 걱정스런 마음을 안고 관리를 찾아갔는데, 그 관리로부터 뜻밖의 말을 들었습니다.

"저는 지금까지 선교사님을 보내 달라고 오랫동안 기도해 왔습니다. 저는 복음을 듣기 원합니다."

그 관리가 여권을 압수했던 이유는 선교사님을 만나기 위해서였던 것입니다. 정 회장은 곧 그 자리에 있던 사람들에게 복음을 전하고 침례를 베풀었습니다. 이러한 경험을 통해 정 회장은 다음과 같이 고백했습니다.

"복음은 생명이고 사랑입니다. 복음은 육신의 굶주림에 지친 이들에게 떡을 주고, 영혼의 가난에 허덕이는 이에게 부유함을 안겨 줍니다. 또한 복음은 인간의 죄 된 본성을 깨닫게 하고 회개를 통하여 진정한 평안과 회복을 꿈꾸도록 합니다. 그래서 우리는 위험 지역에서도 피하지 않고 복음을 전합니다. 복음은 모든 사망 권세를 이기는 유일한 힘이요, 죽음을 이길 수 있는 사랑 그 자체이기 때문입니다."

하나님의 참떡을 맛본 사람은 그 기쁨을 다른 사람들에게 전하지 않을 수 없습니다. 넘치는 평안과 감사가 내 안에서 계속해서 솟구쳐 오르기 때문에 이것을 입 밖으로 쏟아 내지 않고는 견딜 수가 없습니다. 우리 모두가 생명의 떡을 맛보고 온 세계에 복음을 전하는 거룩한 꿈을 가지게 되기를 바랍니다.

2. 나는 생명의 떡

"그들이 이르되 주여 이 떡을 항상 우리에게 주소서" 요 6:34

무리는 예수님의 말씀을 완전히 이해하지 못하고 있었습니다. 그들은 예수님께서 말씀하신 떡을 단지 조금 특별한 떡으로 생각하고 그 떡을 자신들에게 달라고 말했습니다. 그들은 눈앞에 예수님께서 계신데도 여전히 배고픔과 갈증을 느끼고 있었습니다. 아모스는 이러한 갈증에 대해 다음과 같이 예언했습니다.

"주 야훼의 말씀이니라 보라 날이 이를지라 내가 기근을 땅에 보내리니 양식이 없어 주림이 아니며 물이 없어 갈함이 아니요 야훼의 말씀을 듣지 못한 기갈이라" (암 8:11)

우리 인간은 몸과 영혼이 타락하여 아무리 먹어도 채울 수 없는 영혼의 기갈을 가지고 있습니다. 이러한 근본적인 굶주림과 갈증은 세상의 그 어떤 것으로도 해결할 수 없습니다. 오직 예수님만이 해결해 주실 수 있습니다. 하나님께서 주시는 생명의 떡이 바로 예수님이기 때문입니다.

> "예수께서 이르시되 나는 생명의 떡이니 내게 오는 자는 결코 주리지 아니할 터이요 나를 믿는 자는 영원히 목마르지 아니하리라" 요 6:35

요한복음에는 예수님께서 '나는 ……이다' 라고 말씀하신 구절이 7개 있는데, 본문은 그중 첫 번째 구절입니다. 예수님께서는 "나는 생명의 떡이다."라고 하시며, 33절에서 말씀하신 '하나님께서 하늘로부터 주시는 참떡' 이 바로 자신임을 밝히셨습니다.

'나는 ……이다' 라는 표현의 원어는 예수님께서 풍랑을 만난 제자들을 구하기 위해 물 위로 걸어오시며 하신 말씀인 "내니"(요 6:20)와 같습니다. 예수님께서는 또다시 하나님께서 모세에게 이름을 알려 주실 때 사용한 것과 똑같은 표현을 사용하여 예수님이야말로 진정한 '생명의 떡' 임을 말씀하셨습니다.

그러므로 예수님께 나오는 사람은 영원히 주리지 않고 목마름도 없습니다. 예수님의 선포는 이사야 49장 8절부터 10절의 예언이 예수님을 통해 성취되었음을 보여 줍니다.

예수님께 나오는 사람은 영원히 주리지 않고 목마름도 없습니다.

"야훼께서 이같이 이르시되 은혜의 때에 내가 네게 응답하였고 구원의 날에 내가 너를 도왔도다 내가 장차 너를 보호하여 너를 백성의 언약으로 삼으며 나라를 일으켜 그들에게 그 황무하였던 땅을 기업으로 상속하게 하리라 내가 잡혀 있는 자에게 이르기를 나오라 하며 흑암에 있는 자에게 나타나라 하리라 그들이 길에서 먹겠고 모든 헐벗은 산에도 그들의 풀밭이 있을 것인즉 그들이 주리거나 목마르지 아니할 것이며 더위와 볕이 그들을 상하지 아니하리니 이는 그들을 긍휼히 여기는 이가 그들을 이끌되 샘물 근원으로 인도할 것임이라"(사 49:8-10)

미국 샌디에이고 코너스톤교회의 담임인 세르지오 데 라 모라 목사님의 이야기입니다. 그의 집은 멕시코에서 이민 온 부유한 가정이었지만, 그는 미국에서의 삶에 잘 적응하지 못했습니다. 그는 어릴 때 갱단에 가입해 활동하며 마약과 폭력에 빠져 살았습니다. 이후 갱단을 그만두고 라디오 DJ가 되어 많은 돈을 벌었지만 그의 삶에는 여전히 공허감만 가득했습니다. 그는 당시의 삶을 이렇게 고백합니다.

"당시 나는 세상 사람들이 갖고 싶어 하는 것을 다 가지고 있었지만, 아무것도 나에게 기쁨을 주지 못했다. 내 마음은 늘 공허할 뿐이었다."

그러던 어느 날 우연히 전도지를 본 그는 일주일 전에 꾼 꿈을 떠올리게 되었습니다. 꿈속에서 그는 갈림길에 서서 한쪽은 '세상적인 성공', 다른 한쪽은 '하나님의 일' 이라고 쓰인 표지판을 보고 있었습니다. 그리고 그의 귀에는 다음과 같은 말씀이 들리는 듯했습니다.

"네가 레코드 사업을 하면 성공하겠지만 네 인생의 목적은 잃고 말 것이다. 세르지오, 나를 따라오너라."

그는 그길로 교회를 찾아가 영혼의 목마름을 채우기 위해 간절히 기도했습니다.

"하나님께서 제 인생을 바꾸어 주시고 마약을 끊게 해 주신다면 하나님께서 원하시는 것은 무엇이든 하겠습니다."

그 후 그의 삶은 완전히 달라졌습니다. 영원히 주리지도 목마르지도 않는 생명의 떡을 맛보자 육신을 위한 썩어질 양식은 눈에 들어오지 않았습니다. 그는 즉시 방송국 DJ를 그만두고 회사도 정리하여 지금껏 누리던 세상의 양식을 모두 포기했습니다. 그리고 자신이 체험한 놀라운 기쁨을 전하며 '회심 전문가' 라는 별명을 얻게 되었습니다. 1998년에는 샌디에이고 코너스톤교회를 개척했는데, 현재 약 4천여 명이 모이는 교회로 성장하여 미국에서 가장 빠르게 성장하는 교회 중 하나가 되었습니다.

"그러나 내가 너희에게 이르기를 너희는 나를 보고도 믿지 아니하는도다 하였느니라" 요 6:36

예수님께서는 유대인 무리의 불신앙을 책망하셨습니다. 그들은 예수님을 직접 보고 기적을 체험하고도 예수님을 믿지 않았습니다. 그들은 예수님을 선지자로 인정하여 이스라엘의 왕으로 삼고자 하면서도 예수님을 믿음의 대상으로 보지 않았습니다. 그들은 눈에 보이는 떡을 위해서는 열심히 쫓아다녔지만, 눈에 보이지 않는 영생을 위해 있는 떡에는 관심이 없었습니다.

육신의 양식으로는 나의 배고픔은 해결할 수 있지만 이웃의 고통은 해결할 수 없습니다. 육신의 양식만을 좇는 사람들은 종종 자신의 배를 채우기 위해 다른 사람의 것을 빼앗기도 합니다. 하지만 생명의 떡은 나와 함께 이웃의 생명까지 살릴 수 있습니다. 생명의 떡은 죽었던 우리의 영혼을 살려 우리 이웃의 아픔까지 돌아보게 합니다. 그래서 이 떡을 맛본 사람들은 이웃을 향한 긍휼의 마음을 가지고 전도에 힘쓰게 됩니다. 이웃의 고통을 해결할 힘이 생명의 떡이신 예수님께 있음을 알게 되었기 때문입니다.

3. 아들을 믿는 자

"아버지께서 내게 주시는 자는 다 내게로 올 것이요 내게 오는 자는 내가 결코 내쫓지 아니하리라" 요 6:37

하나님께 선택받은 사람만이 예수님께 나아갈 수 있습니다. 그런데 예수님께서는 예수님께 나오는 사람은 모두 하나님의 선택을 받았다고 말씀하셨습니다. 이 말씀은 놀라운 하나님의 은혜를 말해 줍니다. 선택은 분명히 하나님의 절대주권에 속한 일입니다. 그래서 우리는 늘 불안한 마음을 가질 수밖에 없습니다. 그런데 예수님의 말씀을 잘 생각해 보면, 더 이상 내가 선택을 받았는지 아닌지 고민할 필요가 없습니다. 그저 예수님께 나아가기만 하면 선택받은 사람이 되기 때문입니다.

나아가 예수님께서는 예수님께 나아오는 사람을 결코 내쫓지 않는다고 말씀하셨습니다. 지은 죄가 너무 커서 예수님께 나아오기 망설이는 사람들이 있습니다. 혹은 가진 것이 너무 많거나 적어서 고민하는 사람들도 있습니다. 그러나 그런 걱정은 할 필요가 없습니다. 예수님께서는 모든 사람을 사랑하십니다. 그렇기 때문에 예수님께 나아오는 사람은 누구라도 맞아 주십니다.

예수님께서는 모든 사람을 사랑하시고 예수님께 나아오는 모든 사람을 맞아 주십니다.

"내가 하늘에서 내려온 것은 내 뜻을 행하려 함이 아니요 나를 보내신 이의 뜻을 행하려 함이니라" 요 6:38

예수님께서는 자신이 이 땅에 온 목적은 하나님의 뜻을 행하기 위해서라고 말씀하셨습니다. 이 말씀은 예수님께서 하시는 모든 말씀과 행동이 하나님의 뜻에 따른 것임을 말해 줍니다. 예수님께서는 이에 대해 요한복음 5장에서도 강조하셨습니다.

"내가 아무것도 스스로 할 수 없노라 듣는 대로 심판하노니 나는 나의 뜻대로 하려 하지 않고 나를 보내신 이의 뜻대로 하려 하므로 내 심판은 의로우니라" (요 5:30)

이 말씀은 예수님의 뜻과 하나님의 뜻은 언제나 동일하다는 것을 나타냅니다. 그렇기 때문에 예수님의 뜻을 따르지 않는 것은 하나님을 거스르는 것이며, 예수님을 믿지 않는 것은 하나님을 믿지 않는 것입니다. 결국 이런 사람들은 마지막 때에 예수님의 심판을 받을 것인데, 그것은 곧 하나님의 심판을 받는 것입니다.

"나를 보내신 이의 뜻은 내게 주신 자 중에 내가 하나도 잃어버리지 아니하고 마지막 날에 다시 살리는 이것이니라" 요 6:39

앞서 예수님께는 예수님께 나아오는 사람은 하나님의 선택을 받은 사람이며, 그들을 결코 쫓아내지 않을 것이라고 말씀하셨습니다. 그리고 이제 하나님의 참뜻은 그들 중 한 사람도 잃어버리지 아니하고 구원에 이르게 하는 것이라고 말씀하십니다. 그러므로 우리는 하나님의 심판을 두려워할 필요가 없습니다. 예수님께 나아갈 수 있기 때문입니다. 예수님께서는 모든 인간을 위해 십자가를 지셨습니다. 그러므로 누구든지 믿음으로 예수님의 십자가 앞에 나아가면 구원받고 주님의 부활에 참여하여 최후의 승리를 맛볼 수 있습니다.

"내 아버지의 뜻은 아들을 보고 믿는 자마다 영생을 얻는 이것이니 마지막 날에 내가 이를 다시 살리리라 하시니라" 요 6:40

예수 그리스도를 보고 믿는 사람마다 영생을 얻는 것은 하나님의 뜻입니다. 여기서 예수님을 보고 믿는다고 할 때 '보다'는 단순히 눈으로 보는 것이 아니라, 의식적으로 무엇인가를 '지각하다, 인식하다'라는 의미입니다. 그러므로 본문의 '아들을 보고 믿는 자'라는 말은 예수님께서 사셨던 삶을 자신의 삶 속에 그대로 적용해서 살아가는 사람을 의미합니다. 단순히 예수님을 눈으로 보는 것은 참된 믿음이 아닙니다. 예수님께서 사역할 당시 수많은 사람들이 예수님을 보았습니다. 그러나 예수님께서 십자가에 달리실 때 그 곁을 지킨 사람은 몇몇에 불과했습니다. 우리는 예수님의 삶과 죽음에 담긴 진정한 의미를 깨닫지 못하고 표적만을 보고 따랐기 때문입니다. 무리는 예수님을 눈으로 볼 뿐이지만, 제자는 예수님의 뜻을 깨달아 행합니다. 우리는 영의 눈을 뜨고 예수님의 참뜻을 깨달아 행하는 제자의 삶을 살아야 합니다.

하지만 예수님을 잘 지각하거나 인식한다고 해서 구원에 이르는 것은 아닙니다. 구원에 이르기 위해 궁극적으로 필요한 것은 '믿음' 입니다. 요한복음 3장 16절은 이 점을 명확하게 말씀합니다.

"하나님이 세상을 이처럼 사랑하사 독생자를 주셨으니 이는 그를 믿는 자마다 멸망하지 않고 영생을 얻게 하려 하심이라"

송명희 시인의 '나' 라는 유명한 시가 있는데, 이 시는 시인 자신의 고백입니다. 그녀는 뇌성마비로 불편한 몸을 하고 있지만, 어느 누구보다 예수님을 사랑하며 신뢰하고 있습니다. 그녀는 육체적 장애에도 불구하고 24권의 저서와 100여 곡의 찬양, 그리고 1,500여 회의 간증 집회를 통해 하나님을 찬양하고 예수 그리스도를 높이는 사역을 해 왔습니다. 그녀는 자신이 고통 속에서도 예수님을 믿을 수 있는 이유는 영의 눈이 열려 '남이 못 본 것을 보았기 때문' 이라고 고백합니다.

남태평양 일대의 작은 섬들을 다니며 선교 활동을 하시는 이여호수아 선교사님의 이야기입니다. 그는 20대 중반에 리비아에서 파견 근무를 하다가 풍토병에 걸려 사경을 헤맸습니다. 그는 그 위기의 순간에 기적적으로 고침 받고 주님을 인격적으로 만났습니다. 그 후 그는 주님께 자신의 삶을 드리기로 결심하고 남태평양 일대의 섬을 돌아다니며 복음을 전했습니다. 복음 전파의 길에는 늘 더위와 질병과 맹수와 독충의 위험이 따라다녔습니다. 또한 그는 폐소공포증과 뱃멀미에도 시달렸습니다. 하지만 그 어떤 것도 그를 막지는 못했습니다. 정부의 관심도 미치지 않는 오지의 섬들을 찾아가서 복음을 전하며 헌신한 그를 현지인들이 인정하기 시작했습니다. 그리고 그들은 '거룩한 희생'이라는 의미의 '바에니쑤웅아'라는 호칭을 선교사님에게 주었습니다. 그가 복음 전파를 위해 이토록 헌신할 수 있었던 이유는 한 영혼도 잃지 않고 구원하기를 원하시는 하나님의 마음을 깨달았기 때문입니다. 그는 오늘도 다음과 같이 기도하며 복음을 들고 나아갑니다.

"하나님, 복음을 전하는 자들은 되돌아갈 길이 없어도 가야 합니다. 앞으로 나아갈 길만 있어도 가겠습니다. 설령 지금처럼 앞으로 나아갈 길조차 없더라도, 내게 복음이 있고 그 복음을 전해야 할 사람들이 있다면 가겠습니다. 한 걸음만 더 내디딜 수 있는 힘을 제게 주옵소서."

사랑하는 여러분, 예수님께서는 우리 모두에게 구원의 문을 열어 주셨습니다. 아무리 어리석고 부족한 삶을 살았다고 해도, 예수님께 나아가기만 하면 생명으로 인도하는 그 문은 언제든지 열립니다. 또한 이 문에 먼저 들어간 사람들은 다른 사람들에게 이 놀라운 복음을 전해야 합니다. 우리에게 값없이 주어진 하나님의 은혜인 만큼 우리도 값없이 전해 주어야 할 책임이 있기 때문입니다. 예수님께서는 마지막 날에 한 사람도 놓치지 않고 모두가 구원에 이르기를 원하십니다. 전도는 이러한 예수님의 뜻을 이루는 길이며 또한 하나님의 뜻을 행하는 일입니다. 여러분 모두에게 복음 전파에 대한 뜨거운 열정이 가득하기를 바랍니다.

묵상을 위한 질문

1. 예수님께서 말씀하신 '하나님의 일' 은 무엇입니까(요 6:29)?

2. 예수님께서는 '모세의 기적' 에 대한 무리의 오해를 어떻게 바로잡아 주셨습니까(요 6:32)?

3. 예수님께서는 자신에 대해 무엇이라고 설명하셨습니까(요 6:35)?

4. 예수님께서 하늘로부터 내려오신 이유는 무엇입니까(요 6:38)?

5. 예수님께서 행하려 하시는 아버지의 뜻은 무엇입니까(요 6:39)?

6. 당신이 지금껏 예수님에 대해 오해한 부분이 있다면 무엇이며 그것을 고치기 위해 어떤 노력이 필요하다고 생각합니까?

암송 성구

"예수께서 이르시되 나는 생명의 떡이니 내게 오는 자는 결코 주리지 아니할 터이요 나를 믿는 자는 영원히 목마르지 아니하리라"(요 6:35)

영원히
목마르지
아니하리라

요 6:41-51

"자기가 하늘에서 내려온 떡이라 하시므로 유대인들이 예수에 대하여 수군거려 이르되 이는 요셉의 아들 예수가 아니냐 그 부모를 우리가 아는데 자기가 지금 어찌 하여 하늘에서 내려왔다 하느냐 예수께서 대답하여 이르시되 너희는 서로 수군거리지 말라 나를 보내신 아버지께서 이끌지 아니하시면 아무도 내게 올 수 없으니 오는 그를 내가 마지막 날에 다시 살리리라 선지자의 글에 그들이 다 하나님의 가르치심을 받으리라 기록되었은즉 아버지께 듣고 배운 사람마다 내게로 오느니라 이는 아버지를 본 자가 있다는 것이 아니니라 오직 하나님에게서 온 자만 아버지를 보았느니라 진실로 진실로 너희에게 이르노니 믿는 자는 영생을 가졌나니 내가 곧 생명의 떡이니라 너희 조상들은 광야에서 만나를 먹었어도 죽었거니와 이는 하늘에서 내려오는 떡이니 사람으로 하여금 먹고 죽지 아니하게 하는 것이니라 나는 하늘에서 내려온 살아 있는 떡이니 사람이 이 떡을 먹으면 영생하리라 내가 줄 떡은 곧 세상의 생명을 위한 내 살이니라 하시니라"

22

생명의 떡을 먹는 자

—— 오늘날 많은 사람들이 자기중심적인 삶을 살고 있습니다. 생각과 말, 행동을 비롯한 모든 것의 중심이 '나' 입니다. 현대인들이 쉽게 분노하는 이유도 바로 여기에 있습니다. 내가 내 삶의 중심이기 때문에 다른 사람을 쉽게 미워하고 화를 내고, 그래서 다툼이 일어납니다. 하지만 예수님을 믿는 우리는 자기중심적인 삶이 아니라 예수님 중심의 삶을 살아야 합니다. 그러면 삶의 문제들이 하나씩 해결됩니다. 내가 삶의 중심이 되면 힘들고 피곤하고 지치고 고통스럽지만, 예수님께서 내 삶의 중심이 되시면 마음의 평안과 자유를 누리게 됩니다. 진정한 부자는 물질의 부요를 누리는 사람이 아니라 예수님 안에서 평안과 안식의 풍요로움을 누리는 사람입니다.

1. 예수님께 수군거리는 무리들

"자기가 하늘에서 내려온 떡이라 하시므로 유대인들이 예수에 대하여 수군거려" 요 6:41

예수님께서 스스로를 '생명의 떡'이라고 말씀하시자 무리는 수군거리기 시작했습니다. 예수님께서 오병이어의 기적을 행하실 때에는 모두 기쁨으로 음식을 먹고 예수님을 임금으로 삼으려고 했지만, 예수님께서 그 기적의 의미를 말씀하시자 마음의 문을 닫고 부정적인 시각으로 예수님을 바라보았습니다. 그들이 원한 것은 오직 주린 배를 채우는 것뿐이었습니다. 그래서 예수님께서 그들의 필요를 채워 주셨을 때에는 감사했지만, 주님께서 영적인 진리에 관해 말씀하시자 예수님에게서 더 이상 얻을 것이 없다는 생각에 감사는 사라지고 불평과 원망의 목소리가 나왔습니다.

우리 그리스도인의 삶도 이와 같을 수 있습니다. 예수님께 귀한 은혜를 받았을 때에는 감사를 드리지만, 고난이 찾아와 눈에 보이는 것이 없고 손에 잡히는 것이 없고 귀에 들리는 것이 없다고 느껴지면 감사의 마음이 원망과 불평으로 변하기도 합니다. 우리는 이처럼 이기적인 초보 신앙을 벗어나 언제나 긍정적인 믿음을 가져야 합니다. 절대 긍정의 신앙을 가진 사람은 자신이 처한 환경과 상관없이 언제나 주님께 넘치는 감사를 드립니다. '세상을 긍정적으로 바라볼 것인가, 아니면 부정적으로 바라볼 것인가'는 우리에게 달려 있지만, 그 결과는 완전히 다릅니다. 하나님께서는 우리가 항상 긍정적인 믿음을 가지고 감사하는 삶을 살기 원하십니다. 절대 긍정의 믿음으로 절대 감사, 무조건 감사, 한평생 감사하며 살아가시기를 축원합니다.

> 절대 긍정의 신앙을 가진 사람은 자신이 처한 환경과 상관없이 언제나 주님께 넘치는 감사를 드립니다.

"이르되 이는 요셉의 아들 예수가 아니냐 그 부모를 우리가 아는데 자기가 지금 어찌하여 하늘에서 내려왔다 하느냐" 요 6:42

무리는 예수님께서 하늘로부터 왔다고 말씀하신 것을 두고 수군거렸습니다. 당시 유대인들은 누군가를 소개할 때 '아무개의 아들 누구'라고 소개했습니다. 예수님께서도 베드로를 "요한의 아들 시몬아"(요 21:15)라고 부르셨습니다. 무리가 서로 수군거리면서 예수님을 '요셉의 아들 예수'라고 했는데, 그 이유는 자신들이 예수님을 잘 알고 있다고 생각했기 때문입니다. 하지만 이러한 그들의 생각은 곧 교만이 되어 그들의 영적인 눈과 귀를 닫아 버렸습니다.

그래서 예수님께서 진실을 말씀하셔도 그들은 그것을 받아들이지 않았습니다.

오늘날에도 자신의 영적 교만으로 인해 예수님을 구주로 영접하지 못하는 사람이 많습니다. 20년간 신천지에 몸담고 있다가 빠져나와서 신학대학원을 졸업하고 전도사가 되어 화제가 된 인물이 있습니다. 여의도순복음교회 금요 철야 예배에서 간증을 했던 신현욱 전도사님입니다. 그의 말에 의하면, 신천지는 '귀에 걸면 귀걸이, 코에 걸면 코걸이' 식의 논리인 '비유 풀이' 라는 해석법을 사용하여 성경을 연구합니다. 그는 교육장이라는 직위까지 올라갔지만 결국 이 방법의 허술함을 깨닫고 신천지에서 탈퇴하기로 결심했습니다. 신천지에서는 자신들의 교리가 개역 한글 성경을 문자적으로 해석하여 만든 것이라고 주장하지만, 자세히 살펴보면 상당 부분이 성경 원문의 의미를 크게 왜곡시키고 있습니다. 이는 신천지 특유의 '비유 풀이' 방법을 적용한 결과입니다. 그는 영어 성경을 보다가 이 사실을 발견했고, 우여곡절 끝에 신천지에서 완전히 빠져나올 수 있었습니다. 그는 성경에 대한 바른 지식의 중요성을 강조하며 다음과 같이 권면합니다.

"이단에 빠지는 사람들은 자기가 보는 수준에서 완벽한 진리라고 판단하는 것뿐입니다. 신앙의 문제는 목사님께 맡겨야 합니다. 평신도 여러분들은 결코 성경이나 신학의 전문가가 아님을 인정해야 합니다. 아무리 심오해 보이는 성경 공부도 각자 자기 수준에서 판단하고 진리라고 생각하는 것입니다. 20년 만에 정통 신학을 접해 보니, 이제야 목사님들의 안타까워하시는 입장이 이해되고 신천지가 유치한 교리라는 것을 알게 되었습니다. 정답을 보고 나니, 이제야 진리가 보이는 것입니다."

그러므로 참된 그리스도인들은 반드시 성경 말씀에 중심을 세워야 합니다. 우리의 잘못된 지식이나 편견은 항상 우리를 교만하게 만듭니다. 예수 그리스도를 향한 참된 믿음은 언제나 예수님 중심으로 말씀을 읽는 신앙입니다. 내가 중심이 되어 말씀을 해석하면 교만이 내 눈과 귀를 닫게 만들기 때문에 말씀을 읽어도 참의미를 깨닫지 못합니다. 말씀을 많이 아는 것보다 바르게 이해하는 것이 더 중요하다는 것을 기억하시기 바랍니다.

"예수께서 대답하여 이르시되 너희는 서로 수군거리지 말라" 요 6:43

하나님께서는 수군거리고 원망하고 불평하는 것을 기뻐하지 않으십니다. 출애굽 한 이스라엘 백성들은 광야에서 어려움에 처할 때마다 불평하고 원망하고 수군거렸습니다. 그 결과 애굽에서 나온 사람들 중 여호수아와 갈렙을 제외하고는 아무도 가나안 땅에 들어가지 못했습니다. 원망과 불평은 문제를 가져옵니다. 감사와 찬양만이 문제를 이겨 나가는 길입니다.

헨리 나우웬은 어느 날 조각가가 큰 돌을 조각하는 모습을 보며 '돌이 참으로 고통스럽겠구나.' 라고 생각했습니다. 그러나 돌덩이가 조각가의 손에서 점차 춤추는 사람의 모습으로 아름답게 변해가자 다음과 같은 깨달음을 얻었다고 말했습니다.

" '원망' 은 돌을 깎아 내시는 하나님의 손을 보지 못하게 우리의 눈을 가리지만, '감사' 는 그 과정을 알아보게 해 준다. 우리는 느리지만 확실하게 아름다운 예술 작품으로 빚어지고 있다. 하나님께서 내 영혼의 돌덩이를 깎아 원망의 돌조각들을 파내시도록 가만히 있는 것, 이것이 진정한 영성 개발이다.

원망에서 벗어나려면 감사해야 한다. 원망은 행동을 막지만, 감사는 새로운 가능성을 향해 전진하게 한다. 원망은 부정적인 감정에 집착하게 하지만, 감사는 그것을 내려놓게 한다. 원망은 우리를 격정의 포로로 만들지만, 감사는 우리로 하여금 소명을 따르게 한다."

감사는 기적을 만듭니다. 감사할 때 은혜가 임합니다. 어렵고 힘든 환경 속에서도 하나님께 감사함으로 위기를 극복하고 하나님의 넘치는 복을 누리시기 바랍니다.

2. 예수님께 나아오는 사람들

"나를 보내신 아버지께서 이끌지 아니하시면 아무도 내게 올 수 없으니 오는 그를 내가 마지막 날에 다시 살리리라" 요 6:44

하나님께서 이끌지 않으시면 아무도 예수님께 나아갈 수 없습니다. 그러므로 예수님께 나아가는 모든 사람은 하나님의 인도하심을 받은 것입니다. 하나님께서는 우리를 선택하시고 예수님께 나아가도록 예정하셨습니다.

이러므로 오늘날 예수님을 믿는 우리 그리스도인들은 하나님의 큰 복을 받은 사람들입니다. 우리는 이미 하나님의 자녀로 택함을 받았으며 이로 인해 예수님께 나아왔기 때문입니다. 예수님께서는 6장 40절에서도 이와 같이 말씀을 하셨습니다.

"내 아버지의 뜻은 아들을 보고 믿는 자마다 영생을 얻는 이것이니 마지막 날에 내가 이를 다시 살리리라"

예수님을 믿으면 죽음이 두렵지 않습니다. 죽음은 우리에게 모든 것의 끝이 아니라 새로운 시작을 의미하기 때문입니다. 죽음을 통해 우리의 영혼은 천국에 이르러 예수님의 품에 안길 것이며, 땅에 묻힌 육신은 마지막 날에 영화로운 몸으로 변화를 받아 새롭게 부활할 것입니다.

"선지자의 글에 그들이 다 하나님의 가르치심을 받으리라 기록되었은즉 아버지께 듣고 배운 사람마다 내게로 오느니라" 요 6:45

여기에서 '선지자의 글'은 구약 성경의 예언서를 가리킵니다. 구약 성경의 예언서에는 예수님에 관한 예언이 여러 곳에 있으며, 그중 이사야 54장 13절은 "네 모든 자녀는 야훼의 교훈을 받을 것이니 네 자녀에게는 큰 평안이 있을 것이며"라고 말씀하고 있습니다. 예수님께서는 구약 성경의 말씀을 인용하여 자신이 누구인지를 다시 한 번 강조하셨습니다.

본문을 보면 예수님께서 하나님에 대해 앞에서는 '하나님'이라고 하셨고 뒤에서는 '아버지'라고 하셨습니다. 이것은 하나님께서 선지자들에게는 '하나님'으로 나타나셨지만, 예수님께는 하나님께서 '아버지'가 되시기 때문입니다.

또 한 가지 살펴볼 것은, 지금껏 많은 유대인들이 선지자와 성경을 통해 예수님에 관해 듣고 배웠지만 그것만으로는 부족했다는 점입니다. 그들은 그 경험을 바탕으로 예수님께서 누구이신지 알고 예수님께 나아가야 했습니다. 그러나 그들은 그렇게 하지 않았습니다. 규칙적으로 회당에 모여 성경을 읽고 배웠지만, 정작 그 말씀을 깨닫고 적용하는 데 실패하고 말았습니다. 우리는 이러한 전철을 밟지 말아야 합니다. 듣고 배우는 차원에 머무르지 말고 그 말씀을 삶에서 실천해야 합니다. 하나님의 말씀을 통해 주님의 음성을 듣고 주저 말고 순종하여 예수님의 참된 제자가 되시기 바랍니다.

우리는 말씀을 듣고 배우는 차원에 머무르지 말고 삶에서 실천해야 합니다.

"이는 아버지를 본 자가 있다는 것이 아니니라 오직 하나님에게서 온 자만 아버지를 보았느니라" 요 6:46

하나님께 듣고 배운다는 것이 하나님을 본다는 것을 의미하지는 않습니다. '하나님에게서 온 자', 즉 예수님 외에는 하나님을 직접 본 사람이 아무도 없습니다. 예수님께서는 이에 관하여 요한복음 1장 18절에서 이미 말씀하셨습니다.

"본래 하나님을 본 사람이 없으되 아버지 품속에 있는 독생하신 하나님이 나타내셨느니라"

예수님께서는 하나님을 보셨을 뿐 아니라 창세전에 하나님과 함께 영광중에 계셨던 근본 하나님의 본체이십니다.

"아버지여 창세전에 내가 아버지와 함께 가졌던 영화로써 지금도 아버지와 함께 나를 영화롭게 하옵소서"(요 17:5)

"그는 근본 하나님의 본체시나 하나님과 동등 됨을 취할 것으로 여기지 아니하시고"(빌 2:6)

'아프리카 선교회' 의 스티븐 룽구 선교사님의 이야기입니다. 아프리카 짐바브웨에서 태어난 그는 어둡고 외로운 어린 시절을 보냈습니다. 아버지는 몇 번 결혼에 실패하고 쉰 살이 되어서야 당시 열네 살의 어머니를 만났습니다. 그러나 둘의 결혼 생활 역시 순탄치 않았습니다. 아버지는 가출을 일삼았고 어머니는 알코올 중독이었으며, 둘은 끊임없이 부부 싸움을 했습니다. 결국 어머니는 스티븐이 7살 때 그를 시장에 버려두고 떠났습니다. 길거리 쓰레기통을 뒤지면서 하루하루를 연명하던 그는 자신과 비슷한 처지의 아이들을 만나서 '검은 그림자' 라는 갱단을 만들었습니다. 술과 마약, 그리고 강도질을 하며 분노로 가득 찬 십대를 보내다가 급기야 '민족주의 청년 동맹' 에 가입해 공공시설에 폭탄을 터트리는 테러까지 저지르게 되었습니다.

하루는 은행을 폭파하기 위해 길을 가다가 우연히 천막에서 열린 전도 집회를 보게 되었습니다. 그는 백인의 종교인 기독교를 믿는 사람들을 죽이는 것이 더 좋겠다는 생각이 들어 천막 안으로 들어갔습니다. 때마침 한 선교사님이 로마서 6장 23절 말씀을 본문으로 설교를 하고 있었습니다.

"죄의 삯은 사망이요 하나님의 은사는 그리스도 예수 우리 주 안에 있는 영생이니라"

이때 '죄의 삯은 사망' 이라는 말씀이 그의 귓가에 울렸습니다. 선교사님은 계속해서 말씀을 이어 갔습니다.

"우리 주 예수 그리스도의 은혜를 너희가 알거니와 부요하신 이로서 너희를 위하여 가난하게 되심은 그의 가난함으로 말미암아 너희를 부요하게 하려 하심이라" (고후 8:9)

그 순간 그는 예수님께서도 자신과 같이 가난과 핍박과 굶주림과 목마름과 외로움을 겪은 분이라는 사실을 깨닫게 되었습니다. 그는 멀게만 느껴졌던 예수님께서 자신과 닮은 점이 많다는 사실에 충격을 받았습니다. 더욱이 예수님께서 죽을 수밖에 없는 자신을 대신해 죽으심으로써 죄의 삯을 청산하시고 구원의 길을 열어 주셨다는 사실을 깨닫게 되자, 그는 넘치는 기쁨과 감사와 감격에 사로잡혔습니다. 그는 테러 계획을 멈추고 경찰서를 찾아가서 자수했습니다. 경찰서장은 그를 즉시 사면해 주며 성경을 사 보라고 돈까지 주었습니다.

그때부터 그는 뜨거운 복음의 열정을 가지고 예수님을 전하기 시작했습니다. 그리고 자신을 버렸던 부모님을 용서하고 그분들을 찾아가 복음을 전하여 가족이 다시 하나 되는 역사를 체험했습니다. 그 후 그는 성경 학교에서 글을 배운 뒤 선교사가 되어 중남부 아프리카를 비롯하여 세계를 돌아다니며 복음을 전하였습니다.

우리는 오직 예수 그리스도를 통해서만 하나님을 볼 수 있습니다. 예수님만이 하나님의 뜻을 온전히 알고 행하십니다. 그러므로 예수님을 알지 못하는 것은 하나님을 모르는 것이며, 예수님을 믿지 않는 것은 하나님을 거부하는 것입니다. 예수님만이 하나님께 나아갈 수 있는 길입니다. 다른 길은 없습니다.

3. 영생하게 하는 생명의 떡

"진실로 진실로 너희에게 이르노니 믿는 자는 영생을 가졌나니" 요 6:47

예수님을 믿는 순간 하나님께서 영생을 주십니다. 예수님께서는 종말의 때에 예수님을 믿는 사람들을 다시 살리실 것이라고 말씀하셨습니다(39, 49, 54절). 그리고 이제는 구원에 대하여 '종말의 현재화' 또는 '실현된 종말'의 개념으로 말씀하고 계십니다. 예수님을 믿는 순간 그 자리에서 이미 구원을 받았다는 것입니다.

구원의 과정은 크게 세 가지로 나눌 수 있습니다. 첫째, 예수님을 믿는 순간 '중생'을 통해 구원받습니다. 둘째, 중생한 후 예수님을 닮아 가는 '성화'의 과정을 지나게 됩니다. 셋째, 마지막 날에는 예수님과 같이 되는 '영화'의 단계에 이르게 됩니다. 앞서 예수님께서 말씀하신 마지막 때에 관한 이야기는 '영화'의 단계를 의미하는 것이며, 지금 말씀하고 계신 '이미 얻은 구원'은 '중생'을 의미합니다. 그리고 현재 예수님을 믿고 신앙생활을 열심히 하고 있는 우

구원의 과정은 중생, 성화, 영화의 단계로 나눌 수 있습니다.

리는 중생과 영화의 중간 단계인 성화의 과정에 있습니다. 요한복음 3장 18절은 다음과 같이 말씀하고 있습니다.

"그를 믿는 자는 심판을 받지 아니하는 것이요 믿지 아니하는 자는 하나님의 독생자의 이름을 믿지 아니하므로 벌써 심판을 받은 것이니라"

그러므로 지금 이 순간의 믿음이 중요합니다. 믿는 자는 이미 구원을 얻고 천국을 향해 달려가고 있지만, 믿지 않는 자들은 심판과 지옥이 최종 목적지가 될 것입니다. 고린도후서 6장 2절은 "보라 지금은 은혜 받을 만한 때요 보라 지금은 구원의 날이로다"라고 말씀합니다. 내일이면 늦을지 모릅니다. 지금 이 자리에서 예수님을 믿고 구주로 영접하여 영생을 얻으시기 바랍니다.

스티브 소이어라는 미국 학생의 이야기입니다. 그는 선천적으로 혈우병을 앓아서 정기적으로 수혈을 받아야만 했습니다. 그런데 어느 날 잘못된 피를 수혈 받아 에이즈와 C형 간염에 감염되고 말았습니다. 점점 체중이 줄고 통증이 심해지며 온몸에 증상이 나타나기 시작했습니다. 그는 세상이 원망스러워서 주변 사람들에게 불같이 화를 내며 분노를 폭발시켰습니다.

그러다가 대학에 들어간 그는 크리스천 룸메이트를 만났습니다.

그의 룸메이트는 난독증을 앓고 있어서 책 읽는 것을 무척 힘들어 했지만 스티브처럼 화를 내거나 짜증을 부리는 대신에 늘 조용히 기도하며 차분한 모습을 보여 주었습니다. 이러한 룸메이트의 모습에 스티브는 호감을 느끼고 그와 급속히 친해졌습니다. 그러던 어느 날, 룸메이트가 그에게 예수님에 관한 이야기를 들려주었습니다.

"하나님께서 우리를 사랑하셔서 우리의 죄를 위해 예수님을 죽게 하셨어. 그런데 그 예수님께서 죽은 지 삼 일 만에 부활하셔서 우리를 영적인 죽음에서 건져 주시고 우리에게 영생을 주셨어. 이제 우리는 죽어도 영생을 누릴 수가 있어. 하지만 이것을 받아들이기로 선택하는 것은 너에게 달려 있어."

늘 언제 죽을지 모르는 공포 속에서 하루하루를 살아가던 스티브에게 '영생' 이라는 말은 한 줄기 빛이 되었습니다. 그는 예수님을 자신의 구주로 영접하여 영생의 소망을 얻었습니다. 그는 더 이상 죽음을 두려워하지 않는 새로운 삶을 살 수 있게 되었습니다.

영생의 소망을 얻은 스티브는 1999년 3월 13일 C형 간염으로 숨을 거두기 전까지 수많은 대학 캠퍼스를 돌아다니며 복음을 전하여 수천 명의 학생들을 변화시켰습니다. 그는 다음과 같이 말했습니다.

"예수님께서 십자가에 달려 돌아가심으로 우리가 하나님께 나아갈 수 있는 길이 열렸습니다. 저는 예수님과 함께 에이즈에 걸리는 것이 예수님 없이 에이즈에서 낫는 것보다 더 좋습니다. …… 비록 저는 죽을병에 걸렸지만, 이 일로 한 사람의 영혼이라도 하나님께 데려갈 수 있다면 이 병을 갖게 된 것도 하나님의 은혜일 것입니다."

예수님께서 주시는 영생의 기쁨은 죽음도 빼앗을 수 없습니다. 예수님께서 십자가에 달려 돌아가신 지 삼 일 만에 부활하심으로 이미 죽음을 이기셨기 때문입니다. 그러므로 이 세상에서 우리는 아무것도 두렵지 않습니다. 예수님 안에서 영원한 승리와 기쁨만이 있을 뿐입니다.

"내가 곧 생명의 떡이니라 너희 조상들은 광야에서 만나를 먹었어도 죽었거니와 이는 하늘에서 내려오는 떡이니 사람으로 하여금 먹고 죽지 아니하게 하는 것이니라" 요 6:48-50

예수님께서는 예수님의 말씀을 이해하지도 받아들이지도 못하는 사람들을 위하여 진리의 말씀을 다시 한 번 강조하셨습니다. 예수님께서 말씀하신 생명의 떡은 출애굽한 이스라엘 백성이 광야에서 먹었던 만나와는 근본적으로 다릅니다. 왜냐하면 광야에서 만나를 먹었던 조상들은 모두 죽었지만 생명의 떡을 먹는 사람은 영생을 얻기 때문입니다. 만나와 생명의 떡은 둘 다 하늘에서 내려왔습니다. 그리고 이 둘은 모두 값없이 주어진 하나님의 무조건적인 사랑과 은혜의 선물입니다. 하지만 만나는 육신을 위한 양식일 뿐이었습니다. 만나는 광야 생활을 하던 백성들에게 육신의 굶주림을 해소해 주었지만 영적 갈증까지 해결하지는 못했습니다. 그래서 모세가 시내 산에서 하나님께 십계명을 받을 때 이스라엘 백성들은 모세가 산에서 내려오지 않자 아론을 부추겨 금송아지를 만들도록 했습니다. 하나님께서 매일매일 만나를 내려 주셨음에도 불구하고 그들은 그들만의 방법으로 영적 갈증을 해결하기 위해 우상을 만든 것입니다.

"백성이 모세가 산에서 내려옴이 더딤을 보고 모여 백성이 아론에게 이르러 말하되 일어나라 우리를 위하여 우리를 인도할 신을 만들라 이 모세 곧 우리를 애굽 땅에서 인도하여 낸 사람은 어찌되었는지 알지 못함이니라 아론이 그들에게 이르되 너희의 아내와 자녀의 귀에서 금 고리를 빼어 내게로 가져오라 모든 백성이 그 귀에서 금 고리를 빼어 아론에게로 가져가매 아론이 그들의 손에서 금 고리를 받아 부어서 조각칼로 새겨 송아지 형상을 만드니 그들이 말하되 이스라엘아 이는 너희를 애굽 땅에서 인도하여 낸 너희의 신이로다 하는지라" (출 32:1-4)

하늘의 양식인 만나조차도 이스라엘 백성을 참되고 영원한 생명을 누리게 하지는 못했습니다. 예수님께서는 무리에게 이 사실을 상기시키며 하늘에서 내려온 진정한 생명의 떡은 예수님밖에 없음을 선포하셨습니다. 이 생명의 떡을 먹는 사람은 죽지 않습니다. 왜냐하면 생명의 떡이신 예수님께서 생명의 주권자이시기 때문입니다. 우리의 생사여탈은 예수님의 손에 달려 있습니다. 이것이 바로 만나와 예수님의 결정적 차이입니다. 죽음을 이길 힘은 오직 예수님께 의지할 때에만 얻을 수 있습니다.

예수님께서 말씀하신 '죽지 않는 것'은 단순히 생명을 연장하는 것이나 육신의 죽음을 면하는 것만을 의미하는 것이 아니라 참생명을 얻어 영생의 구원에 이르게 되는 것을 의미합니다.

그렇다면 죽지 아니하게 하는 생명의 떡을 먹는다는 것은 무슨 뜻일까요? 여기서 생명의 떡을 '먹는다'는 것은 '그리스도와의 연합'을 의미합니다. 그리고 그리스도와의 연합은 예수님을 나의 생명의 주로 영접하고 예수님의 뜻대로 살아가는 삶을 의미합니다. 나의 삶을 자기중심적인 삶에서 예수님 중심의 삶으로 변화시키는 것, 그것이 바로 생명의 떡을 먹는 것이며 그리스도와 연합하는 삶을 사는 것입니다.

예수님께서 말씀하신 '죽지 않는 것'은 참생명을 얻어 영생의 구원에 이르게 되는 것을 의미합니다.

"나는 하늘에서 내려온 살아 있는 떡이니 사람이 이 떡을 먹으면 영생하리라 내가 줄 떡은 곧 세상의 생명을 위한 내 살이니라 하시니라" 요 6:51

예수님께서는 생명의 떡이 바로 예수님의 희생의 결과임을 이때 처음으로 말씀하셨습니다. 예수님께서는 '세상의 생명을 위해' 십자가를 지셨습니다. 침례 요한은 예수님을 가리켜 "보라 세상 죄를 지고 가는 하나님의 어린양이로다"(요 1:29)라고 말했습니다. 예수님의 죽음은 온 인류의 죄를 대속하기 위한 것이었습니다. 그렇기 때문에 요한복음 4장 42절은 예수님을 '세상의 구주'라고 표현했습니다. 예수님께서는 생명의 떡이신 동시에 생명의 떡을 주는 분이십니다. 이는 예수님께서 하나님께 드려진 제물인 동시에 대제사장인 것과 같습니다.

"그리스도께서는 장래 좋은 일의 대제사장으로 오사 손으로 짓지 아니한 것 곧 이 창조에 속하지 아니한 더 크고 온전한 장막으로 말미암아 염소와 송아지의 피로 하지 아니하고 오직 자기의 피로 영원한 속죄를 이루사 단번에 성소에 들어가셨느니라"(히 9:11-12)

사랑하는 여러분, 우리는 생명의 떡이신 예수님을 바로 알고 바로 믿어야 합니다. 그리고 우리의 믿음이 우리의 삶을 통해서 나타나야 합니다. 생명의 떡이신 예수님께서 그의 살과 피로 우리의 모든 죗값을 지불하시고 우리에게 영원한 생명을 선물로 주셨습니다. 우리는 예수님의 생명으로 구원받은 귀한 존재입니다. 우리가 이처럼 놀라운 예수 그리스도의 사랑과 은혜를 기억하고 자기중심적인 삶에서 벗어나 예수님 중심의 삶을 살 때, 우리의 삶의 문제들이 해결되는 기적을 체험할 수 있습니다. 예수님을 삶의 주인으로 모시고 그리스도 중심의 삶을 살아가시기를 주님의 이름으로 축원합니다.

묵상을 위한 질문

1. 유대인들이 예수님에 대하여 수군거린 이유는 무엇입니까(요 6:41)?

2. '선지자의 글' 이란 무엇이며, 누구에 대해 가르치고 있습니까(요 6:45)?

3. '생명의 떡' 과 '만나' 의 차이는 무엇입니까(요 6:48-50)?

4. '생명의 떡' 은 무엇을 의미합니까(요 6:51)?

5. 당신은 생명의 떡을 먹기 위해 무엇을 실천하고 있습니까?

암송 성구

"나는 하늘에서 내려온 살아 있는 떡이니 사람이 이 떡을 먹으면 영생하리라 내가 줄 떡은 곧 세상의 생명을 위한 내 살이니라 하시니라" (요 6:51)

요 6:52-59

"그러므로 유대인들이 서로 다투어 이르되 이 사람이 어찌 능히 자기 살을 우리에게 주어 먹게 하겠느냐 예수께서 이르시되 내가 진실로 진실로 너희에게 이르노니 인자의 살을 먹지 아니하고 인자의 피를 마시지 아니하면 너희 속에 생명이 없느니라 내 살을 먹고 내 피를 마시는 자는 영생을 가졌고 마지막 날에 내가 그를 다시 살리리니 내 살은 참된 양식이요 내 피는 참된 음료로다 내 살을 먹고 내 피를 마시는 자는 내 안에 거하고 나도 그의 안에 거하나니 살아 계신 아버지께서 나를 보내시매 내가 아버지로 말미암아 사는 것같이 나를 먹는 그 사람도 나로 말미암아 살리라 이것은 하늘에서 내려온 떡이니 조상들이 먹고도 죽은 그것과 같지 아니하여 이 떡을 먹는 자는 영원히 살리라 이 말씀은 예수께서 가버나움 회당에서 가르치실 때에 하셨느니라"

23

영생하게 하는 생명의 떡

—— 사람들은 대개 눈으로 보고 입으로 맛보고 손으로 만질 수 있는 물질적이고 감각적인 것들에 많은 관심을 가지고 있습니다. 마찬가지로 무리의 관심은 예수님께서 말씀하시는 진리의 말씀보다는 오병이어의 기적을 통해 얻은 양식에 있었습니다. 그들은 예수님의 말씀을 듣고 따라온 것이 아니라 오병이어의 기적으로 배불리 먹을 수 있었기 때문에 예수님을 따랐습니다. 그들은 진정한 생명이 예수님께 있음을 알지 못했습니다.

예수님과의 참된 교제는 우리를 영원한 생명으로 인도합니다. 이것은 양식을 먹고 배를 채우는 것과는 전혀 다른 차원의 문제입니다. 이제부터 우리에게 영생을 주시는 생명의 떡에 관해서 함께 살펴보도록 하겠습니다.

1. 말씀을 깨닫지 못하는 유대인들

> "그러므로 유대인들이 서로 다투어 이르되 이 사람이 어찌 능히 자기 살을 우리에게 주어 먹게 하겠느냐" 요 6:52

예수님께서는 앞에서 이미 주님의 살과 피에 관해서 말씀하셨습니다.

"나는 하늘에서 내려온 살아 있는 떡이니 사람이 이 떡을 먹으면 영생하리라 내가 줄 떡은 곧 세상의 생명을 위한 내 살이니라"(요 6:51)

지금까지 예수님께서는 자신이 '하늘에서 내려온 산 떡'이며, '생명의 떡'이라고 말씀하셨습니다. 그런데 여기서는 '내가 줄 떡은 내 살이니라'고 했습니다. 이 말은 예수님의 십자가 고난을 의미합니다. 예수님께서는 자신을 온 인류의 죄를 위해 내어 주어 살이 찢기고 온몸의 피를 흘려야 했습니다. 우리는 예수님의 희생을

> 예수님께서는 자신을 온 인류의 죄를 위해 내어 주어 살이 찢기고 온몸의 피를 흘려야 했습니다.

통해 죄를 용서받고 구원에 이르게 되었습니다. 하지만 유대인들은 그 의미를 전혀 알지 못했기 때문에 격렬한 논쟁을 벌이기 시작했습니다. 이러한 그들의 모습은 출애굽 한 이스라엘 백성이 광야에서 보였던 완악함과 닮아 있습니다.

이스라엘 백성은 하나님께서 베풀어 주신 은혜로 큰 어려움 없이 광야 생활을 할 수 있었습니다.

"주께서 사십 년 동안 너희를 광야에서 인도하게 하셨거니와 너희 몸의 옷이 낡아지지 아니하였고 너희 발의 신이 해어지지 아니하였으며"(신 29:5)

뿐만 아니라 적군의 공격을 받을 때에도 전쟁에 능하신 야훼 하나님께서 그들을 위해 싸워 물리쳐 주셨습니다.

"새벽에 야훼께서 불과 구름 기둥 가운데서 애굽 군대를 보시고 애굽 군대를 어지럽게 하시며 그들의 병거 바퀴를 벗겨서 달리기가 어렵게 하시니 애굽 사람들이 이르되 이스라엘 앞에서 우리가 도망하자 야훼가 그들을 위하여 싸워 애굽 사람들을 치는도다"(출 14:24-25)

하지만 이스라엘 백성들은 시시때때로 모세와 하나님을 원망하고 불평하며 대적했습니다. 그 결과 애굽에서 나온 1세대는 여호수아와 갈렙을 제외하고 모두 다 약속의 땅 가나안에 들어가지 못하고 광야에서 헤매다가 죽고 말았습니다.

"너희는 그 땅을 정탐한 날수인 사십 일의 하루를 일 년으로 쳐서 그 사십 년간 너희의 죄악을 담당할지니 너희는 그제서야 내가 싫어하면 어떻게 되는지를 알리라 하셨다 하라 나 야훼가 말하였거니와 모여 나를 거역하는 이 악한 온 회중에게 내가 반드시 이같이 행하리니 그들이 이 광야에서 소멸되어 거기서 죽으리라"(민 14:34-35)

오병이어의 기적을 체험한 유대인들도 예수님의 능력으로 떡과 생선을 먹을 수 있었지만, 예수님께서 영의 양식에 관해 말씀하시자 노골적으로 반감을 드러냈습니다. 그들은 오직 육신을 위한 양식에만 관심이 있었기 때문입니다.

우리 역시 세상을 살아가면서 내 자신의 뜻과 맞지 않는 상황을 만나게 됩니다. 억울한 일을 당하기도 하고 그 가운데 섭섭한 마음이 들기도 합니다. 하지만 우리가 그 상황을 원망하고 불평한다면 하나님께서 결코 기뻐하시지 않습니다.

이단은 교회의 신자에게 포교할 때 등급을 분류한다고 합니다. 어떤 이단의 경우 성경 공부 전에 이른바 면접을 보아 대상자를 A, B, C, D등급으로 나눕니다. A등급은 이른바 '원, 불, 교' 신자입니다. 이것은 원불교를 믿는 신자라는 뜻이 아니라, '원망하고, 불평하고, 교만한' 신자를 말합니다. 반면에 기피 대상인 D등급은 목회자와 관계가 좋은 신자 또는 교회 내 다른 성도와 관계가 좋은 신자입니다. 이와 같이 원망, 불평, 교만은 멸망의 지름길이지만, 하나님을 향한 넘치는 감사는 우리를 영생으로 이끄는 생명의 길임을 기억하시기 바랍니다.

2. 참된 양식, 참된 음료

"예수께서 이르시되 내가 진실로 진실로 너희에게 이르노니 인자의 살을 먹지 아니하고 인자의 피를 마시지 아니하면 너희 속에 생명이 없느니라" 요 6:53

서로 논쟁을 하고 있는 무리를 향해 예수님께서는 인자의 살을 먹고 피를 마시는 것에 대해 말씀하셨습니다. 무리는 '살을 먹는다' 는 것도 이해하지 못했는데 '피를 마신다' 고까지 말씀하시자 더욱 혼란에 빠졌습니다. 본래 모세의 율법에 따르면 피는 결코 먹어서는 안 되는 것이었습니다.

"너희가 사는 모든 곳에서 새나 짐승의 피나 무슨 피든지 먹지 말라 무슨 피든지 먹는 사람이 있으면 그 사람은 다 자기 백성 중에서 끊어지리라"(레 7:26-27)

"그러므로 내가 이스라엘 자손에게 말하기를 너희 중에 아무도 피를 먹지 말며 너희 중에 거류하는 거류민이라도 피를 먹지 말라 하였나니"(레 17:12)

그러나 예수님께서 말씀하신 것은 실제로 예수님의 살을 먹고 그의 피를 마시라는 뜻이 아닙니다. 예수님께서 말씀하신 것은 십자가의 희생을 통한 구원을 가리킵니다. 예수님께서는 십자가에서 살이 찢기고 온몸의 피를 쏟으심으로써 온 인류의 죄를 사하셨습니다. 따라서 예수님의 살을 먹고 피를 마신다는 것은 예수님을 나의 구주로 인정하고 모셔 들이는 것을 의미합니다. 예수님을 구주로 영접한 사람에게는 죄 사함의 은총이 임하며 새로운 생명이 주

예수님의 살을 먹고 피를 마신다는 것은 예수님을 나의 구세주로 인정하고 모셔 들이는 것을 의미합니다.

어집니다. 그러나 예수님을 인정하지 않고 십자가의 은혜를 거부하는 사람에게는 멸망과 심판이 있을 뿐입니다.

"내 살을 먹고 내 피를 마시는 자는 영생을 가졌고 마지막 날에 내가 그를 다시 살리리니" 요 6:54

'내 살을 먹고 내 피를 마시는 자'는 40절의 '아들을 보고 믿는 자'와 같은 뜻입니다. 54절과 40절은 이 표현만 다를 뿐 이어지는 결과가 똑같습니다. 예수님의 살과 피를 마시는 자, 즉 예수 그리스도를 보고 믿는 자는 이미 영생을 얻었고 마지막 날에 다시 살아날 것입니다. 고대 교회 교부인 어거스틴의 요한복음 설교집에서 이 부분의 설명을 보면 다음과 같은 유명한 문구가 있습니다.

"믿으라. 그리하면 네가 (예수님을) 먹은 것이다."

이처럼 예수님의 살을 먹고 피를 마신다는 것은 예수님을 나의 구주로 믿는다는 것입니다.

기독교 신앙의 이러한 측면을 상징적으로 보여 주는 것이 '성찬'입니다. 가톨릭에서는 떡과 포도주가 실제로 예수님의 살과 피로 변한다고 주장하지만, 개신교에서는 예수님의 살과 피를 상징하는 것으로 받아들이고 있습니다. 우리는 성찬을 통해 예수님의 고난에 상징적으로 동참함으로 우리의 신앙을 주님께 고백합니다.

고린도전서 11장 23절부터 26절은 성찬의 참의미에 관하여 다음과 같이 말씀합니다.

"내가 너희에게 전한 것은 주께 받은 것이니 곧 주 예수께서 잡히시던 밤에 떡을 가지사 축사하시고 떼어 이르시되 이것은 너희를 위하는 내 몸이니 이것을 행하여 나를 기념하라 하시고 식후에 또한 그와 같이 잔을 가지시고 이르시되 이 잔은 내 피로 세운 새 언약이니 이것을 행하여 마실 때마다 나를 기념하라 하셨으니 너희가 이 떡을 먹으며 이 잔을 마실 때마다 주의 죽으심을 그가 오실 때까지 전하는 것이니라"

우리는 성찬의 떡과 잔을 대할 때 '주의 죽으심'에 동참하고 있음을 기억해야 합니다. 또한 성찬은 지금 주님의 영광을 위해 나의 삶을 드린다는 다짐이며, 성찬을 통한 믿음의 결단은 곧 미래에 있을 예수님의 재림에 대한 희망을 선포하는 것입니다.

싱가포르 3대 대형 교회 중 하나인 뉴크리에이션교회를 담임하고 있는 조셉 프린스 목사님의 이야기입니다. 프린스 목사님은 오순절 성령 운동과 은혜를 강조하는 메시지를 통해 교회를 부흥시키는 가운데 특별히 '성찬'을 강조합니다. 이 교회에서는 성도들이 예수님의 죽으심과 부활하심에 동참하는 마음으로 성찬에 참여할 때 많은 기적들이 일어나고 있는데, 목사님이 이러한 기적을 체험한 성도들의 간증을 모아 『성찬을 통한 건강과 완전함』이라는 책을 냈습니다. 이 책에 수록된 수웬이라는 20대 여성의 간증을 보면 성찬을 통해 주님께서 얼마나 놀라운 기적을 행하여 주시는지 알 수 있습니다.

2003년에 수웬은 교인들과 함께 이스라엘로 성지 순례를 떠났습니다. 그런데 비행기 안에서 그녀는 눈이 뒤집히고 입에 거품이 일더니 곧 의식을 잃어버렸습니다. 설상가상으로 비행기가 착륙하여 그녀를 병원으로 이송하는 도중에 심장마비까지 일어났습니다. 의사가 진찰해 보니 그녀는 심부정맥으로 혈전이 폐동맥을 막아 몹시 위험한 상태였습니다.

그때 다른 팀과 함께 이스라엘에 먼저 도착해 있던 프린스 목사님은 소식을 듣자마자 병원으로 향했지만, 그때는 사고가 일어난 지 이미 나흘이나 지난 상황이었습니다. 수웬은 온몸에 튜브를 꽂고 있었으며, 의사는 상태가 점점 더 악화되고 있다고 설명했습니다. 프린스 목사님은 '예수님께서 우리의 치유를 위하여 고난당하셨다.' 라는 믿음을 가지고 교회의 리더들과 함께 성찬을 나누며 그녀의 치유를 위해 간절히 기도했습니다.

그러자 기적이 일어났습니다. 다음 날 아침 그녀의 의식이 돌아왔습니다. 깜짝 놀란 의사는 그녀의 상태를 면밀히 검사해 보고 혈전이 사라진 것을 발견했습니다. 그로부터 일주일 후 그녀는 완전히 회복되어 다시 성지 순례에 참여할 수 있었습니다. 마침 그녀가 처음 도착한 곳은 예수님께서 부활하신 빈 무덤이었는데, 그곳에서 그녀는 함께한 성도들에게 자신이 겪은 기적을 간증하며 하나님께 영광을 돌렸습니다.

성찬을 통한 놀라운 기적을 체험한 프린스 목사님은 다음과 같이 고백합니다.

"성찬의 떡을 손으로 집을 때 당신은 예수님의 놀라운 사랑을 집는 것이다. 그 사랑 때문에 예수님께서는 끔찍한 고통을 참으셨다. 그 사랑 때문에 자신의 몸을 내어 주셔서 채찍에 맞으시고 창에 찔리심으로 우리를 온전하게 하셨다. 그러므로 성찬에 참여할 때 당신은 당신의 질병과 약함이 예수님의 건강과 완전함으로 바뀌었음을 믿어야 한다."

우리가 믿음을 가지고 성찬에 참여할 때 기적이 일어납니다. 가정이 변화되고, 육신의 건강이 회복되고, 넘치는 하나님의 은혜와 축복을 누리게 됩니다. 그러므로 믿음으로 고백하며 성찬에 참여함으로 언제나 예수님의 사랑과 대속의 은혜를 누리며 살아가시기 바랍니다.

"내 살은 참된 양식이요 내 피는 참된 음료로다" 요 6:55

예수님께서는 우리에게 영생을 주시는 참된 양식이십니다. 우리는 언제든지 참된 양식인 예수님의 살을 먹을 수 있습니다. “태초에 말씀이 계시니라 이 말씀이 하나님과 함께 계셨으니 이 말씀은 곧 하나님이시니라”(요 1:1)는 말씀을 통해 알 수 있듯이, 예수님께서는 ‘말씀’이십니다. 그러므로 우리는 아무리 바쁘게 살아가더라도 말씀을 먹는 일을 게을리 하면 안 됩니다. 말씀을 읽고 묵상하는 데에 더 많은 노력과 힘을 쏟아야 합니다. 말씀은 하나님께서 우리에게 주신 생명의 떡입니다. 성경에는 예수님의 사랑이 가득 담겨 있기 때문에 성경 말씀을 읽을 때 예수님의 보혈이 우리 마음 가운데 뿌린 바 되어 우리의 죄를 용서받고 우리의 질병을 치료 받으며 새롭게 됩니다.

말씀은 하나님께서 우리에게 주신 생명의 떡입니다.

세상은 육신을 위한 양식 때문에 끊임없이 다투며 심지어 전쟁도 불사하고 있습니다. 또한 수많은 사람들이 양식을 얻기 위해 하루 종일 쉼 없이 수고하고 있습니다. 그러나 예수님께서는 다음과 같이 말씀하십니다.

“그러므로 염려하여 이르기를 무엇을 먹을까 무엇을 마실까 무엇을 입을까 하지 말라 이는 다 이방인들이 구하는 것이라 너희 하

늘 아버지께서 이 모든 것이 너희에게 있어야 할 줄을 아시느니라" (마 6:31-32)

'무엇을 먹을까, 무엇을 마실까?' 하는 육신의 문제보다 더욱 중요한 것이 바로 영혼의 생명에 관한 문제입니다. 예수님께서는 십자가 고난을 통해 참된 양식과 음료를 우리에게 주셨습니다. 우리가 이 예수님의 살과 피를 먹고 마시면 영원한 생명을 얻게 됩니다.

이솝 우화에 우리가 잘 알고 있는 개구리와 황소 이야기가 있습니다. 어느 날 황소를 보고 놀란 아기 개구리가 엄마 개구리에게 괴물을 보았다고 소리쳤습니다. 엄마 개구리는 아기 개구리가 본 것은 황소라고 알려 주었습니다. 그리고 황소는 자신보다 조금 크지만 자신도 황소만큼 금방 커질 수 있다고 말했습니다. 그러고는 배에 바람을 잔뜩 넣어서 몸을 부풀렸습니다. 하지만 아기 개구리는 아직도 황소가 더 크다며 엄마 개구리에게 바람을 더 넣으라고 말했습니다. 엄마 개구리는 바람을 계속 넣고 또 넣다가 그만 '빵!' 하고 터지고 말았습니다.

짧은 이야기이지만 개구리가 몸을 부풀리는 모습은 우리 안에 있는 탐욕의 무서움을 잘 보여 줍니다. 세상 욕심에 빠져 잘못된 길을 가면서도 그 사실을 모른 채 점점 더 커지는 욕심을 따라서 '좀 더! 좀 더! 좀 더!' 하다가는 자신의 탐욕과 함께 멸망하고 맙니다. 그러므로 우리는 우리 손에 있는 세상의 떡을 내려놓아야 합니다. 여기서 세상의 떡이란 우리의 교만, 고집, 불순종, 탐심과 같은 것들을 말합니다. 물론 이것들을 내려놓는 것은 참으로 힘들고 어려운 일입니다. 그래서 우리는 믿음으로 예수 그리스도를 의지하여 탐욕을 버릴 수 있는 용기를 얻어야 합니다. 여러분 모두 예수님을 의지하여 그러한 용기를 얻고 세상의 탐욕이 아닌 생명의 떡을 붙잡으시기 바랍니다.

"내 살을 먹고 내 피를 마시는 자는 내 안에 거하고 나도 그의 안에 거하나니" 요 6:56

우리가 음식물을 섭취하면 그 영양분이 제내로 흡수되어 우리 몸의 일부가 되듯이, 예수님의 살과 피를 먹고 마시면 주님께서 우리 안에 거하시고 우리는 주님 안에 거하게 됩니다. 여기서 '거하다'로 번역된 단어는 요한복음에서 예수님과 우리의 연합을 가장 잘 설명해 주는 용어입니다. 이 단어는 '머물다', '거주하다'라는 의미를 가지고 있는데, 특히 본문에서는 현재형이 사용되어 예수님과 우리가 지속적으로 연합하고 있는 상태를 강조하고 있습니다. 또한 이 단어는 요한복음 15장의 포도나무 비유에서도 사용되었습니다.

"나는 포도나무요 너희는 가지라 그가 내 안에, 내가 그 안에 거하면 사람이 열매를 많이 맺나니 나를 떠나서는 너희가 아무것도 할 수 없음이라"(요 15:5)

가지는 포도나무에 계속해서 붙어 있어야 열매를 맺을 수 있습니다. 나무와 분리되는 순간 가지의 생명력은 사라지고 맙니다. 예전에 저희 집 마당에 포도나무가 한 그루 있었습니다. 여름에 푸른 잎과 포도가 주렁주렁 열린 포도나무는 참으로 아름답고 탐스럽게 보이지만, 겨울이 되어 열매도 없고 잎도 다 떨어지고 나면 가지만 앙상한 볼품없는 나무가 됩니다. 그런데 이 나무는 재질이 약하고 반듯하지 않아서 목재로 사용하기가 힘듭니다. 뿐만 아니라 가지에 수분이 많아서 장작으로 쓰려고 해도 연기만 무성하게 피어오르고 불이 잘 붙지 않습니다. 포도나무는 열매가 있어야 가치가 있습니다.

우리의 삶도 마찬가지입니다. 우리의 삶 가운데 열매를 맺어야 의미 있고 가치 있는 인생이 됩니다. 우리가 성경을 통해서 예수님을 만나듯이, 믿지 않는 사람들은 우리의 삶을 통해서 예수님을 만나게 됩니다. 그런데 우리가 가지만 앙상한 겨울철 포도나무와 같

우리가 성경을 통해서 예수님을 만나듯이, 믿지 않는 사람들은 우리의 삶을 통해서 예수님을 만나게 됩니다.

다면 참생명 되신 예수님을 전할 수가 없습니다. 그러면 어떻게 해야 열매 맺는 삶을 살 수 있습니까? 이에 대해 사도 바울은 이와 같이 말했습니다.

"내가 그리스도와 함께 십자가에 못 박혔나니 그런즉 이제는 내가 사는 것이 아니요 오직 내 안에 그리스도께서 사시는 것이라 이제 내가 육체 가운데 사는 것은 나를 사랑하사 나를 위하여 자기 자신을 버리신 하나님의 아들을 믿는 믿음 안에서 사는 것이라" (갈 2:20)

나 자신을 그리스도와 함께 십자가에 못 박아야 진정으로 예수님의 부활이 내 부활이 되며, 예수님의 승천이 내 승천이 되고, 예수님의 승리가 내 승리가 됩니다. 죽음을 경험하지 않은 사람에게는 부활도 있을 수 없음을 잊지 마시기 바랍니다.

3. 이 떡을 먹는 자

"살아 계신 아버지께서 나를 보내시매 내가 아버지로 말미암아 사는 것같이 나를 먹는 그 사람도 나로 말미암아 살리라" 요 6:57

요한복음은 계속해서 성부 하나님과 성자 예수님의 긴밀한 관계를 강조합니다. 그리고 그 관계를 예수님과 예수님을 믿는 사람들에게 적용시킵니다. 예수님께서 아버지 하나님으로 말미암아 사시는 것같이, 예수님을 믿는 사람들은 예수님으로 말미암아 '영생'을 얻습니다. 예수님께서 우리 마음에 들어오시면 우리는 변화를 받고 새사람으로 거듭나게 됩니다.

브루스 올슨 선교사님은 1962년부터 남미 콜롬비아 북부에 있는 모틸론 부족에게 복음을 전했습니다. 하지만 너무나 문화가 달라서 큰 어려움이 있었습니다. 그러던 어느 날 선교사님은 '개미가 된 남자' 라는 부족의 전설을 듣게 되었습니다.

전설에 따르면, 개미를 무척 아낀 한 남자가 개미들이 사는 곳을 보고 더 좋게 고쳐 주려고 땅을 팠습니다. 그런데 개미들은 자신들의 집이 무너지는 줄 알고 모두 놀라 도망치기 시작했습니다. 그 순간 기적이 일어났습니다. 그 남자가 개미가 된 것입니다. 그는 개미처럼 생각하고 개미처럼 말하며 개미와 함께 살게 되었습니다. 얼마 후 그는 개미들에게 본래 자신은 개미가 아니라 전에 개미들에게 집을 지어 주려던 사람이라고 말해 주었습니다. 개미들은 그 말을 믿지 못하고 그를 무시하며 손가락질했습니다. 그런데 그때 그가 다시 사람이 되었습니다. 그는 다시금 흙을 쌓아 모틸론 부족의 집과 같은 멋진 개미집을 만들어 주었습니다. 그때서야 개미들은 그를 알아보고 그가 지어 준 멋진 집을 감사함으로 받았습니다.

올슨 선교사님은 이 전설을 듣자마자 '옳지, 바로 이거다.' 라고 생각하고 원주민들에게 이 이야기를 바탕으로 복음을 전하기 시작했습니다. '개미가 된 남자' 와 같이 예수님께서는 '사람이 되신 신' 이며 우리를 찾아와서 구원해 주신다고 말했습니다. 그러자 모틸론 부족은 차차 예수님에 관해 이해하기 시작하여 마침내 예수님을 구주로 영접하였습니다.

이처럼 우리의 생각과 이성으로 하나님을 이해한다는 것은 불가능합니다. 그래서 하나님께서는 우리 인간의 눈높이에 맞추어 하나님의 사랑을 전하기 위해 인간의 몸으로 이 땅에 오셨습니다. 하나님께서는 참으로 우리를 사랑하셨기에 스스로 인간의 몸을 입고 오셔서 우리와 교제하며 하나 되기를 원하셨습니다. 그러므로 예수님은 하나님께서 인간을 향해 베푸신 사랑의 증표입니다.

"이것은 하늘에서 내려온 떡이니 조상들이 먹고도 죽은 그것과 같지 아니하여 이 떡을 먹는 자는 영원히 살리라 이 말씀은 예수께서 가버나움 회당에서 가르치실 때에 하셨느니라" 요 6:58-59

예수님께서는 생명의 떡이 하늘로부터 내려왔음을 다시 한 번 강조하셨습니다. 이것은 생명의 떡을 보내신 분이 하나님이심을 알려 주는 동시에, 생명의 떡이 우리 인간에게 하나님께로부터 값없이 주어진 은혜의 선물임을 말해 줍니다.

만나 역시 하늘로부터 내린 하나님의 은혜였으며 값없이 주어진 선물이었습니다. 하지만 만나와 생명의 떡은 근본적으로 다릅니다. 만나는 단지 허기를 채우며 육신의 생명을 조금 더 연장시킬 뿐이었지만, 생명의 떡은 그것을 먹는 사람에게 영원한 생명을 줍니다. 유대인들은 예수님께 표적을 구하며 모세와 같은 기적을 보이라고 요구했습니다. 그러나 예수님께서는 생명의 떡과 만나를 비교하심으로써 예수님은 모세와 비교할 수 없는 하나님의 아들임을 말씀하셨습니다. 모세의 만나는 이스라엘 백성에게 영생을 주지 못했으며 그들의 불평과 원망을 그치게 하지도 못했습니다. 그러나 생명의 떡이신 예수님께서는 우리의 육신은 물론 영혼의 필요까지도 채우십니다.

> **생명의 떡이신 예수님께서는 우리의 육신은 물론 영혼의 필요까지도 채우십니다.**

환갑의 나이에 목사직과 교수직을 모두 내려놓고 선교사로 헌신하여 남편과 함께 필리핀에서 7개의 교회를 개척한 김영애 선교사님의 이야기입니다. 30년 전 선교사님은 '결핵성 척추염' 진단을 받고 3개월 시한부 인생을 살고 있었습니다. 당시 서른아홉의 나이였던 선교사님은 네 명의 아이들과 남편 생각에 간절히 기도하며 삶에 대한 끈을 놓지 않았습니다. 그러던 중 요한복음 6장 55절부터 57절에 기록된 "내 살은 참된 양식이요 내 피는 참된 음료로다 내 살을 먹고 내 피를 마시는 자는 내 안에 거하고 나도 그의 안에 거하나니 살아 계신 아버지께서 나를 보내시매 내가 아버지로 말미암아 사는 것같이 나를 먹는 그 사람도 나로 말미암아 살리라"는 말씀을 읽고 생명이 말씀 안에 있음을 깨달았습니다. 그때부터 선교사님은 온 힘을 다해 성경 읽기를 시작하여 45일 만에 신약과 구약을 세 번이나 읽었습니다. 그렇게 성경 읽기에 열심을 낸 선교사님은 어느 날 요한복음 11장의 "나사로야 나오라"는 말씀을 읽다가 "영애야, 나오라!"고 부르시는 예수님의 음성을 들었고, 그날 밤 '고름 주머니'가 터지는 꿈을 꾼 후 기적적으로 병을 치유 받았습니다.

주일이 되어 선교사님이 자신의 두 발로 걸어서 교회에 나오자 사람들은 깜짝 놀랐습니다. 뿐만 아니라 그날 저녁 예배 때 자신이 치유 받은 과정을 간증하자 그 자리에서 그 간증을 듣던 사람들의 병까지 낫는 기적이 일어났습니다. 이 사건을 계기로 선교사님은 신학교에 진학하여 목사 안수를 받고 신학교 교수가 되었습니다.

세월이 흘러 환갑이 된 선교사님은 남편과 함께 필리핀으로 단기 선교를 떠났습니다. 선교사님 부부는 거리에서 노숙하는 아띠 부족에게 무료 급식을 했습니다. 그런데 어느 날 갑자기 선교사님 부부에게 예수님께서 나타나셔서 "내가 배가 고프다."라고 말씀하셨습니다. 깜짝 놀란 선교사님 부부는 처음에 자신들의 눈을 의심했지만, 곧 "나의 양식은 나를 보내신 이의 뜻을 행하며 그의 일을 온전히 이루는 이것이니라"는 요한복음 4장 34절의 말씀이 떠오르며 주님께서 원하시는 것은 잃어버린 영혼들을 찾는 것이라는 사실을 깨닫게 되었습니다.

이에 선교사님은 남편과 함께 지금껏 누린 모든 것을 포기하고 필리핀에서 자비량 선교를 시작하였습니다. 선교사님은 복음 전파와 제자 양육을 통해 영의 떡을 공급했고, 남편 장로님은 '잘살아보세'를 외치며 마을에 우물을 파고 불모지를 개간하여 사람들에게 육의 떡을 공급했습니다. 선교사님은 다음과 같이 고백합니다.

"이제 쉬고 싶다는 저에게 주님은 시커멓게 탄 군고구마를 보여주셨습니다. 그것은 잿불에 남아 있는 열기로도 군고구마가 맛있게 익듯이, 인생 칠십이면 다 타 버린 재 같지만 주님께서 제 나머지 삶까지도 모두 사용하시겠다는 뜻이었습니다. 하나님의 일에는 정년 퇴직이나 은퇴가 없습니다. 비록 낡고 닳은 육체는 다 타 버린 재같이 힘이 없지만, 하나님께서 이처럼 부족한 자도 잊지 아니하시고 일하라고 말씀하시니 저는 순종할 뿐입니다. 주님께서 무엇을 원하시든 저의 마지막 생애까지 주님께 드리겠습니다."

사랑하는 여러분, 우리는 '주님과 나의 관계'를 다시금 생각해 보아야 합니다. 과연 내가 예수님 중심의 삶을 살고 있는지, "예수님만이 나의 삶의 전부입니다."라고 고백할 수 있는지 확인해 보십시오. 어떤 사람들은 매주 교회에 나와 예배에 참석하면서도 예수님보다는 자신의 지위나 사람들과의 관계에 더 집중합니다. 그래서 유대인들처럼 예수님을 눈으로 보면서도 알아보지 못하고 오히려 예수님을 핍박하는 삶을 삽니다. 이런 사람은 제자가 아닌 무리의 삶을 사는 것입니다. 예수님께서는 무리가 아닌 참제자를 찾고 계십니다. 그러므로 예수님만이 나의 전부라고 확신 있게 고백하시기 바랍니다. 예수님 발 앞에 엎드려 주님께만 영광 돌리는 삶을 사시기 바랍니다. 그러면 예수님께서 삶을 책임져 주십니다.

묵상을 위한 질문

1. 예수님께서 "인자의 살과 피를 먹고 마시라." 고 말씀하셨을 때 유대인들은 어떤 반응을 보였으며 그 이유는 무엇입니까(요 6:52)?

2. 예수님의 살과 피를 먹고 마신다는 것은 무엇을 의미합니까?

3. 예수님의 살과 피를 먹고 마신 사람에게는 어떤 일이 일어납니까(요 6:54)?

4. 왜 우리는 예수님의 살과 피를 먹고 마셔야 합니까?

5. '성찬' 에 참여할 때 느낀 점은 무엇입니까?

암송 성구

"살아 계신 아버지께서 나를 보내시매 내가 아버지로 말미암아 사는 것같이 나를 먹는 그 사람도 나로 말미암아 살리라" (요 6:57)

영원히
목마르지
아니하리라

요 6:60-71

"제자 중 여럿이 듣고 말하되 이 말씀은 어렵도다 누가 들을 수 있느냐 한대 예수께서 스스로 제자들이 이 말씀에 대하여 수군거리는 줄 아시고 이르시되 이 말이 너희에게 걸림이 되느냐 그러면 너희는 인자가 이전에 있던 곳으로 올라가는 것을 본다면 어떻게 하겠느냐 살리는 것은 영이니 육은 무익하니라 내가 너희에게 이른 말은 영이요 생명이라 그러나 너희 중에 믿지 아니하는 자들이 있느니라 하시니 이는 예수께서 믿지 아니하는 자들이 누구며 자기를 팔 자가 누구인지 처음부터 아심이러라 또 이르시되 그러므로 전에 너희에게 말하기를 내 아버지께서 오게 하여 주지 아니하시면 누구든지 내게 올 수 없다 하였노라 하시니라 그때부터 그의 제자 중에서 많은 사람이 떠나가고 다시 그와 함께 다니지 아니하더라 예수께서 열두 제자에게 이르시되 너희도 가려느냐 시몬 베드로가 대답하되 주여 영생의 말씀이 주께 있사오니 우리가 누구에게로 가오리이까 우리가 주는 하나님의 거룩하신 자이신 줄 믿고 알았사옵나이다 예수께서 대답하시되 내가 너희 열둘을 택하지 아니하였느냐 그러나 너희 중의 한 사람은 마귀니라 하시니 이 말씀은 가룟 시몬의 아들 유다를 가리키심이라 그는 열둘 중의 하나로 예수를 팔 자러라"

24

너희도 가려느냐

—— 우리가 예수님을 믿고 섬기고 따르는 이유는 예수님 안에 영생이 있기 때문입니다. 예수님만이 길이요, 진리요, 생명이십니다. 예수님께서 우리의 모든 것이 되시기 때문에 우리는 일생을 다 바쳐서 주님을 사랑하고 의지하고 따르고 닮아 가는 삶을 살아갑니다.

그런데 예수님 당시에는 대부분 예수님을 온전히 알지 못하고 단지 눈앞에 보이는 기적만을 보고 따랐습니다. 병 고침이나 오병이어의 기적을 보고 자신의 문제를 해결 받고자 예수님을 찾아왔을 뿐, 예수님께서 누구신지 알지 못했고 관심도 없었습니다. 그들의 목적은 예수님을 향한 참된 믿음을 갖는 것이 아니었습니다. 그저 기적을 통해 자신의 필요를 채우면 그것으로 족했습니다. 이런 사람들은 평소에는 예수님을 잘 믿고 따르는 것처럼 보이지만 어려움이나 고난이 찾아오면 절망하고 낙심하여 신앙을 쉽게 포기합니다. 실제로 예수님께서 고난에 관한 영적 가르침을 주시자 많은 사람들이 예수님을 떠났습니다. 뿐만 아니라 제자들조차 예수님의 말씀을 잘 이해하지 못했습니다.

1. 말씀을 깨닫지 못하는 제자들

"제자 중 여럿이 듣고 말하되 이 말씀은 어렵도다 누가 들을 수 있느냐 한대" 요 6:60

예수님께서 '내 살을 먹고 내 피를 마시는 자는 영생을 얻을 것'이라고 말씀하시자 제자들 중에서도 불평이 터져 나오기 시작했습니다. 처음에 무리의 수군거림으로 시작되었던 부정적인 반응이 이제 제자들 사이에서도 일어났습니다. 여기서 우리가 기억해야 할 것은 '믿음'과 '이해'의 올바른 관계입니다. 우리의 신앙이 아무리 좋다고 해도 인간의 이성으로는 하나님의 섭리를 온전히 이해할 수 없습니다. 하나님께서는 우리의 생각과 능력을 넘어서는 분이십니다. 그렇기 때문에 예수님을 향한 우리의 믿음은 이해를 전제로 해서는 안 됩니다. '내가 하나님을 이해한 후에 믿을 것이다.' 라고 생각하는 사람은 결코 믿음을 가질 수 없습니다. 우리의 믿음이 우리의 이해를 도울 때 우리는 하나님을 이해할 수 있습니다. 믿음을 통해 하나님을 향한 이해가 점점 더 넓어지기 때문입니다. 사도 바울은 고린도전서 13장 12절에서 다음과 같이 말했습니다.

"우리가 지금은 거울로 보는 것같이 희미하나 그때에는 얼굴과 얼굴을 대하여 볼 것이요 지금은 내가 부분적으로 아나 그때에는 주께서 나를 아신 것같이 내가 온전히 알리라"

주님의 때가 이르면 우리가 모든 것을 온전히 알게 될 것이나, 그 전에는 분명하게 알 수 없습니다. 지금 당장 모든 것을 이해하기에는 우리의 믿음이 너무 연약합니다.

지금 우리에게 필요한 것은 '이해' 가 아니라 '믿음' 입니다.

그렇기 때문에 지금 우리에게 필요한 것은 '이해' 가 아니라 '믿음' 입니다. 예수님께서 많은 기적을 행하신 이유는 사람들에게 이해시키기 위해서가 아니라 그 기적을 통해 예수님께서 하나님의 아들이심을 믿도록 하기 위해서였습니다. 그러므로 신앙은 믿음에서 출발해야 하며, 믿음 안에서 이해해 나아가야 합니다.

덴마크의 철학자 키에르케고르는 "인생은 앞을 향해 살게 되지만 뒤를 돌아볼 때 이해할 수 있다."라고 했으며, 러시아의 작가 솔제니친은 "훗날에는 과거에 일어난 사건의 의미가 명확해질 것이다."라고 말했습니다. 이처럼 지금 우리는 모든 것을 다 이해하지 못하지만, 시간이 흐름에 따라 우리의 신앙이 성장하고 성령님께서 우리에게 깨달음을 주시면 점점 더 많은 것을 이해할 수 있습니다. 그리고 주님께서 다시 오시면 얼굴과 얼굴을 마주보듯이 모든 것을 온전하게 알게 될 것입니다.

"예수께서 스스로 제자들이 이 말씀에 대하여 수군거리는 줄 아시고 이르시되 이 말이 너희에게 걸림이 되느냐" 요 6:61

예수님께서는 제자들조차 수군거리는 것을 보시고 "이 말이 너희에게 걸림이 되느냐?"라고 물으셨습니다. 여기서 '걸림이 되다'라고 번역된 단어는 '노하게 하다'라는 의미도 담고 있습니다. 제자들의 수군거림은 앞서 유대인들이 보였던 분쟁과 같이 분노에서 나온 불평이었습니다.

성경을 보면 진리의 말씀을 들은 청중들의 반응은 둘로 나뉩니다. 하나는 마음속 깊숙한 곳으로부터 솟구치는 기쁨과 감격 가운데 전심으로 회개하는 것이고, 다른 하나는 분개하여 진리의 말씀을 전하는 사람을 해치고자 하는 것입니다. 그 예로, 오순절 성령 강림 후 베드로의 설교를 들은 청중들은 회개하는 모습을 보인 반면, 스데반 집사의 설교를 들은 군중들은 마음의 분노를 억제하지 못하고 스데반 집사를 돌로 쳐 죽였습니다.

"그들이 이 말을 듣고 마음에 찔려 베드로와 다른 사도들에게 물어 이르되 형제들아 우리가 어찌할꼬 하거늘"(행 2:37)

"그들이 이 말을 듣고 마음에 찔려 그를 향하여 이를 갈거늘 …… 그들이 큰 소리를 지르며 귀를 막고 일제히 그에게 달려들어 성 밖으로 내치고 돌로 칠새 증인들이 옷을 벗어 사울이라 하는 청년의 발 앞에 두니라"(행 7:54-58)

제자들의 반응은 회개가 아니라 불평이었습니다. 이러한 반응을 보이는 원인은 진리의 말씀이 자신의 죄를 들추어내기 때문입니다. 사람들은 진리의 말씀이 자신의 죄악의 모습을 밝히 비추면 부끄러움을 느끼게 됩니다. 이때 그 부끄러움을 무릅쓰고 진리를 받아들이는 사람은 회개하는 반면, 이를 받아들이지 못하는 사람은 부끄러움이 분노로 변해 상대를 해치려고 합니다. 당시의 제자들 역시 예수님의 진리의 말씀을 받아들이기에는 너무나 부족했습니다. 그들이 "누가 들을 수 있느냐"(요 6:60)라고 말한 것은 그들 자신도 이해할 수 없다는 마음을 완곡하게 표현한 것입니다.

이러한 제자들의 연약함 속에서 우리의 모습을 발견할 수 있습니다. 예수님을 믿는다고 고백하면서도 사소한 문제에 걸려 넘어지고 분노하고 불평하는 우리의 모습은 어리석은 제자들의 모습과 다를 바 없습니다. 그러므로 우리는 여전히 '미완성의 존재' 이며 완성을 향해 '되어 가는 존재' 임을 잊지 말아야 합니다. 이 과정을 끝까지 이기는 사람만이 주님의 날에 영광에 참여할 수 있습니다.

"그러면 너희는 인자가 이전에 있던 곳으로 올라가는 것을 본다면 어떻게 하겠느냐" 요 6:62

예수님께서는 제자들에게 "너희가 내 살과 피를 먹고 마시는 것도 이해하지 못한다면, 내가 십자가에 달려 죽었다가 부활하여 다시 하늘로 올라가는 것을 본다면 그것을 어떻게 이해할 수 있겠느냐?"라고 물으셨습니다. 제자들은 다시 한 번 선택의 기로에 놓이게 되었습니다. 그들은 예수님의 말씀을 이해하기 어렵더라도 믿음으로 수용하여 받아들이든지, 예수님의 승천을 목격하더라도 계속해서 마음의 문을 닫고 믿음을 포기하든지 둘 중 하나를 선택해야 했습니다.

"살리는 것은 영이니 육은 무익하니라 내가 너희에게 이른 말은 영이요 생명이라" 요 6:63

예수님께서는 제자들이 믿음을 선택하도록 하기 위해 지금까지 '생명의 떡'과 예수님의 '살과 피'에 대해 가르치신 말씀의 핵심이 무엇인지 설명해 주셨습니다. 제자들이 예수님의 말씀을 받아들이지 못했던 이유는 그 말씀을 육적으로 이해했기 때문입니다.

그러나 "나는 생명의 떡이다.", "이 떡을 먹는 자는 영생하리라.", "내 살을 먹고 내 피를 마시는 자는 영원히 살리라."는 예수님의 말씀은 모두 영적인 말씀입니다. 그러므로 영의 눈을 뜨고 영의 귀를 열지 않으면 이 말씀들을 결코 이해할 수도, 받아들일 수도 없습니다. 제자들조차 예수님의 표적만을 보고 따랐던 무리와 마찬가지로 손에 잡히고 눈에 보이는 것만을 생각하고 있었기 때문에 예수님의 말씀을 이해하지 못했습니다.

오늘날 우리도 이러한 어리석음을 범하지 않으려면 한 단계 더 성숙한 신앙이 필요합니다. 물질적인 축복과 육신의 건강만을 바라는 신앙은 초보적인 신앙입니다. 우리는 물질적인 축복이나 건강이 아니라 주님의 십자가를 바라보아야 합니다. 성숙한 신앙인은 십자가 고난을 외면하지 않습니다. 오히려

성숙한 신앙인은 십자가 고난을 외면하지 않습니다.

주님께로부터 받은 은혜에 감사하며 자신의 삶 속에서도 예수님의 십자가 고난의 흔적이 나타나기를 간구합니다. 영어 표현에 'No pain, No gain.' 이라는 말이 있습니다. '고통 없이는 아무것도 얻을 수 없다.'는 뜻입니다. 우리의 신앙생활도 마찬가지입니다. 고난의 십자가를 지는 사람에게 부활의 영광이 임합니다. 십자가 고난은 우리의 신앙생활에 가장 기초가 되는 토대입니다. 십자가 없는 신앙은 있을 수 없습니다. 하나님의 넘치는 축복과 은혜는 예수님의 십자가를 통해 온다는 사실을 반드시 기억하시기 바랍니다.

2. 예수님을 떠나는 제자들

"그러나 너희 중에 믿지 아니하는 자들이 있느니라 하시니 이는 예수께서 믿지 아니하는 자들이 누구며 자기를 팔 자가 누구인지 처음부터 아심이러라" 요 6:64

예수님께서는 제자들 중에 진리와 생명의 말씀을 믿지 않는 사람들이 있다고 말씀하셨습니다. 이 불신의 무리에는 가룟 유다도 포함되어 있었습니다.

"또 이르시되 그러므로 전에 너희에게 말하기를 내 아버지께서 오게 하여 주지 아니하시면 누구든지 내게 올 수 없다 하였노라 하시니라" 요 6:65

예수님께서는 다시 한 번 하나님께서 오게 하여 주지 않으시면 그 누구도 예수님께 나아올 수 없다고 말씀하셨습니다. 이 말씀은 예수님께서 전하시는 진리의 말씀을 깨닫지 못하고 수군거리거나 서로 다투거나 불신과 불만을 토로하는 사람은 하나님께서 예수님께 보내신 사람이 아니라는 것을 의미합니다.

"그때부터 그의 제자 중에서 많은 사람이 떠나가고 다시 그와 함께 다니지 아니하더라" 요 6:66

예수님의 제자들 중에서 많은 사람이 예수님을 떠났습니다. 조금 전까지 예수님을 믿고 따르던 사람들이 진리의 말씀을 듣고도 이해하지 못하여 예수님의 곁에서 멀어졌습니다. 더 충격적인 것은 그 후로 그들이 다시는 예수님과 함께 다니지 않았다는 사실입니다. 그들이 원한 것은 육신의 필요를 채워 줄 양식이나 돈과 같은 물질의 풍족함이었습니다. 그런데 예수님께서 영적인 것을 더욱 강조하시자 그들은 더 이상 주님에게서 얻을 것이 없다고 생각하고 예수님을 떠났습니다.

여기서 중요한 것은 오병이어의 기적을 체험하는 것이 신앙에 도움이 된 사람도 있고 그렇지 못한 사람도 있다는 사실입니다. 기적을 체험하는 것이 반드시 신앙을 성장시키는 것은 아닙니다. 우리의 신앙생활에서 기도와 말씀이 빠진 채 기적만을 바라는 것은 매우 위험합니다. 하나님께서 기적을 통해 우리의 문제를 해결해 주시는 이유는 기도와 말씀 생활에 더욱 집중할 수 있게 하기 위함입니다. 눈앞에 닥친 문제가 놀랍게 해결되었다고 해서 우리의 신앙이 완성되는 것은 결코 아닙니다. 우리의 삶은 끊임없이 완성을 향해 나아가는 과정입니다. 그렇기 때문에 우리는 문제가 해결된 다음에는 이전보다 더욱 굳건히 믿음 위에 서서 하나님을 향한 감사와 헌신의 삶을 살아야 합니다.

우리의 삶은 끊임없이 완성을 향해 나아가는 과정입니다.

소설 『들불』, 『임꺽정』, 『연개소문』, 『대조영』의 작가 유현종 장로님은 자신을 가리켜 예수님을 두 번이나 배신한 '요나의 아들' 이라고 말합니다. 장로님은 어릴 때 새벽마다 들리는 교회 종소리가 좋아서 스스로 교회를 찾아가 신앙생활을 시작했습니다. 하지만 고등학생 때 아버지가 돌아가시고 가정 형편이 어려워지자 믿음이 흔들리기 시작했습니다. 40일 작정 새벽 기도를 드리고 한 달간을 더

기도로 매달렸지만 아무런 응답도 받지 못하자 하나님을 떠나기로 결심했습니다. 이것이 '첫 번째 배신' 이었습니다.

그러나 하나님께서는 장로님을 버리지 않으셨습니다. 장로님은 작가가 되기 위해 노력하던 청년 시절에 우연히 전도사로 사역하던 친구의 서재를 구경하다가 마태복음 26장에 나오는 가룟 유다의 배신에 관한 내용을 읽게 되었습니다. 한때 예수님을 따랐지만 결국 예수님을 떠난 유다의 모습이 자신과 같다는 생각이 들어 마음속 깊은 곳에서부터 참회의 눈물이 흘렀습니다. 그리고 회개하는 마음으로 자신의 경험을 글에 담아 『유다행전』이라는 소설을 썼는데, 이것이 문단의 주목을 받아 크게 성공했습니다.

장로님은 곧 『들불』, 『연개소문』 등의 소설을 발표했고 계속해서 큰 성공을 거두었습니다. 하지만 바쁜 일정으로 몸과 마음이 분주해지면서 다시 한 번 하나님을 떠나게 되었습니다. 이처럼 '두 번째 배신' 은 고난이 아닌 축복 속에서 이루어졌습니다.

그러나 하나님께서는 여전히 장로님을 포기하지 않으셨습니다. 장로님은 심근경색으로 쓰러졌고, 이 일을 계기로 다시 한 번 하나님을 간절히 찾게 되었습니다. 장로님이 "저의 죄 때문에 생긴 병이니 하나님 뜻대로 하십시오."라고 고백하며 물고기 배 속에 있던 요나처럼 회개하자 하나님의 놀라운 치유가 임했습니다. 장로님은 다시금 새 생명을 얻었다는 생각이 들자 하나님을 향한 감사와 감격이 물밀듯이 일어나 곧 사도 바울의 일대기를 소설로 쓰기로 결정했습니다. 또한 목사님을 도와 개척 교회를 세우고 열심히 섬기기로 마음먹었습니다. 장로님은 지난날을 돌아보며 다음과 같이 고백합니다.

"그때 차라리 『유다행전』이 세속적인 성공을 거두지 못했더라면 더 빨리 하나님께 돌아올 수 있었을 것입니다. 성공을 경험하자 교만해져서 하나님을 떠나게 된 것입니다. 저는 지난 삼십여 년 동안 구경꾼 신자, 가짜 신자 노릇만 한 것 같습니다. 이제 남은 인생의 황혼기만이라도 지나간 죄를 회개하며 하나님의 일에 제 삶을 모두 드리고 싶습니다."

어찌 보면 문제가 있을 때 기도하며 신앙을 지키는 것은 쉬울 수 있습니다. 오히려 우리가 더욱 주의를 기울여야 할 때는 문제를 만났을 때가 아니라 넘치는 축복을 누릴 때입니다. 마음에 긴장감이 사라지고 모든 것이 풍족하다고 느껴지면 하나님을 찾을 생각조차 하지 않기 때문입니다. 그렇기 때문에 사도 바울은 다음과 같이 권면했습니다.

"그런즉 선 줄로 생각하는 자는 넘어질까 조심하라"(고전 10:12)

마귀의 유혹은 고난을 당할 때든지 축복을 누릴 때든지 가리지 않고 다가옵니다. 모든 것을 가졌다고 안심하는 순간 마귀는 우리의 귀에 이렇게 속삭일 것입니다.

"너에게는 더 이상 아무것도 필요 없어. 하나님조차도……."

그러므로 때를 가리지 말고 기도하시기 바랍니다. 항상 기뻐하며 하나님께 끊임없이 감사를 드리시기 바랍니다. 하나님께서는 언제나 변함이 없으시며 한결같은 사랑으로 우리를 부르고 계십니다. 우리는 늘 그 음성에 귀를 기울이고 응답해야 합니다.

3. 누구에게로 가오리이까

"예수께서 열두 제자에게 이르시되 너희도 가려느냐" 요 6:67

이제 예수님의 곁에 남은 사람들은 열두 제자뿐이었습니다. 이만 명이 넘는 무리가 예수님을 따르며 오병이어의 기적을 체험했지만 결국 열두 제자를 제외하고는 모두 예수님을 떠나고 말았습니다. 예수님께서는 제자들에게 "너희도 가려느냐?"라고 물으셨습니다. 영어 성경(NIV)은 이 물음의 의미를 좀 더 잘 살려서 "You do not want to leave too, do you?"(너희도 나를 떠나려는 것은 아니겠지, 그렇지?)라고 번역했습니다.

> "시몬 베드로가 대답하되 주여 영생의 말씀이 주께 있사오니 우리가 누구에게로 가오리이까" 요 6:68

제자들 중에서 베드로가 예수님의 물음에 올바른 대답을 했습니다. 이 대답을 통해 적어도 예수님의 열두 제자에게는 오병이어의 '떡'이 아니라 '영생의 말씀'이 중요한 것이었음을 알 수 있습니다. 그들은 예수님께 '영생의 말씀'이 있음을 알았기 때문에 다른 누구에게도 갈 수 없었습니다.

우리 믿음의 선배들 중에는 일제 강점기에 신앙의 절개를 지키기 위해 신사 참배를 반대하다가 옥고를 치르거나 순교한 분들이 많습니다. 그중 6년간 옥고를 치른 한상동 목사님의 이야기입니다.

목사님이 1938년 부산의 초량교회에서 신사 참배를 반대하는 설교를 하신 후, 부산, 경남 지역에서 신사 참배 반대 운동이 시작되었습니다. 이 일로 인해 목사님은 일본 형사들에게 끌려가서 심한 고문을 당했습니다. 목사님은 살이 찢기고 온몸에서 피가 흐르는 고통 속에서도 굴복하지 않았습니다. 그런데 지병인 결핵이 악화되어 생명까지 위험한 지경에 이르게 되자 간수들은 이것을 빌미로 목사님을 회유하기 시작했습니다. 한 번만 일본 제국에 충성하겠다고 대답하면 풀어 주겠다는 것이었습니다. 그러나 목사님은 "나는 오직 하나님께 충성하는 일 외에는 알지 못하는 사람이다."라고 당당히 외치며 그들의 제안을 거부했습니다. 그러자 화가 난 간수들은 더 잔인한 방법으로 목사님을 고문했습니다.

그러던 어느 날 목사님의 귀에 "너는 결코 죽지 않는다. 살아서 세상에 나가 해야 할 일이 있다."라고 말씀하시는 주님의 음성이 들렸습니다. 목사님은 이 말씀을 의지하여 끝까지 신앙의 지조를 지켰습니다. 그리고 얼마 후 정말 기적이 일어났습니다. 1945년 8월 18일에 목사님을 처형하기로 되어 있었는데, 8월 15일에 일본 정부가 무조건 항복하면서 목사님은 사형 집행 하루 전인 8월 17일에 극적으로 석방되었습니다. 그 후 목사님은 옥중에서 순교하신 주기철 목사님의 후임으로 평양 산정현교회에 부임하였습니다. 그러나 공산당의 방해를 받자, 월남하여 부산과 영남 일대에 교회를 개척했고 고신대학교를 세웠습니다.

목사님은 임종을 앞두고 주변 사람들에게 "나의 장례식에는 절대로 슬퍼하지 말고 장엄하게 개선가를 부르며 믿음으로 소망 중에 기뻐하라."고 유언하셨습니다. 목사님은 자신의 '옥중기'에서 다음과 같이 고백했습니다.

"살든지 죽든지 주님의 뜻에 모든 것을 맡깁니다. 신사 참배를 반대하다가 불구자가 되어도 주님께 영광만 된다면 나는 이로써 만족하겠나이다. 전지전능하신 주여, 뜻대로 하옵소서!"

"우리가 주는 하나님의 거룩하신 자이신 줄 믿고 알았사옵나이다" 요 6:69

베드로는 '우리' 라는 표현을 사용하여 자신의 고백이 열두 제자 모두의 고백임을 밝혔습니다. 여기서 '거룩' 은 하나님의 성품으로, '구별되는 것' 을 의미합니다. 거룩하신 하나님께서는 세상과 구별되고 죄와 구별되는 분이십니다. 그런 의미에서 '하나님의 거룩하신 자' 라는 표현은 예수님께서 하나님의 아들이시며 하나님 자신이심을 나타냅니다.

"예수께서 대답하시되 내가 너희 열둘을 택하지 아니하였느냐 그러나 너희 중의 한 사람은 마귀니라 하시니" 요 6:70

제자들이 먼저 예수님을 알고 따른 것이 아니라 예수님께서 먼저 제자들을 선택하여 부르셨습니다. 그러나 열두 제자 중에는 예수님을 믿지 않는 '마귀' 가 있었습니다. 그는 비록 다른 제자들과 함께 예수님을 따랐지만, 예수님을 믿지 않았으며 예수님이 누구이신지도 알지 못했습니다. 그래서 예수님께서는 그를 '마귀' 라고 부르셨습니다. 마귀는 거짓말하고 속이고 참소하고 끌어내리고 이간질하고 충동합니다. 거짓의 아비이며 사람을 분노하게 하여 멸망에 이르게 합니다. 그러나 마귀의 더 중요한 특징은 그리스도의 몸인 교회를 흔들고 모함하여 예수님을 대적하는 데 있습니다. 예수님의 참된 제자는 교회를 사랑합니다. 교회는 그리스도의 피로 세운 예수님의 몸이기 때문입니다. 교회를 훼방하는 것은 교회의 머리이신 예수님을 훼방하는 것이며, 이는 바로 마귀가 하는 일입니다.

예수님의 참된 제자는 교회를 사랑합니다.

"이 말씀은 가룟 시몬의 아들 유다를 가리키심이라 그는 열둘 중의 하나로 예수를 팔 자러라" 요 6:71

예수님께서 마귀라고 지칭한 사람은 참된 믿음이 없었던 무리가 아니라 예수님을 팔 계획을 가지고 있었던 가룟 유다였습니다. 불신앙은 참으로 무서운 죄입니다. 그러나 더 무서운 죄는 예수님을 배신하고 대적하는 일입니다. 무리의 행위는 영적인 눈과 귀가 막힌 어리석은 '인간의 행위' 였지만, 가룟 유다의 행위는 '마귀의 행위' 그 자체였습니다. 예수님께서는 마태복음 16장 23절에서 베드로를 '사탄' 이라고 부르셨습니다.

"사탄아 내 뒤로 물러가라 너는 나를 넘어지게 하는 자로다 네가 하나님의 일을 생각하지 아니하고 도리어 사람의 일을 생각하는도다"

예수님의 수제자인 베드로를 왜 사탄이라고 하셨습니까? 베드로가 예수님의 사역을 이해하지 못하고 그것을 가로막으려 했기 때문에 예수님께서는 그를 '사탄' 이라고 부르시며 예수님을 '넘어지게 하려는 자' 라고 하신 것입니다. 이처럼 마귀, 즉 사탄은 예수님의 사역을 방해하고 가로막아 우리를 죽이고 멸망시키려고 합니다.

마귀가 가장 즐겨 사용하는 도구는 바로 '분노' 입니다. 인간의 마음을 분노하도록 충동질하여 다툼을 만들고 이를 통해 모두가 망하게 합니다. 마귀가 우리를 분노하도록 하는 데 사용하는 방법은 '절망' 입니다. 절망에 빠진 사람은 낙심하게 되고, 낙심은 곧 세상을 향한 분노로 변하게 됩니다. 그러므로 우리는 절망적인 상황이 다가올 때 주의해야 합니다. 절망적인 상황 그 자체는 우리를 망하게 할 수 없지만, 그 상황으로 인해 낙심하여 마음에 분노를 품으면 그 분노로 말미암아 멸망의 길을 걷게 되기 때문입니다.

분노는 하나님의 사역을 훼방하고 예수 그리스도의 복음이 전파되는 것을 방해합니다. 그러므로 사탄은 끊임없이 우리를 충동질하여 분노하도록 만듭니다. 내 생각에 아무리 옳다고 생각되는 일이라도 사랑이 아니라 분노의 동기로 실행한다면 결국에는 일을 그르치고 맙니다. 우리가 마음속의 분노를 표현하는 순간 우리는 하나님의 계획을 막는 사탄의 도구가 됩니다. 사랑의 힘으로 분노를 다스리시기 바랍니다. 하나님께서는 정의와 공의의 하나님이신 동시에 사랑의 하나님이십니다. 그러므로 사랑이 빠진 정의와 공의는 결코 하나님의 뜻일 수 없습니다. 우리가 정의와 공의를 외쳐야 하는 이유는 분노하기 때문이 아니라 하나님께서 만드신 세상을 사랑하기 때문이라는 사실을 기억하시기 바랍니다.

> 사랑이 빠진 정의와 공의는 결코 하나님의 뜻일 수 없습니다.

참으로 절망스런 상황에서도 사랑과 용서의 마음을 가지고 마귀와 싸워 이긴 아름다운 이야기가 있습니다. 전라남도 영광군 염산면 봉남리 설도마을에는 개교회로서는 한국 기독교 역사상 가장 많은 순교자를 배출한 염산교회가 있습니다. 1939년 8월에 설립된 이 교회에 삼일 운동을 주도한 독립 운동가 김방호 목사님이 담임 목사로 부임하면서 큰 부흥이 일어났습니다. 그런데 한국 전쟁이 발발하여 공산군이 마을에 진입하자 교회도 박해를 받게 되었습니다. 하지만 목사님은 끝까지 교인들의 가정을 돌보고 비밀리에 가정에서 예배를 드리며 교회를 이끌어 나갔습니다. 결국 1950년 9월 28일에 연합군이 서울을 탈환함으로써 대부분의 공산군은 북으로 밀려났지만, 후퇴하지 못하고 남아 있던 잔당들이 대대적인 보복 행위를 하기 시작했습니다. 어린아이들에게 돌을 매달아 수장시켰고 죽창과 돌로 사람들을 죽였습니다. 이때 집에서 비밀 예배를 드리던 김방호 목사님도 일가족 8명과 함께 공산군에게 잡혀서 끌려가게 되었는데, 공산군들은 목사님의 자녀들에게 "아버지를 장작으로 때려죽이면 너희는 살려 주겠다."라고 협박했습니다. 그러나 목사님의 자녀들은 죽음 앞에서도 당당하게 "주님의 뜻이라면 순교의 영광을 달라!"고 외치며 아버지 김방호 목사님과 함께 순교하였습니다.

더욱 놀라운 것은 살아남은 김방호 목사님의 둘째 아들 김익 목사님이 가해자들을 모두 용서했다는 사실입니다. 당시 덕산교회로 피신하여 생명을 보존할 수 있었던 김익 목사님은 순교한 아버지의 뒤를 이어 염산교회 담임 목사로 부임했습니다. 그리고 공산군과 그들에게 동조한 가해자들을 진심으로 용서하며 매일같이 이렇게 기도했습니다.

"하나님, 감사합니다. 하나님, 감사합니다. 원수를 사랑할 수 있는 마음을 주심을 감사드립니다."

김익 목사님이 자신의 부모와 형제들을 죽인 원수들을 진심으로 용서하며 복음을 전하자, 가해자들이 진정으로 참회의 눈물을 흘리며 예수님께 나아오기 시작했습니다. 이러한 소문이 퍼져서 많은 사람들이 김익 목사님을 '사랑의 사도'로 부르며 염산교회로 모여들었습니다. 염산교회는 순교하신 분들의 신앙을 기념하기 위해 영상을 제작했는데, 그 영상은 다음과 같은 말로 끝을 맺고 있습니다.

“순교자의 피는 지금도 우리 속에 힘차게 흐르고 있습니다. 이 순교는 우리 모두가 함께 부르는 이름이어야 하고 영광이며 노래이어야 합니다. 그리고 더욱 영광스러운 믿음의 후예들이 되어 이 길을 따라야 할 것입니다.”

사랑하는 여러분, 성령님께서는 우리가 예수님의 말씀을 올바로 깨달을 수 있도록 도와주십니다. 그러므로 성령 충만을 받으면 예수님의 말씀에 영생이 있음을 깨닫게 됩니다. 하지만 성령님의 도우심이 없다면 아무리 예수님의 말씀을 듣고 놀라운 기적을 체험해도 예수님을 온전히 믿을 수 없습니다. 왜냐하면 우리 육신의 죄성으로 인해 예수님의 영적 말씀을 육적으로만 바라보기 때문입니다. 그러므로 늘 성령 충만해서 길이요, 진리요, 생명이신 예수님만을 믿고 따르는 제자가 되시기 바랍니다.

묵상을 위한 질문

1. 예수님께서 '내 살을 먹고 내 피를 마시는 자는 영생을 얻을 것' 이라고 말씀하시자 제자들은 어떤 반응을 보였습니까(요 6:60)?

2. 예수님께서는 그런 제자들을 향해 무엇이라고 말씀하셨습니까(요 6:61)?

3. 예수님의 말씀을 이해하지 못한 무리는 어떻게 했습니까(요 6:66)?

4. 예수님의 질문에 대해 열두 제자는 무엇이라고 대답했습니까(요 6:68)?

5. 당신이 생각하는 '예수님의 살과 피를 먹고 마시는 삶' 이란 어떤 것입니까?

암송 성구

"시몬 베드로가 대답하되 주여 영생의 말씀이 주께 있사오니 우리가 누구에게로 가오리이까" (요 6:68)

영원히
목마르지
아니하리라

"나를 믿는 자는
성경에 이름과 같이 그 배에서
생수의 강이 흘러나오리라"

Chapter

07

A Commentary on the Gospel of John

누구든지 목마르거든 내게로 와서 마시라

John

요 7:1-24

“그 후에 예수께서 갈릴리에서 다니시고 유대에서 다니려 아니하심은 유대인들이 죽이려 함이러라 유대인의 명절인 초막절이 가까운지라 그 형제들이 예수께 이르되 당신이 행하는 일을 제자들도 보게 여기를 떠나 유대로 가소서 스스로 나타나기를 구하면서 묻혀서 일하는 사람이 없나니 이 일을 행하려 하거든 자신을 세상에 나타내소서 하니 이는 그 형제들까지도 예수를 믿지 아니함이러라 예수께서 이르시되 내 때는 아직 이르지 아니하였거니와 너희 때는 늘 준비되어 있느니라 세상이 너희를 미워하지 아니하되 나를 미워하나니 이는 내가 세상의 일들을 악하다고 증언함이라 너희는 명절에 올라가라 내 때가 아직 차지 못하였으니 나는 이 명절에 아직 올라가지 아니하노라 이 말씀을 하시고 갈릴리에 머물러 계시니라 그 형제들이 명절에 올라간 후에 자기도 올라가시되 나타내지 않고 은밀히 가시니라 명절 중에 유대인들이 예수를 찾으면서 그가 어디 있느냐 하고 예수에 대하여 무리 중에서 수군거림이 많아 어떤 사람은 좋은 사람이라 하며 어떤 사람은 아니라 무리를 미혹한다 하나 그러나 유대인들을 두려워하므로 드러나게 그에 대하여 말하는 자가 없더라 이미 명절의 중간이 되어 예수께서 성전에 올라가사 가르치시니 유대인들이 놀랍게 여겨 이르되 이 사람은 배우지 아니하였거늘 어떻게 글을 아느냐 하니 예수께서 대답하여 이르시되 내 교훈은 내 것이 아니요 나를 보내신 이의 것이니라 사람이 하나님의 뜻을 행하려 하면 이 교훈이 하나님께로부터 왔는지 내가 스스로 말함인지 알리라 스스로 말하는 자는 자기 영광만 구하되 보내신 이의 영광을 구하는 자는 참되니 그 속에 불의가 없느니라 모세가 너희에게 율법을 주지 아니하였느냐 너희 중에 율법을 지키는 자가 없도다 너희가 어찌하여 나를 죽이려 하느냐 무리가 대답하되 당신은 귀신이 들렸도다 누가 당신을 죽이려 하나이까 예수께서 대답하여 이르시되 내가 한 가지 일을 행하매 너희가 다 이로 말미암아 이상히 여기는도다 모세가 너희에게 할례를 행했으니 (그러나 할례는 모세에게서 난 것이 아니요 조상들에게서 난 것이라) 그러므로 너희가 안식일에도 사람에게 할례를 행하느니라 모세의 율법을 범하지 아니하려고 사람이 안식일에도 할례를 받는 일이 있거든 내가 안식일에 사람의 전신을 건전하게 한 것으로 너희가 내게 노여워하느냐 외모로 판단하지 말고 공의롭게 판단하라 하시니라”

25

예수님의 때와 가르치심

——— 예수님께서 가시는 곳마다 수많은 사람이 몰려들었습니다. 예수님께서는 그들에게 천국 복음을 가르쳐 주시고, 그들의 병을 치료해 주시고, 배고픔을 해결해 주셨습니다. 예수님을 통해 놀라운 능력과 기적을 경험한 사람들은 더욱 예수님을 따랐습니다. 예수님께서 오병이어의 기적을 베풀어 주셨을 때에는 예수님을 임금으로 삼고자 할 정도였습니다. 그러나 예수님께서는 그들이 따르는 이유가 육신적인 데에 있다는 것을 잘 아셨습니다. 그들은 영생하도록 있는 양식을 위해 예수님을 따른 것이 아니었습니다. 그렇기 때문에 예수님의 살과 피를 먹고 마셔야 영생을 얻을 수 있다는 영적인 말씀을 듣자 그들 가운데 많은 사람이 예수님을 떠나 다시 돌아오지 않았습니다.

1. 예수님의 때

"그 후에 예수께서 갈릴리에서 다니시고 유대에서 다니려 아니하심은 유대인들이 죽이려 함이러라" 요 7:1

예수님께서는 갈릴리 지역에서 사역을 하시고 유대 지역은 피하셨습니다. 왜냐하면 유대인들, 특히 예수님께 적대적인 종교 지도자들과 지도층 사람들이 예수님을 죽이려고 했기 때문입니다. 요한복음 5장 17절과 18절은 다음과 같이 말씀합니다.

"예수께서 그들에게 이르시되 내 아버지께서 이제까지 일하시니 나도 일한다 하시매 유대인들이 이로 말미암아 더욱 예수를 죽이고자 하니 이는 안식일을 범할 뿐만 아니라 하나님을 자기의 친아버지라 하여 자기를 하나님과 동등으로 삼으심이러라"

예수님께 적대적인 유대인들은 예수님께서 안식일을 범하고 자기를 하나님과 동등한 존재로 말씀하신 것을 신성 모독으로 정죄하여 예수님을 죽이려고 했습니다.

“유대인의 명절인 초막절이 가까운지라 그 형제들이 예수께 이르되 당신이 행하는 일을 제자들도 보게 여기를 떠나 유대로 가소서” 요 7:2-3

유대인의 3대 절기 중 하나인 초막절이 다가왔을 때 예수님의 형제들이 예수님께 와서 “당신이 행하는 일을 제자들도 보게 여기를 떠나 유대로 가소서”라고 말했습니다. 초막절에는 전국 각지에서 유대인들이 예루살렘에 모여들기 때문에 그곳에서 기적을 행하면 단번에 수많은 사람의 이목을 끌기에 좋은 기회였습니다.

“스스로 나타나기를 구하면서 묻혀서 일하는 사람이 없나니 이 일을 행하려 하거든 자신을 세상에 나타내소서 하니” 요 7:4

예수님의 형제들은 예수님께서 정치, 경제, 문화, 종교의 중심지인 예루살렘에 가서 그 능력을 나타내기 원했습니다. 이는 그들이 예수님을 믿어서가 아니라, 예루살렘에서 예수님의 말과 행동을 검증받으라는 요구였습니다. 자신을 하나님의 아들이라고 말씀하시는 예수님께서 갈릴리와 같은 변방에서 활동하는 것이 형제들에게는 무언가 못마땅하고 의심스러울 뿐이었습니다.

"이는 그 형제들까지도 예수를 믿지 아니함이러라" 요 7:5

예수님의 형제들이 예수님께 예루살렘으로 가기를 종용한 것은 근본적으로 그들에게 예수님을 향한 믿음이 없었기 때문입니다. 그들은 동네 사람들이 형의 출생에 대해 수군거리는 이야기를 들으며 자랐고, 예수님께서 성령으로 잉태된 것을 알지 못했습니다. 그들에게는 예수님이 자신들과 다를 바 없는 가족의 한 사람일뿐이었습니다. 그런데 어느 날부터 예수님께서 기적을 행하고 자신을 하나님의 아들이라고 말하고 다니는 것을 보자 형제들은 예수님에 대해 큰 혼란이 생겼습니다. 그래서 예루살렘에서 사람들에게 검증을 받으라고 요구했습니다.

이처럼 그들은 예수님을 믿지 못하는 불신앙의 사람들이었지만, 예수님의 부활을 목격한 후에는 예수님께서 메시아이신 것을 믿게 되었습니다. 그리고 형제들 중 야고보는 예루살렘 교회의 지도자가 되어 야고보서를, 유다는 유다서를 기록했습니다.

"예수께서 이르시되 내 때는 아직 이르지 아니하였거니와 너희 때는 늘 준비되어 있느니라" 요 7:6

예수님께서는 형제들의 요구에 대해 "내 때가 아직 이르지 않았다."라고 말씀하셨습니다. 예수님께서는 가나의 혼인 잔치에서 어머니 마리아가 포도주가 떨어졌다고 이야기했을 때에도 같은 말씀을 하셨습니다.

"여자여 나와 무슨 상관이 있나이까 내 때가 아직 이르지 아니하였나이다"(요 2:4)

예수님께서는 항상 '때'를 매우 중요하게 생각하셨습니다. 여기서 '때'는 예수님께서 결정하시고 원하시는 때가 아니라 '하나님의 계획에 맞춰진 때'입니다. 요한복음 12장 23절을 보면 예수님께서 "인자가 영광을 얻을 때가 왔도다"라고 말씀하신 것을 볼 수 있는데, 여기서의 '때' 역시 하나님께서 정하신 때입니다. 이처럼 예수님께서는 오직 하나님께서 정해 놓으신 시간표를 따라서 하나님의 뜻대로 행하셨습니다.

예수님께서는 오직 하나님께서 정해 놓으신 시간표를 따라서 하나님의 뜻대로 행하셨습니다.

"내가 아무것도 스스로 할 수 없노라 듣는 대로 심판하노니 나는 나의 뜻대로 하려 하지 않고 나를 보내신 이의 뜻대로 하려 하므로

내 심판은 의로우니라" (요 5:30)

그리고 예수님께서는 형제들에게 "너희 때는 늘 준비되어 있다."라고 말씀하셨습니다. 예수님께서는 인류 구원을 위한 하나님의 때를 분명히 알고 계셨기 때문에 하나님의 뜻을 온전히 이루어 드릴 수 있었습니다. 그러나 예수님의 형제들은 하나님의 때를 알 수 없기 때문에, 하나님의 때를 가늠해 보려고 하기보다는 항상 하나님의 뜻을 따를 준비를 하고 있어야 한다는 말씀입니다.

마찬가지로 우리도 하나님의 뜻을 따를 수 있도록 항상 준비하고 있어야 합니다. 당장 오늘 밤이라도 주님께서 우리를 천국으로 부르시면 주님 앞에 당당히 설 준비가 되어 있어야 합니다. 우리는 윤동주 시인이 쓴 '서시'의 한 대목처럼 하늘을 우러러 한 점 부끄럼 없이 살기를 원하는 마음으로 하루하루 하나님의 부르심에 최선을 다해야 합니다.

당장 오늘 밤이라도 주님께서 우리를 천국으로 부르시면 주님 앞에 당당히 설 준비가 되어 있어야 합니다.

17세기가 낳은 스페인의 유명한 철학자이자 작가인 발타자르 그라시안은 다음과 같이 말했습니다.

"기다림을 배워라. 성급한 열정에 휩쓸리지 않을 때 인내를 지닌 위대한 심성이 드러난다. 길고 긴 기다림이 끝나면 계절은 완성을 가져오고, 감춰진 것을 무르익게 한다. 하나님께서는 우리를 '채찍' 으로 길들이지 않으시고 '시간' 으로 길들이신다."

미국의 기독교 방송 진행자이자 저술가인 조이스 마이어 역시 하나님의 때에 대해 다음과 같이 말했습니다.

"하나님만큼 인생의 타이밍을 정확하게 아시는 분은 없다. 하나님께서는 우리의 기도에 신속히 응답하시기도 하지만, 때때로 우리가 거룩한 은사를 지혜롭게 사용할 준비가 될 때까지 기다리신다. 기다린다는 것은 결코 쉬운 일이 아니다. 당장 무슨 일이 이루어지기를 바란다면 조급증이나 좌절감, 실망감에 시달릴 수밖에 없다. 하지만 기다리는 시간을 존중하고 감사하며 신뢰하는 법을 배울 때, 하나님께서는 무대 뒤편에서 본격적으로 움직이기 시작하신다."

"세상이 너희를 미워하지 아니하되 나를 미워하나니 이는 내가 세상의 일들을 악하다고 증언함이라" 요 7:7

예수님께서는 세상에 자기를 나타내라는 형제들의 요구에 대해 좀 더 진지한 주제로 말씀하셨습니다. 여기서 '세상' 은 하나님께서 창조하신 넓은 의미의 세상이 아니라 좁은 의미의 세상, 곧 예수님을 대적하는 악한 영에 사로잡힌 세력을 가리킵니다. 예수님께서는 그들이 하는 일들을 악하다고 증언하셨기 때문에 그들로부터 미움을 받으셨습니다.

그런데 예수님께서는 세상이 '너희'를 미워하지 않는다고 말씀하셨습니다. 예수님의 형제들은 예수님을 대적하는 악한 영의 세력이 하는 일과 같은 일을 했기 때문입니다. 어두운 세상이 어두움의 일을 좋아하는 사람을 미워할 리가 없습니다.

반면에 예수님께 순종하고 예수님께서 기뻐하시는 일을 하는 사람은 세상의 미움을 받습니다. 악한 세상은 주님의 뜻에 따라 거룩한 삶을 살아가는 사람을 핍박합니다. 자신의 탐욕을 채우기 위해 수단과 방법을 가리지 않는 세상 사람들에게 죄가 무엇인지 지적하고 회개를 선포하기 때문에 미워하고 핍박합니다. 다른 한편으로 세상은 우리에게 적당히 타협하며 살라고 유혹합니다. 다른 사람들도 다 죄를 짓고 산다고, 신앙생활을 적당히 하라고 유혹합니다. 그러나 우리는 다음과 같은 예수님의 말씀을 기억해야 합니다.

"나로 말미암아 너희를 욕하고 박해하고 거짓으로 너희를 거슬러 모든 악한 말을 할 때에는 너희에게 복이 있나니 기뻐하고 즐거워하라 하늘에서 너희의 상이 큼이라 너희 전에 있던 선지자들도 이같이 박해하였느니라" (마 5:11-12)

우리는 오직 주님께 순종함으로 세상과 구별된 삶을 살아가도록 부르심을 받은 사람들입니다. 만약 우리가 주님의 뜻에 따라 거룩한 삶을 살며 복음 전파에 헌신하는 것으로 인하여 박해를 받는다면 그것이 곧 우리의 상급이요, 면류관입니다.

"너희는 명절에 올라가라 내 때가 아직 차지 못하였으니 나는 이 명절에 아직 올라가지 아니하노라" 요 7:8

예수님께서는 다시 한 번 "내 때가 아직 차지 못하였다."라고 말씀하시며 예루살렘으로 올라가라는 형제들의 요구를 거절하셨습니다. 이 말씀은 예루살렘 행을 권유하는 형제들과 같이 올라가지 않으시겠다는 말씀이지, 예수님께서 예루살렘에 올라가는 것 자체를 거부하신 것은 아닙니다. 예수님께서는 사람들의 요청이나 요구가 아니라 오직 하나님의 뜻을 따라 행하셨습니다. 그리고 하나님의 뜻을 분명하고도 완전하게 알고 항상 하나님의 때에 맞추어 행하셨습니다.

하지만 우리는 하나님의 뜻과 때에 대해 제한적으로밖에 알 수 없습니다. 온 우주 만물을 창조하고 다스리시는 하나님의 뜻과 때를 피조물인 우리가 완전히 이해할 수는 없습니다. 그렇기 때문에 우리는 항상 하나님의 뜻에 순종할 준비를 하고 있어야 합니다. 하나님께서는 준비된 자에게 쓰임 받을 기회와 축복을 허락하십니다. 우리는 요셉을 통해 이 사실을 잘 이해할 수 있습니다.

요셉은 13년 동안 도저히 그 의미를 가늠할 수 없는 시련과 역경을 겪었습니다. 형들의 손에 의해 노예로 팔려갔고, 억울한 누명을 쓰고 옥에 갇혔고, 기억해 주리라고 믿었던 이들에게 잊힌 존재가 되어 하루하루를 보내야 했습니다. 그러나 하나님께서는 정하신 때에 하나님의 뜻대로 요셉을 애굽의 총리로 세우셨습니다. 여기서 우리는 요셉이 그 기나긴 고난의 시간 동안 자기에게 맡겨진 일에 최선을 다하고 성실하게 준비하는 삶을 살았다는 사실을 기억해야 합니다.

하나님의 뜻을 이루어 드리기 위해 항상 준비하는 삶을 사시기 바랍니다. 무엇보다도 영적으로 준비하시기를 바랍니다. 날마다 말씀을 사모하고 기도함으로 성령 충만을 받고 성령의 열매를 맺으며 사십시오. 그리고 예수님을 믿는 사람답게 직장과 사업장에서, 가정과 학교에서 항상 성실하고 충성스런 모습으로 살아간다면 반드시 하나님께 쓰임 받게 될 날이 올 것입니다.

하나님의 뜻을 이루어 드리기 위해 항상 준비하는 삶을 사십시오.

2. 예루살렘에 올라가심

"이 말씀을 하시고 갈릴리에 머물러 계시니라 그 형제들이 명절에 올라간 후에 자기도 올라가시되 나타내지 않고 은밀히 가시니라"
요 7:9-10

예수님의 동생들은 초막절을 지키기 위해 예루살렘으로 떠났습니다. 그러나 예수님께서는 갈릴리에 더 머물러 계시다가 은밀히 예루살렘으로 향하셨습니다. 예수님의 형제들은 예수님에게 "자신을 세상에 나타내라."고 요구했지만 예수님께서는 그들의 방식을 따르지 않고 사람들의 이목을 끌지 않는 방식으로 조용히 이동하셨습니다. 그러나 예수님께서 항상 그러신 것은 아닙니다. 마지막 유월절을 앞두고 십자가에 못 박히기 위해 예루살렘에 들어가실 때에는 많은 사람들의 찬송과 환호를 받으며 입성하셨습니다. 그러나 예수님께서는 그때에도 나귀를 타시는 겸손한 모습을 보여주셨습니다. 이처럼 예수님께서는 항상 하나님의 때에 맞추어 사역하셨고, 하나님께서 세상에 보내신 목적을 분명히 드러내는 방식으로 일하셨습니다. 사역의 중심이 사람에 의해 흔들리지 않았습니다.

대개 사람들은 다른 사람들이 좋아하고 그들의 이목을 끌 수 있는 방식으로 일하기를 좋아합니다. 자기를 잘 드러낼 수 있는 일이 아니면 최선을 다하지 않는 경우도 많습니다. 그러나 우리는 하나님의 영광을 위해 사신 예수님처럼 하나님의 시간표에 따라 움직이고 하나님만을 의식하며 살아야 합니다. 어떤 사람은 자신이 계획을 다 세워 놓은 다음에 "하나님, 몇 월 며칠까지 응답해 주시고 제가 말씀드린 대로 다 해 주세요."라고 기도하기도 합니다. 이래서는 안 됩니다. 하나님의 방법으로, 하나님의 때에 맞추어, 하나님의 뜻을 순종하며 사시기를 바랍니다.

"명절 중에 유대인들이 예수를 찾으면서 그가 어디 있느냐 하고"
요 7:11

초막절 기간에 유대인들은 예수님을 찾으려고 예수님의 행방을 묻고 다녔습니다. 여기서 '유대인들'은 유대 백성들이 아니라 예수님을 적대시하는 종교 지도자들을 가리킵니다. 그들은 어떻게 하든지 예수님의 말씀과 사역에서 트집을 잡아 예수님을 곤경에 빠뜨리려고 찾았습니다. 그리고 궁극적으로는 예수님을 죽이려고 했습니다(요 7:1). 이 유대인들은 나중에 '바리새인들', '당국자들', '대제사장들'이라고 분명하게 언급됩니다.

"예수에 대하여 무리 중에서 수군거림이 많아 어떤 사람은 좋은 사람이라 하며 어떤 사람은 아니라 무리를 미혹한다 하나" 요 7:12

초막절을 지키러 예루살렘에 온 유대인들은 예수님에 대하여 서로 엇갈린 평가를 했습니다. 한쪽에서는 예수님을 좋은 사람이라고 평가한 반면, 다른 한쪽에서는 사람들을 미혹케 하는 사람이라고 말했습니다. 사람들을 미혹케 하는 것은 구약에서 극형에 처하게 할 만큼 엄히 금지하는 일이었습니다. 따라서 예수님이 사람들을 미혹케 하는 사람이라고 평가한 사람들은 예수님에 대해 상당히 적대적이었다는 것을 알 수 있습니다. 이처럼 예수님에 대한 상반된 반응이 나타나는 것은 예수님께서 세상의 빛으로 오신 분이시기 때문입니다. 빛이신 예수님께서 가시는 곳에는 빛에 속한 사람과 어두움에 속한 사람이 나뉩니다. 빛을 좋아하는 사람, 곧 주님 안에 살면서 선을 행하고 이웃을 사랑하는 사람은 예수님을 환영하고 모셔 들입니다. 그러나 어두움을 좋아하는 사람, 주님을 떠나 세상의 쾌락과 유혹에 빠져 죄 가운데 사는 사람은 예수님을 멀리하고 대적합니다.

빛이신 예수님께서 가시는 곳에는 빛에 속한 사람과 어두움에 속한 사람이 나뉩니다.

요즘 우리가 매스미디어를 통해 듣는 흉악 범죄에 대한 소식들이 우리의 마음을 얼마나 아프게 하는지 모릅니다. 흑암의 세력의 지배를 받는 사람들은 좋은 것을 생각하지 않고 악하고 나쁜 것만을 생각합니다. 그들을 변화시킬 수 있는 분은 오직 빛이신 예수님밖에 없습니다.

"그러나 유대인들을 두려워하므로 드러나게 그에 대하여 말하는 자가 없더라" 요 7:13

사람들은 '유대인들', 즉 예수님께 적대적인 종교 지도자들이 두려워서 예수님에 대해 드러나게 말하지 못했습니다. 당시에 예수님을 적대시하는 종교 지도자들은 유대의 최고 권력층으로서 막강한 힘을 가지고 있었으므로 예수님뿐만 아니라 예수님을 따르는 사람들에게까지 해를 끼칠 것이 분명했기 때문입니다.

예수님께서는 "누구든지 사람 앞에서 나를 시인하면 나도 하늘에 계신 내 아버지 앞에서 그를 시인할 것이요 누구든지 사람 앞에서 나를 부인하면 나도 하늘에 계신 내 아버지 앞에서 그를 부인하리라"(마 10:32-33)고 말씀하셨습니다. 그러므로 우리는 어떠한 상황에서도 믿음을 지켜야 합니다. 간절히 기도함으로 주님을 의지하고

간절히 기도함으로 주님을 의지하고 믿음으로 나아가면 주님께서 우리를 강하게 하십니다.

믿음으로 나아가면 주님께서 우리를 강하게 하십니다. 아무리 극심한 환난과 핍박이 다가온다고 할지라도 승리하게 하십니다. 불신앙의 가정에서 유일한 그리스도인으로서 어려움을 당할 때에도, 세상의 유혹과 어려운 시험을 만났을 때에도 주님께서는 항상 우리와 함께하시고 놀라운 기적을 베풀어 주십니다.

"이미 명절의 중간이 되어 예수께서 성전에 올라가사 가르치시니 유대인들이 놀랍게 여겨 이르되 이 사람은 배우지 아니하였거늘 어떻게 글을 아느냐 하니" 요 7:14-15

초막절 기간의 중간쯤 되었을 때 예수님께서 성전에 올라가셔서 사람들을 가르치셨습니다. 예수님의 가르침을 들은 사람들은 "배우지도 못한 사람이 어떻게 글을 아는가?" 하고 깜짝 놀랐습니다. 여기서 이 사람이 '배우지 않은 사람' 이라는 말은 '공식적으로 율법을 배운 적이 없는 사람' 이라는 뜻이고, '글' 은 모세 오경을 가리킵니다. 마태복음 7장 28절과 29절을 보면 "예수께서 이 말씀을 마치시매 무리들이 그의 가르치심에 놀라니 이는 그 가르치시는 것이 권위 있는 자와 같고 그들의 서기관들과 같지 아니함일러라" 고 기록되어 있습니다. 이처럼 예수님의 가르침에는 듣는 이에게 은혜와 감동을 끼치는 능력이 있었습니다.

17세기 영국 청교도를 대표하는 두 인물 존 번연과 존 오웬은 매우 상반된 배경을 가지고 있습니다. 『천로역정』의 저자로 유명한 존 번연은 1628년 땜장이의 아들로 태어나 그 역시 땜장이로 살았습니다. 초등학교 교육밖에 받지 못했고 국가의 박해 속에서 두 번의 긴 옥살이를 했으며 평생 가난하게 살았습니다. 반면 존 오웬은 옥스퍼드대학교를 졸업한 목사의 아들로 태어나 그 또한 옥스퍼드대학교에서 16세에 문학 학사, 19세에 문학 석사 학위를 취득했고, 35세에는 옥스퍼드대학교 학장, 36세에는 부총장까지 지낸 수재였습니다. 그는 '청교도의 황제' 라는 별명이 붙을 정도로 역사상 가장 뛰어난 청교도 신학자들 중 한 사람입니다.

그런데 당대의 대학자인 존 오웬은 땜장이 존 번연이 런던에 와서 설교를 할 때면 늘 그의 설교를 들었습니다. 또한 존 번연의 설교와 저서들을 높이 평가하며 그를 적극적으로 후원했습니다. 존 번연이 국교도의 탄압으로 두 번째 수감되었을 때에는 당시 국왕인 찰스 2세에게 탄원서를 보내 그의 석방을 앞당기기도 했습니다. 존 오웬의 이러한 노력이 이해되지 않았던 찰스 2세가 "당신 같은 대학자가 무엇 때문에 땜장이가 하는 설교를 경청하고 그를 돕는가?" 라고 묻자, 존 오웬은 다음과 같이 대답했습니다.

"제가 알기에 영국에서 가장 영성이 맑은 사람은 존 번연입니다. 그래서 저는 그에게서 예수 그리스도의 음성을 듣고 예수 그리스도의 모습을 보게 됩니다. '영국에서 이 시대의 작은 예수가 누구냐?' 라고 묻는다면 저는 존 번연이라고 대답하겠습니다. 그러니 제가 어찌 그의 설교를 경청하지 않을 수 있겠습니까? 제가 만일 번연의 능력을 가질 수만 있다면, 기꺼이 저의 지식을 번연의 능력과 바꾸겠습니다."

존 번연에 대한 존 오웬의 생각은 옳았습니다. 땜장이 출신의 설교가 존 번연이 쓴 『천로역정』은 성경 다음으로 세계에서 가장 많이 팔린 책이 되었고, 그의 이름 역시 교회 역사에 길이 남게 되었습니다.

"예수께서 대답하여 이르시되 내 교훈은 내 것이 아니요 나를 보내신 이의 것이니라" 요 7:16

은혜와 감동이 넘치는 가르침을 듣고 의아해하는 유대인들에게 예수님께서는 그 가르침이 어디로부터 오는 것인지에 대하여 말씀하셨습니다. 예수님께서 주시는 교훈은 예수님 자신의 것이 아닌 예수님을 보내신 분, 즉 하나님의 것이었습니다.

예수님께서는 하나님의 아들이시기 때문에 아버지 하나님과 같은 지식을 가지고 계셨습니다. 그러므로 우리는 주님의 말씀이 능력의 말씀, 치료의 말씀, 기적의 말씀인 것을 믿고 그 말씀을 따라 살아야 합니다. 무엇을 하든지 주님의 말씀을 최우선 순위로 삼고 그에 따라 선택하고 행해야 합니다. 그럴 때 말씀 안에서 변화와 치료와 능력을 받아 하나님의 영광을 나타내는 귀한 자녀로 쓰임 받을 수 있습니다.

> **"사람이 하나님의 뜻을 행하려 하면 이 교훈이 하나님께로부터 왔는지 내가 스스로 말함인지 알리라"** 요 7:17

예수님께서는 하나님의 뜻을 행하려는 사람은 예수님께서 주시는 교훈이 어디로부터 왔는지 알게 된다고 말씀하셨습니다. 우리가 하나님의 뜻을 행하려면 예수님께서 주시는 말씀이 하나님으로부터 오는 교훈인 것을 깨닫고 믿어야 합니다.

> **"스스로 말하는 자는 자기 영광만 구하되 보내신 이의 영광을 구하는 자는 참되니 그 속에 불의가 없느니라"** 요 7:18

당시 율법 교사들은 자기의 영광만을 구했습니다. 그들이 가지고 있는 지식을 자랑하기 좋아했고, 말씀을 가르칠 때 자기를 드러내고 싶어 했습니다. 그들은 다 '스스로 말하는 자' 였기 때문입니다. 그러나 예수님께서는 하나님의 보내심을 받아 오직 하나님의 영광만을 구하며 하나님께서 주시는 교훈으로 사람들을 가르치셨으므로 그 말씀은 참되고 그 속에는 불의가 없었습니다.

자기의 영광을 구하는 사람의 말은 진리를 담아낼 수 없습니다. 유한한 인간이 유한한 지식으로 자기를 높이기 위해서 하는 말에 영원하신 하나님께서 주시는 참된 교훈이 있을 수 없습니다. 예수님처럼 자기의 영광을 구하지 않고 하나님의 영광만을 구할 때 그 말이 참될 수 있습니다.

3. 예수님을 죽이려는 무리에게 말씀하심

"모세가 너희에게 율법을 주지 아니하였느냐 너희 중에 율법을 지키는 자가 없도다 너희가 어찌하여 나를 죽이려 하느냐" 요 7:19

예수님께서는 모세의 율법을 예로 드시면서 예수님을 죽이려 드는 유대인들의 모순을 지적하셨습니다. 그들은 모세의 율법을 신앙의 근간으로 삼고 있으면서도 "살인하지 말라"는 계명을 어기려고 했습니다.

"무리가 대답하되 당신은 귀신이 들렸도다 누가 당신을 죽이려 하나이까 예수께서 대답하여 이르시되 내가 한 가지 일을 행하매 너희가 다 이로 말미암아 이상히 여기는도다" 요 7:20-21

예수님께 신앙의 모순을 지적받은 유대인들은 도리어 예수님께 "당신은 귀신이 들렸소. 누가 당신을 죽이려고 합니까?"라고 반발했습니다. 그들은 모세의 율법을 철저히 지키는 것을 가장 중요하게 생각했기 때문에 예수님의 지적을 받아들일 수 없었습니다. 그래서 자신들이 어떠한 모순에 빠져 있는지를 깨닫고 거기서 돌이키지 않고 오히려 예수님께서 귀신 들렸다고 터무니없는 비난을 했습니다.

이에 예수님께서는 그들에게 "내가 한 가지 일을 했더니 너희가 다 그것을 이상하게 여기고 있다."라고 말씀하셨습니다. 여기서 '한 가지 일' 이란 베데스다 연못가에서 서른여덟 해 된 병자를 고쳐 주신 표적을 말합니다. 유대인들은 예수님께서 안식일에 병자를 고치신 일을 용납할 수 없었습니다.

"모세가 너희에게 할례를 행했으니(그러나 할례는 모세에게서 난 것이 아니요 조상들에게서 난 것이라) 그러므로 너희가 안식일에도 사람에게 할례를 행하느니라" 요 7:22

예수님께서는 할례를 예로 들면서 유대인들이 율법을 모순되게 적용하고 있다고 지적하셨습니다. 할례는 아브라함 때 시작되었고, 모세의 율법을 통해 강화되었습니다. 이스라엘 남자는 태어난 지 8일 만에 반드시 할례를 받아야 합니다. 생후 8일째 되는 날이 안식일이더라도 날짜를 앞당기거나 미루지 않고 반드시 그날 할례를 행하였습니다. 이런 경우 할례라는 행위 자체는 안식일을 범하는 일이었지만, 유대인들은 개의치 않고 안식일에도 할례를 행하였습니다.

"모세의 율법을 범하지 아니하려고 사람이 안식일에도 할례를 받는 일이 있거든 내가 안식일에 사람의 전신을 건전하게 한 것으로 너희가 내게 노여워하느냐 외모로 판단하지 말고 공의롭게 판단하라 하시니라" 요 7:23-24

예수님께서는 자신에 대한 유대인들의 정죄가 왜 잘못된 것인지 구체적으로 설명해 주셨습니다. 유대인들은 율법을 범하지 않으려고 안식일에 할례, 즉 신체에 상처를 입히는 일도 하는데, 이에 비하면 예수님께서 서른여덟 해 된 병자의 몸을 온전하게 하신 것은 안식일을 어기는 일이 될 수 없다는 것이었습니다.

예수님께서는 "외모로 판단하지 말고 공의롭게 판단하라"고 결론적인 말씀을 하심으로 그들의 왜곡된 신앙에 깨달음을 주셨습니다. 여기서 '외모' 란 눈에 보이는 안식일 계명을 위반한 것을 말하고, '공의' 란 율법이 본질적으로 말씀하는 바, 곧 생명을 살리고자 하는 율법의 정신을 뜻합니다. 유대인들은 율법의 본질인 생명을 살리고자 하는 하나님의 뜻을 망각하고 형식만을 중시하는 율법주의자들이었습니다.

이슬람권에서 사역하시는 유해석 선교사님의 책 『높여 주심』에 나오는 이야기입니다. 이집트에서 사역하던 어느 날 선교사님이 버스에 타고 있었는데 반대편에서 오던 차가 선교사님이 탄 버스의 앞 차와 충돌하는 사고가 났습니다. 앞 차에서 세 사람이 튕겨져 나오는 것을 본 선교사님은 얼른 버스에서 내려 물을 가지고 달려갔습니다. 한 명은 한쪽 머리가 함몰되어 죽어 가고 있었고, 두 명은 그나마 상태가 조금 나았습니다.

선교사님은 상태가 가장 심각한 사람에게 먼저 다가가 물을 마시라고 권했습니다. 그러나 그 사람은 라마단 기간이기 때문에 물을 마실 수 없다며 거절했습니다. 무슬림은 라마단 기간에는 침도 안 삼킬 정도로 철저하게 금식을 합니다. 선교사님은 "알라가 당신을 사랑한다면 살기를 바랄 것입니다. 지금 다 죽어 가는데 왜 물을 거절합니까? 빨리 물을 드세요!" 라고 외쳤습니다. 하지만 그 사람은 끝내 물 마시기를 거절했습니다. 그래서 상태가 조금 나은 부상자에게 달려가 물을 권했더니 그 사람 역시 거절했습니다. 선교사님은 너무 안타까워서 아랍어로 소리를 지르며 물을 마시라고 했지만 그들은 끝내 물 마시기를 거절하고 죽어 갔습니다. 이처럼 천하보다 귀한 영혼이 어처구니없이 죽어 가게 만드는 것이 바로 본질을 잃어버린 율법주의의 모습입니다.

'여호와의 증인' 역시 잘못된 성경 해석으로 인해 소중한 생명을 잃게 만드는 등 그 폐해가 매우 큽니다. 실제로 지난 2010년 10월에 심장 수술을 받아야 하는 신생아의 수혈 여부를 놓고 병원과 '여호와의 증인' 신도인 부모 사이에 소송이 있었습니다. '여호와의 증인'은 레위기 17장 10절부터 14절을 근거로 수혈을 거부합니다. 이는 그들이 '피를 먹지 말라'는 말씀을 자의적으로 해석하기 때문입니다. 그들은 '입'으로 피를 먹는 것과 '바늘'을 통해서 피를 몸속으로 받아들이는 것을 모두 '피를 먹는 것'으로 해석합니다. 만약 어떤 신도가 이 교리를 무시하고 수혈을 받으면 교리를 어겼다는 이유로 불이익을 받거나 심하게는 제명이나 출교를 당하게 됩니다. '여호와의 증인' 신도들에게 있어 제명이나 출교는 일종의 영적 사망 선고, 즉 구원에서 이탈된다는 의미입니다.

법원은 병원 측이 제기한 진료 업무 방해 금지 등 가처분 신청을 받아들여 "병원은 수혈을 시행할 수 있다."라고 판결했습니다. 하지만 아이의 부모는 끝까지 무수혈 방식의 수술을 고집하고 병원을 옮기며 시간을 지체했고, 그 결과 수술 시기를 놓친 아이는 끝내 사망하고 말았습니다. 결국 부모의 잘못된 교리상의 신념 때문에 소중한 새 생명이 목숨을 잃는 비극이 벌어졌습니다.

이에 대해 10년간 '여호와의 증인' 에 있다가 탈퇴한 노요한 목사를 비롯한 이단 전문가들은 다음과 같이 말합니다.

"'여호와의 증인' 의 수혈 거부 교리는 심각한 성경해석학적 오류가 있습니다. '피에 생명이 있다.'는 말씀은 '생명을 존중하고 생명을 함부로 하지 말라.'는 의미이지 '수혈을 해서는 안 된다.'는 의미가 아닙니다. 그들은 이 말씀을 오해해 수혈을 거부했고, 이로 인해 많은 사람이 죽었습니다. 결국 '여호와의 증인' 은 '살인하지 말라' 는 하나님의 계명을 어긴 셈입니다. 생명을 살리는 것이 수혈을 하지 말라는 것보다 더 큰 계명입니다."

유대인들은 하나님을 섬기고 하나님께서 모세를 통해 주신 율법을 철저히 지킴으로써 구별된 삶을 산다고 자부했지만 결국 율법주의라는 올무에 그들 스스로를 가두고 말았습니다. 이처럼 교만과 편견에 사로잡힌 사람은 하나님께서 주신 생명도 업신여기는 어리석음에 빠지게 됩니다.

사랑하는 여러분, 예수님께서는 오직 하나님의 영광을 위해 사셨습니다. 하나님의 뜻에 전적으로 순종하셨고, 하나님께서 주시는 교훈으로 사람들을 가르치셨습니다. 예수님께서 하시는 사역은 하나님께로부터 오지 않은 것이 하나도 없었습니다. 그리고 예수님께서는 인류를 구원하고자 하는 아버지 하나님의 뜻에 죽기까지 복종하셨습니다. 우리도 예수님처럼 겸손과 순종, 그리고 희생을 통해 하나님과 이웃을 섬기며 살아야 합니다. 나 자신을 드러내려는 교만과 탐욕이 있으면 결코 하나님을 기쁘시게 하는 삶을 살 수 없습니다. 하나님께서 주신 사명에 충성하며 오직 하나님의 영광만을 위해 사시기 바랍니다.

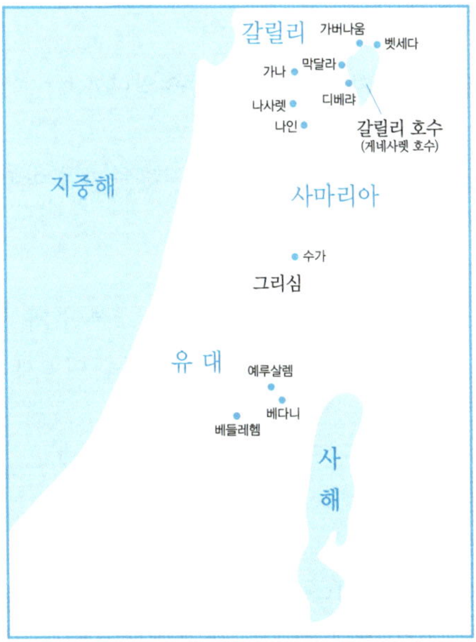

〈유대 · 사마리아 · 갈릴리의 주요 지역〉

묵상을 위한 질문

1. 초막절이 가까이 왔을 때 예수님의 형제들은 왜 예수님에게 예루살렘으로 올라갈 것을 요구했는데, 그러한 요구는 그들에 대해 무엇을 말해 줍니까(요 7:2-5)?

2. 예수님께서 형제들에게 하신 "내 때는 아직 이르지 아니하였거니와 너희 때는 늘 준비되어 있느니라"는 말씀의 의미는 무엇입니까(요 7:6)?

3. 세상이 예수님을 미워하는 이유는 무엇입니까(요 7:7)?

4. 스스로 말하는 자가 구하는 것은 무엇입니까(요 7:18)?

5. 예수님께서는 보내신 자의 영광을 구하는 자가 어떠하다고 말씀하셨습니까(요 7:18)?

6. 예수님을 따르는 자들에게 필요한 '자기 부인'과 '자기 십자가를 지는 것'은 어떤 의미이며, 당신은 이것을 어떻게 실천하고 있습니까?

암송 성구

"모세의 율법을 범하지 아니하려고 사람이 안식일에도 할례를 받는 일이 있거든 내가 안식일에 사람의 전신을 건전하게 한 것으로 너희가 내게 노여워하느냐 외모로 판단하지 말고 공의롭게 판단하라 하시니라"(요 7:23-24)

영원히
목마르지
아니하리라

요 7:25-36

"예루살렘 사람 중에서 어떤 사람이 말하되 이는 그들이 죽이고자 하는 그 사람이 아니냐 보라 드러나게 말하되 그들이 아무 말도 아니하는도다 당국자들은 이 사람을 참으로 그리스도인 줄 알았는가 그러나 우리는 이 사람이 어디서 왔는지 아노라 그리스도께서 오실 때에는 어디서 오시는지 아는 자가 없으리라 하는지라 예수께서 성전에서 가르치시며 외쳐 이르시되 너희가 나를 알고 내가 어디서 온 것도 알거니와 내가 스스로 온 것이 아니니라 나를 보내신 이는 참되시니 너희는 그를 알지 못하나 나는 아노니 이는 내가 그에게서 났고 그가 나를 보내셨음이라 하시니 그들이 예수를 잡고자 하나 손을 대는 자가 없으니 이는 그의 때가 아직 이르지 아니하였음이러라 무리 중의 많은 사람이 예수를 믿고 말하되 그리스도께서 오실지라도 그 행하실 표적이 이 사람이 행한 것보다 더 많으랴 하니 예수에 대하여 무리가 수군거리는 것이 바리새인들에게 들린지라 대제사장들과 바리새인들이 그를 잡으려고 아랫사람들을 보내니 예수께서 이르시되 내가 너희와 함께 조금 더 있다가 나를 보내신 이에게로 돌아가겠노라 너희가 나를 찾아도 만나지 못할 터이요 나 있는 곳에 오지도 못하리라 하시니 이에 유대인들이 서로 묻되 이 사람이 어디로 가기에 우리가 그를 만나지 못하리요 헬라인 중에 흩어져 사는 자들에게로 가서 헬라인을 가르칠 터인가 나를 찾아도 만나지 못할 터이요 나 있는 곳에 오지도 못하리라 한 이 말이 무슨 말이냐 하니라"

26

참그리스도

—— 초막절에 예루살렘에 올라가신 예수님께서는 성전에서 사람들을 가르치셨습니다. 가르침을 받은 무리들은 예수님의 권세 있는 말씀에 놀랐지만 드러내 놓고 예수님에 대해 말하지 못했습니다. 예수님께 적대적인 유대인들이 예수님을 죽이려는 계획을 공공연하게 드러냈기 때문입니다. 예수님께서도 그들의 계획을 잘 알고 계셨지만 하나님께서 주시는 교훈들로 사람들을 가르치는 일을 계속하셨습니다. 그러나 육신적인 차원을 벗어나지 못한 그들은 예수님의 말씀을 온전히 깨닫지 못했습니다.

1. 그리스도가 아니라는 무리들

"예루살렘 사람 중에서 어떤 사람이 말하되 이는 그들이 죽이고자 하는 그 사람이 아니냐" 요 7:25

유대교 지도자들은 예수님을 향한 적개심을 백성들도 알아차릴 정도로 드러내 놓고 표현했습니다. 어떤 사람이 예수님을 알아보고 유대교 지도자들이 죽이려고 하는 사람이라고 말할 정도였습니다. 유대교 지도자들은 예수님께서 안식일을 범하고 신성 모독죄를 저질렀다는 이유로 예수님을 죽이려고 했습니다. 그런데 사실 그들에게 문제가 된 것은 예수님의 말씀에 능력이 넘친다는 점과 예수님께서 이전에 없던 놀라운 기적들을 베풀고 계신다는 점이었습니다. 이로 인해 백성들 사이에서 예수님의 영향력이 커지자 그들은 위협을 느꼈습니다. 이제까지 자신들이 누리던 종교 지도자로서의 권위와 존경을 예수님께 빼앗길까 봐 두려웠습니다.

"보라 드러나게 말하되 그들이 아무 말도 아니하는도다 당국자들은 이 사람을 참으로 그리스도인 줄 알았는가" 요 7:26

예수님께서 초막절을 지키기 위해 성전에 모인 사람들 앞에서 자유롭게 말씀을 가르치시는데도 당국자들은 제지하지 못했습니다. 이를 보고 사람들은 예수님에게 적대적인 당국자들이 아무런 조치도 취하지 않는 것을 의이헤하며 "딩국자들이 이 사람을 그리스도라고 생각하는 것은 아닐 텐데 왜 잡아가지 않지?"라고 말했습니다.

"그러나 우리는 이 사람이 어디서 왔는지 아노라 그리스도께서 오실 때에는 어디서 오시는지 아는 자가 없으리라 하는지라" 요 7:27

사람들은 예수님께서 그리스도이실 리가 없다고 생각했습니다. 왜냐하면 예수님을 갈릴리 출신으로 알고 있었기 때문입니다. 예수님께서는 베들레헴에서 태어나셨지만 유년 시절을 나사렛에서 보내셨고, 공생애 사역을 시작하신 후로는 가버나움에서 사셨습니다. 따라서 예수님의 출생지가 베들레헴이라는 사실을 아는 사람은 거의 없었고, 대부분의 사람들은 예수님을 나사렛이나 가버나움이 속한 갈릴리 출신으로 알고 있었습니다. 또한 예수님의 고향인 나사렛은 당시 가난한 사람들이 많이 사는 지역이었기 때문에 어떤 사람들은 그런 빈민촌 출신이 메시아일 리가 없다고 생각하기도 했습니다.

이처럼 사람들은 예수님의 출생지를 잘 알고 있다고 자부하며 예수님이 그리스도일 수는 없다고 단정 지었습니다. 그러나 예수님께서는 그들의 생각이 잘못되었다는 것을 지적하셨습니다.

"예수께서 대답하여 이르시되 내가 나를 위하여 증언하여도 내 증언이 참되니 나는 내가 어디서 오며 어디로 가는 것을 알거니와 너희는 내가 어디서 오며 어디로 가는 것을 알지 못하느니라"(요 8:14)

사람들은 눈에 보이는 제한적인 정보를 가지고 예수님에 대해서 판단했습니다. 그들은 예수님의 출신과 가족 관계를 알고 있기 때문에 예수님에 대해 다 안다고 생각했습니다. 그러나 예수님께서는 "너희는 내가 어디서 오며 어디로 가는 것을 알지 못한다."라고 말씀하셨습니다. 영적인 눈이 열리지 않으면 하늘로부터 오셔서 다시 하늘로 올라가실 예수님을 깨달을 수 없기 때문입니다.

성령으로 거듭나 영적인 눈으로 주님을 바라보기 전에는 예수님께서 어떤 분이신지 알 수 없습니다. 믿음 안에서 예수님을 인격적으로 경험한 사람만이 예수님을 알 수 있습니다. 교회를 아무리 오래 다닌 사람이라도 예수님을 인

예수님을 인격적으로 경험한 사람만이 예수님을 알 수 있습니다.

격적으로 만나고 삶의 주인으로 모시고 살지 않으면 예수님을 알 수 없고 그의 삶에 어떠한 변화도 경험할 수 없습니다. 예수님께서 베풀어 주시는 기적을 경험하고 예수님의 권능 넘치는 말씀을 들은 사람들도 육신적인 차원에서만 예수님을 바라보다가 결국 예수님 곁을 다 떠나고 말았습니다. 오병이어의 기적과 같은 놀라운 역사를 경험하고도 결국 구경꾼이 되었습니다. 제자들도 마찬가지입니다. 가룟 유다는 예수님을 은 삼십에 팔았고, 나머지 열 한 제자 중에서도 예수님께서 골고다 언덕에서 십자가에 못 박히실 때 그곳까지 따라간 사람은 사도 요한밖에 없었습니다.

주후 2세기 무렵 로마 제국이 초대 교회를 박해할 때 기독교에 대한 근거 없는 비판에 맞서며 기독교 신앙을 이성적, 학문적으로 변호하려고 한 '기독교 변증가'들이 있었습니다. 그중 대표적인 사람이 순교자 저스틴입니다.

그는 본래 이교도 집안 출신으로, 기독교가 아닌 헬라 철학에서 진리를 찾으려고 애쓰던 사람이었습니다. 진리에 목말랐던 그는 스토아 학파, 아리스토텔레스 학파, 피타고라스 학파, 신플라톤 학파 등 당대의 유명한 헬라 철학 학파들을 차례대로 찾아갔지만 그의 영혼의 갈증은 해소되지 않았습니다.

그러던 어느 날 저스틴이 해변을 거닐다가 한 노인을 만났습니다. 그 노인은 "철학이 인생에 행복을 줄 수 있다고 생각하오?"라고 물었습니다. 저스틴은 "철학을 통해 진리를 알 수 있으며, 행복은 이런 지식과 지혜의 결과로 따라오는 것입니다."라고 대답했습니다. 그러나 그 노인은 철학자들보다 더 일찍 하나님으로부터 계시를 받은 구약 시대의 선지자들과 그들이 예언한 예수 그리스도를 소개하며, "당신의 능력으로는 진리를 알 수 없소. 하나님의 지혜를 소유하신 분, 즉 메시아를 통해서만 진리를 알 수 있소."라고 말했습니다.

저스틴은 이 말을 들을 때 이전에 경험하지 못한, 영혼이 불붙는 것 같은 경험을 하였습니다. 그래서 그는 이전에 쫓아다니던 철학을 버리고 예수님을 따르게 되었습니다. 그 후 그는 자신의 철학적 지식을 바탕으로 기독교 변증가로 활동하다가 순교하게 되었는데, 마지막까지 "예수 그리스도로 인하여 죽임을 당하는 것이 복된 일이요, 나의 바라는 바이다."라고 말함으로써 자신의 진실한 신앙을 증명해 보였습니다. 이와 같이 순교자 저스틴은 예수님을 만나고 예수님께서 그리스도이신 것을 진실로 깨닫고 경험한 사람은 죽음도 두려워하지 않는다는 것을 보여 주었습니다.

2. 하나님께서 보내신 그리스도

"예수께서 성전에서 가르치시며 외쳐 이르시되 너희가 나를 알고 내가 어디서 온 것도 알거니와 내가 스스로 온 것이 아니니라 나를 보내신 이는 참되시니 너희는 그를 알지 못하나" 요 7:28

예수님께서는 유대인들이 자신을 죽이려고 하는 것을 잘 알고 계셨지만 성전에서 큰 소리로 담대히 가르치셨습니다. 예수님께서는 스스로 온 것이 아니라 참되신 분의 보냄을 받았으며 사람들은 그분을 알지 못한다고 말씀하셨습니다. 사람들은 예수님의 출신 지역과 가족 관계 등을 알고 있기 때문에 예수님에 대해 다 안다고 생각하고 있었습니다. 하지만 그들은 예수님을 세상에 보내신 분이 하나님이심을 알지 못했습니다. 그들은 예수님께서 누구신지 알지 못할 뿐만 아니라 하나님도 알지 못하는 사람들이었던 것입니다.

"나는 아노니 이는 내가 그에게서 났고 그가 나를 보내셨음이라 하시니" 요 7:29

예수님께서는 하나님에 대해 완전한 이해를 가지고 계셨습니다. 왜냐하면 예수님께서는 아버지 하나님에게서 났고, 하나님께로부터 세상에 보내심을 받으셨기 때문입니다. 예수님께서 하나님에게서 났다는 말은 하나님께서 예수님을 창조하셨다는 말이 아니라 두 분의 하나 됨과 친밀함을 나타내는 말입니다. 특히 요한복음에는 '보내다' 라는 동사가 32회나 사용되었는데, 그중 25회가 예수님에게 적용되었습니다. 이처럼 요한복음에서는 '보내다' 라는 동사가 하나님과 예수님의 관계를 설명하는 데 많이 사용되었습니다.

하나님께서 예수님을 이 세상에 보내신 목적은 모든 인간을 구원하시기 위함이었습니다. 예수님께서는 인간이 저지른 죄의 대가인 죽음을 그의 생명으로 대신하셨습니다. 우리 인간을 구원하기 위해서 죽으신 것입니다. 그러므로 우리 인간의 죄 문제를 해결해 주실 분은 오직 예수님밖에 없습니다. 이것을 깨닫지 못하는 사람은 예수님을 육신적인 눈으로 바라보던 사람들과 같습니다. 아무리 몸부림쳐도 벗어 버릴 수 없는 죄의 짐을 그대로 진 채 고생스러운 삶을 살아가는 사람들입니다.

"그들이 예수를 잡고자 하나 손을 대는 자가 없으니 이는 그의 때가 아직 이르지 아니하였음이러라" 요 7:30

사람들은 예수님의 말씀을 듣고도 영적 무지에서 벗어나지 못하고 오히려 예수님께 적개심을 품었습니다. 그들은 예수님께서 신성 모독죄를 저지르고 있다고 생각하고 예수님을 잡으려고 했습니다. 하지만 어느 한 사람도 감히 예수님께 손을 대지 못했습니다. 왜냐하면 예수님의 때가 아직 이르지 않았기 때문입니다.

예수님의 십자가 죽음과 부활을 통해 모든 인간을 구원하시려는 하나님의 계획은 하나님의 절대 주권으로 하나님의 시간표에 따라 이루어졌습니다. 우리를 향한 하나님의 계획도 마찬가지입니다. 우리 인생의 모든 일에는 다 하나님의 때가 있습니다. 하나님의 때에 응답이 다가오고 기적이 일어나고 은혜가 임합니다. 우리는 성경에서 이에 대한 사례들을 볼 수 있습니다. 이스라엘 백성은 여리고 성이 무너지기까지 성 주위를 7일 동안 13바퀴 돌아야 했습니다. 여리고 성이 무너지는 것은 분명히 하나님의 계획이었지만 일주일의 시간이 필요했습니다. 요셉은 17살에 꿈을 꾸었지만, 그 꿈이 이루어진 것은 22년 후의 일이었습니다. 그는 30살에 애굽의 총리가 되었고, 그 후 7년의 풍년을 지나고 7년 흉년의 둘째 해가 되어서야 형제들을 만날 수 있었습니다.

> 우리 인생의 모든 일에는 다 하나님의 때가 있습니다.

그러므로 하나님의 때를 따라 순종하는 삶을 살기 위해서는 무엇보다도 인내가 필요합니다. 하나님의 때가 이를 때까지 참고 또 참아야 합니다. 성급한 마음이 들고 사람의 힘을 의지하고 싶은 마음이 들 때 기도로 인내하고, 말씀으로 인내하고, 하나님께 찬송을 드리면서 인내해야 합니다. 다른 사람보다 뒤처지는 것 같고 하나님의 응답이 임하지 않을 것 같아도 '하나님의 때에 따라 산다'는 믿음을 가지면 마음의 평안을 누리며 감사할 수 있습니다.

한국 사람들은 성격이 너무 급합니다. 그래서 더욱더 성령 충만을 받고 성령의 열매인 인내를 맺어야 합니다. 기도하면서 인내하면 기도의 줄이 잡힙니다. 말씀을 의지하면서 하나님의 때를 분별하며 믿음으로 나아가면 거룩한 삶을 살게 됩니다. 찬양하며 무거운 마음을 이겨 내면 마음에 성령의 감동이 임해 새 힘을 얻게 됩니다. 그러면 영혼이 새로워지고 생명력이 넘치는 하루하루를 살아갈 수 있습니다.

성결교단과 한국 기독교의 원로셨던 고 정진경 목사님의 간증입니다. 목사님이 서울 혜화동교회에서 전도사로 사역하실 때였습니다. 1950년 한국 전쟁이 터진 직후 서울을 점령한 북한군들은 주요 공공 기관 및 교회를 몰수하고, 목회자들을 비롯해 우익 인사들을 잡아들이기 시작했습니다. 이때 목사님은 수유리에 있는 산으로 도망갔지만, 지역 주민의 고발로 인해 북한군에게 체포되고 말았습니다. 북한군은 즉시 목사님을 깊은 산속에 데려가 총부리를 겨

누며 “남반부 해방 전선에 비협조적인 놈들은 전부 죽어야 해. 셋을 세면 네 심장은 구멍이 날거라우!”라고 말하며 위협했습니다. 하지만 목사님은 담담했습니다. 목사님은 마음속으로 ‘그래, 주님이 지금 나를 부르신다는 것은 내가 더 이상 이 땅에서 할 일이 없다고 판단하셨기 때문이겠지. 주님, 제 영혼을 받아 주시옵소서.’라고 기도했습니다.

그런데 북한군이 “하나, 둘…….” 하며 방아쇠를 당기려는 순간 갑자기 하늘에 미군 제트기가 굉음을 내며 나타났습니다. 그러자 북한군은 제트기를 향해 총을 쏘았고, 그 바람에 총알이 다 떨어져 버렸습니다. 당황한 북한군은 “이거야, 총알이 하나도 없구먼! 너, 집으로 돌아가서 해방 전선 의용군으로 나갈 채비를 하고 기다리라우!”라고 말하고는 뭔가에 홀린 듯이 그냥 내려가 버렸습니다. 목사님을 벼랑으로 밀어 버리거나 돌로 치거나 목을 졸라 죽일 수도 있었는데 하나님께서 기적을 베풀어 주셔서 죽이지 않고 간 것입니다.

이렇게 총살 직전에 극적으로 살아난 목사님은 서울이 수복된 이후 교단 장학생으로 선발되어 미국에 유학을 다녀와 서울신학대학의 대학원장을 역임하는 등 15년간 후학 양성에 힘을 쏟으셨습니다. 그리고 신촌성결교회 담임 목사와 원로 목사로 시무하시면서 성결교 총회장, 한국기독교총연합회 및 한국기독교100주년기

념사업협의회 회장 등을 역임하시며 교단과 한국 교계의 연합 사업을 위해 오랫동안 일하시다가 2009년 89세의 나이로 하나님의 부르심을 받으셨습니다. 생명의 주권이 하나님께 있음을 뼈저리게 체험한 목사님은 유작인 『목적이 분명하면 길은 열린다』에서 다음과 같이 고백하였습니다.

"그때 '내가 믿고 확신하는 하나님은 나를 살리기도 하고 죽이기도 하는 전능자이시구나!' 라는 고백이 뼛속 깊은 곳에서 솟구쳤습니다. 돌아보면 어려운 시대의 한복판에 살았지만 이를 통해 모든 역사를 주관하시는 분은 하나님이심을 몸소 체험할 수 있었습니다."

우리의 모든 것은 하나님의 손에 달려 있습니다. 우리는 하나님께서 주신 사명을 이루기 위해 항상 최선을 다하며 준비된 모습으로 하루하루를 살아가야 합니다.

3. 그리스도가 맞는다는 무리들

"무리 중의 많은 사람이 예수를 믿고 말하되 그리스도께서 오실지라도 그 행하실 표적이 이 사람이 행한 것보다 더 많으랴 하니" 요 7:31

예수님의 말씀을 듣고 예수님에 대해 적대적인 마음을 품은 사람들도 있었지만 반대로 마음을 여는 사람들도 있었습니다. 그들은 예수님께서 수많은 기적을 행하셨다는 점을 근거로 "그리스도께서 오실지라도 그 행하실 표적이 이 사람이 행한 것보다 많겠습니까?"라고 반문했습니다. 예수님께서 행하신 일들, 즉 죽은 사람을 살리고, 맹인의 눈을 뜨게 하고, 보리떡 다섯 개와 물고기 두 마리로 이만 명 이상의 사람들을 배불리 먹이는 것을 볼 때 예수님을 그리스도로 인정할 수밖에 없다는 뜻입니다. 그래서 많은 사람이 예수님께서 행하신 표적을 보고 예수님을 믿었습니다. 그러나 그들의 믿음은 온전한 믿음이라고 할 수 없습니다. 믿음은 눈에 보이는 증거들로 인해 설득된 결과물이 아니기 때문입니다. 믿음은 바라는 것들의 실상이며 보이지 않는 것들의 증거입니다.

> **믿음은 바라는 것들의 실상이며 보이지 않는 것들의 증거입니다.**

현재 미국 새들백교회에서 '구도자 대상 사역'을 하고 있는 리스트로벨 목사님은 본래 교회에 대한 적대감으로 가득 찬 언론인이자 무신론자였습니다. 그런데 그의 아내가 예수님을 믿으면서부터 삶이 달라지자, 그는 기독교에 대해 조사하기 시작했습니다. 그는 예일대 법학 석사 출신의 노련한 기자답게 마치 범죄 사건을 조사하듯이 기독교의 핵심 사건을 철저하게 조사했습니다. 성경을 비롯해 기독교 역사, 고고학, 고대 문학 등을 공부했으며 기독교 각 분야에서 최고로 꼽히는 학자 13명을 찾아가서 인터뷰했습니다. 그는 600일, 거의 2년 동안 철저히 조사하고 나서 예수님께서 정말로 하나님의 아들이며 성경에 기록된 내용은 사실이라는 결론을 얻었습니다. 그런데 문제는 머리로는 수긍할 수 있었지만 마음으로는 믿어지지 않는 데 있었습니다. 이 문제로 고민하던 중 그는 "영접하는 자 곧 그 이름을 믿는 자들에게는 하나님의 자녀가 되는 권세를 주셨으니"라고 기록된 요한복음 1장 12절 말씀을 보게 되었습니다. 여기서 그는 '믿다 + 영접하다 = 되다' 라는 공식을 발견했습니다. 하나님의 자녀가 되기 위해서는 단순한 지적 동의를 넘어서서 '믿고 영접하는' 과정이 필요함을 깨닫게 된 것입니다. 결국 그는 예수 그리스도를 진심으로 믿고 영접하기로 결정하고 하나님의 자녀가 되었습니다. 그 후 그의 삶이 얼마나 달라졌는지, 하루는 5살짜리 딸이 "엄마, 하나님이 도대체 아빠에게 어떻게 하셨기에 아빠가 이렇게 변했죠?"라고 말할 정도였습니다. 그리하여 한때 무신론자였던 그는 현재 새들백교회에서 '구도자 사역' 을 통해 과거의 자신과 같은 사람들을 주님께 인도하는 일을 담당하고 있습니다. 또한 탁월한 글 솜씨를 발휘해 많은 책을 저술하여 기독교를 변증하고 있는데, 그중 『예수는 역사다』에서 그는 불신자들을 향해 이렇게 말했습니다.

"아마도 당신은 여러 증거들을 통해 나처럼 '예수 사건'이 확정적이라는 것을 알았을 것이다. 이제 남은 것은 예수님의 은혜를 믿고 받아들이는 것뿐이다. 그러면 당신은 하나님의 자녀가 될 것이다. 나는 당신이 그 단계를 밟을 것을 강력히게 권고한다."

"예수에 대하여 무리가 수군거리는 것이 바리새인들에게 들린지라 대제사장들과 바리새인들이 그를 잡으려고 아랫사람들을 보내니" 요 7:32

사람들이 예수님에 대해 수군거리는 소리가 바리새인들의 귀에 들어갔습니다. 예수님에 대해 양분된 사람들의 반응과 수군거림은 이 적대 세력이 가진 그릇된 욕망을 행동으로 옮기게 하는 빌미가 되었습니다. 바리새인들은 대제사장들과 의견을 나눈 뒤 예수님을 잡아들이기로 하고 아랫사람들, 즉 성전을 지키는 군인들을 보냈습니다. 예수님께 가장 적대적인 바리새인들과 대제사장들이 예수님을 죽이려는 계획을 공식적으로 진행하기 시작한 것입니다.

그런데 성경을 보면 사람들이 예수님을 구주로 믿고 따를 때에는 바리새인과 대제사장들이 그들의 야욕을 실행에 옮기지 못했었습니다. 여기서 우리가 배울 점이 있습니다. 우리가 예수님에 대한 분명한 신앙고백을 가지고 한마음으로 주님께 헌신하면 마귀가 틈

타지 못합니다. 마귀의 시험과 세상의 박해가 있어도 예수님께 대한 우리 믿음의 초점이 또렷하면 아무런 문제가 되지 않습니다. 그러나 예수님을 믿는 사람들이 사람을 바라보며 서로의 약점을 들춰내고 비판하기 시작하면 문제가 생깁니다. 세상을 바라보면 의심이 들어오고 원망과 불평이 찾아옵니다.

신약학 교수이며 미국 그레이스장로교회에서 시무하는 윌리엄 B. 버클레이 목사님은 그의 저서 『만족의 비결』에서 다음과 같이 말했습니다.

"투덜거림과 불평은 '하나님의 자녀'라는 우리의 지위에 어울리지 않는다. 불신자는 근본적으로 불만족하는 자들로서, 이 세상으로는 절대 만족할 수 없는 갈증을 가지고 있다. 따라서 투덜거림은 우리를 이 세상에서 구별된 사람들이 아니라 이 세상에 속한 사람들과 마찬가지로 만들어 버린다. 불신자는 자기 자신에게 집중하기 때문에 불평하지만, 예수 그리스도의 참증인은 예수 그리스도께 집중하기 때문에 불평하지 않는다."

예수님을 바라보며 예수님의 뜻을 따라 사는 사람은 항상 감사와 기쁨이 넘칩니다. 나를 위해 목숨을 버리신 예수님을 전하는 증인의 삶의 사는 사람의 입술에 원망과 불평, 수군거림이 있을 수 없습니다. 하나님의 자녀가 되어 영원한 천국의 삶을 얻게 된 사람의 입술에 낙심과 절망의 탄식이 있을 수 없습니다.

4. 아버지께로 돌아가시겠다는 말씀

"예수께서 이르시되 내가 너희와 함께 조금 더 있다가 나를 보내신 이에게로 돌아가겠노라 너희가 나를 찾아도 만나지 못할 터이요 나 있는 곳에 오지도 못하리라 하시니" 요 7:33-34

앞서 예수님께서는 하나님께서 자신을 보내셨다는 점을 여러 차례 강조하셨는데, 여기서는 자신을 보내신 하나님께로 다시 돌아갈 것이라고 말씀하셨습니다. 이는 때가 이르면 십자가에서 몸 찢기고 피 흘려 죽으실 것이고 그 후에 부활, 승천하여 하나님께 돌아가실 것이라는 말씀입니다. 그래서 사람들이 예수님을 찾고자 해도 만나지 못할 것이고 예수님께서 계신 곳에 올라갈 수도 없게 될 것입니다.

"이에 유대인들이 서로 묻되 이 사람이 어디로 가기에 우리가 그를 만나지 못하리요 헬라인 중에 흩어져 사는 자들에게로 가서 헬라인을 가르칠 터인가" 요 7:35

예수님께서 "얼마 있으면 너희가 나를 만날 수 없게 된다."라고 말씀하시자 사람들은 그 의미를 몰라 서로 질문을 주고받았습니다. 그들은 예수님께서 디아스포라 유대인들처럼 유대 땅을 떠나 이방인들, 즉 헬라인들에게 가서 그들을 가르치겠다는 말씀을 하신 것으로 생각하기도 했습니다.

"나를 찾아도 만나지 못할 터이요 나 있는 곳에 오지도 못하리라 한 이 말이 무슨 말이냐 하니라" 요 7:36

사람들은 예수님의 말씀의 의미를 몰라 서로 물었지만 아무도 알지 못했습니다. 그들은 도대체 예수님께서 어디로 가기에 만날 수 없다는 것인지 궁금했습니다. 그들은 영적인 눈이 감겨 있었기 때문에 예수님께서 누구신지 몰랐을 뿐만 아니라 예수님께서 이 세상의 어느 곳이 아닌 천국에 올라가신다는 것을 결코 깨달을 수 없었습니다.

우리가 예수님을 인격적으로 만나고 성령으로 거듭나기 전에는 예수님과 예수님께서 행하시는 놀라운 역사를 믿을 수도, 깨달을 수도 없습니다. 인간적인 생각으로는 성경에 기록된 놀라운 말씀들을 결코 이해할 수도 없습니다. 하나님께서 말씀으로 천지를 창조하신 일, 이스라엘 백성을 구원하기 위해 홍해를 가르신 일, 하나님의 아들이신 예수님께서 인간의 몸으로 이 세상에 오셔서 십자가에 못 박혀 죽었다가 삼 일 만에 부활하시고 승천하신 일을 인간의 지식과 경험으로는 이해할 수 없습니다. 이에 대해 '20세기의 선지자' 로 불리는 A. W. 토저 목사님은 다음과 같이 말했습니다.

"성경은 하나님의 계시의 책이지만 문자의 계시만으로는 충분하지 않다. 문자의 계시가 사람의 영혼을 움직이려면 먼저 성령의 조명이 있어야 한다. 지식의 습득이 아닌 성령의 조명으로 말씀을 보아야 진리가 보인다."

저명한 성경 연구가인 아더 핑크 목사님도 다음과 같이 말했습니다.

"신앙의 사람과 불신앙의 사람 사이의 근본적인 차이점은 여기에 있다. 불신자는 세상으로부터 나와서 세상적 기준에 의해 모든 것을 판단하고, 인생을 시간과 감각의 차원에서 바라보며, 모든 것을 자신의 현세적인 손익에 따라 계산한다. 그러나 신앙의 사람은 모든 것을 하나님의 관점에서 바라보고, 영적 기준으로 판단하며, 인생을 영원이라는 차원에서 본다. 신앙인은 이렇게 함으로써 폭풍의 와중에서도 마음의 평온을 누리고 하나님의 영광을 소망하며 즐거워한다."

사랑하는 여러분, 성령으로 거듭난 사람만이 예수님의 말씀을 온전히 깨달을 수 있습니다. 성령으로 충만한 사람만이 예수님의 말씀을 삶에서 실천할 수 있습니다. 그러나 세상의 유혹과 육신의 탐욕으로 가득 찬 사람은 주님께서 주시는 진리의 말씀을 들을 수 없습니다. 하나님께서 기뻐하시는 거룩한 삶을 살아갈 수 없습니다. 깨어지고 낮아진 마음으로 주님의 말씀을 사모하시기 바랍니다. 간절히 기도함으로 성령 충만함을 받아 보화와 같은 주님의 말씀을 깨닫고 하나님과 사람 앞에서 존귀한 삶을 살아가시기 바랍니다.

묵상을 위한 질문

1. 예수님께서 그리스도가 아니라고 생각한 사람들은 무엇을 근거로 그렇게 판단했습니까(요 7:27)?

2. 예수님께서 성전에서 가르치실 때 예수님께 적대적인 사람들이 예수님을 잡으려고 했지만 예수님께 손을 대는 자가 없었습니다. 그 이유는 무엇입니까(요 7:30)?

3. 예수님을 믿은 사람들은 무엇을 보고 예수님을 영접했습니까? 이들의 믿음은 온전한 믿음이라고 할 수 있습니까(요 7:31)?

4. 당신이 예수님을 구주로 영접한 이유는 무엇입니까?

5. 당신이 복음을 증거할 때 예수님을 어떻게 소개하고 있습니까?

암송 성구

"나는 아노니 이는 내가 그에게서 났고 그가 나를 보내셨음이라 하시니"(요 7:29)

요 7:37-52

"명절 끝 날 곧 큰 날에 예수께서 서서 외쳐 이르시되 누구든지 목마르거든 내게로 와서 마시라 나를 믿는 자는 성경에 이름과 같이 그 배에서 생수의 강이 흘러나오리라 하시니 이는 그를 믿는 자들이 받을 성령을 가리켜 말씀하신 것이라 (예수께서 아직 영광을 받지 않으셨으므로 성령이 아직 그들에게 계시지 아니하시더라) 이 말씀을 들은 무리 중에서 어떤 사람은 이 사람이 참으로 그 선지자라 하며 어떤 사람은 그리스도라 하며 어떤 이들은 그리스도가 어찌 갈릴리에서 나오겠느냐 성경에 이르기를 그리스도는 다윗의 씨로 또 다윗이 살던 마을 베들레헴에서 나오리라 하지 아니하였느냐 하며 예수로 말미암아 무리 중에서 쟁론이 되니 그중에는 그를 잡고자 하는 자들도 있으나 손을 대는 자가 없었더라 아랫사람들이 대제사장들과 바리새인들에게로 오니 그들이 묻되 어찌하여 잡아 오지 아니하였느냐 아랫사람들이 대답하되 그 사람이 말하는 것처럼 말한 사람은 이때까지 없었나이다 하니 바리새인들이 대답하되 너희도 미혹되었느냐 당국자들이나 바리새인 중에 그를 믿는 자가 있느냐 율법을 알지 못하는 이 무리는 저주를 받은 자로다 그중의 한 사람 곧 전에 예수께 왔던 니고데모가 그들에게 말하되 우리 율법은 사람의 말을 듣고 그 행한 것을 알기 전에 심판하느냐 그들이 대답하여 이르되 너도 갈릴리에서 왔느냐 찾아보라 갈릴리에서는 선지자가 나지 못하느니라 하였더라"

27

생수의 강

—— 여드레 동안 지키는 초막절은 마지막 날에 절정에 달합니다. 예수님께서는 성전에서 사람들을 만나 영적인 말씀을 가르쳐 주셨는데, 이로 인해 적대적인 유대인들의 공격에 노출되셨습니다. 그러나 하나님의 때가 되기 전에는 어느 누구도 예수님께 손을 댈 수 없었습니다. 대제사장들과 바리새인들이 예수님을 잡아 오라고 성전 수비대 소속 군인들을 보냈으나 그들 역시 예수님께서 말씀을 전하시는 것을 보면서도 아무런 행동도 취하지 못했습니다. 아직은 예수님께서 잡히실 때가 되지 않았기 때문입니다.

1. 믿는 자들이 받을 성령

"명절 끝 날 곧 큰 날에 예수께서 서서 외쳐 이르시되 누구든지 목마르거든 내게로 와서 마시라" 요 7:37

초막절은 안식일을 포함해 여드레 동안 계속되며 마지막 날에는 대성회가 열렸습니다. 바로 이 초막절의 마지막 날 사람들이 명절의 대미를 장식하는 큰 잔치를 벌일 때 예수님께서 무리 가운데 서서 "누구든지 목마르거든 내게로 와서 마시라" 고 큰 소리로 외치셨습니다.

신약 시대의 초막절은 '물의 축제' 였습니다. 초막절 첫날부터 7일 동안 매일 새벽에 제사장이 이끄는 행렬이 실로암 연못에서 황금 물주전자에 물을 가득 떠다가 성전 제단의 서편 굴뚝에 부었습니다. 이때 성전의 성가대는 시편 113편부터 118편의 '할렐루야 찬양' 을 불렀습니다. 이것은 이스라엘 백성이 광야를 통과할 때 물을 주신 것에 대해 감사드리는 행위인 동시에 다음 초막절까지 비를 많이 내려 주셔서 풍성한 추수를 할 수 있도록 구하는 행위였습니다.

이렇게 물의 축제라고 할 수 있는 초막절의 마지막 날에 "누구든지 목마르거든 다 내게로 와서 마시라" 고 외치는 예수님의 말씀은 사람들의 이목을 집중시키기에 충분했습니다.

"나를 믿는 자는 성경에 이름과 같이 그 배에서 생수의 강이 흘러 나오리라 하시니" 요 7:38

여기서 '성경'은 스가랴서를 가리킵니다. 스가랴 14장 8절을 보면 "그날에 생수가 예루살렘에서 솟아나서 절반은 동해로, 절반은 서해로 흐를 것이라 여름에도 겨울에도 그러하리라" 고 기록되어 있습니다. 예수님께서는 스가랴 선지자의 이 예언을 인용하시면서 "나를 믿는 자는 그 배에서 생수의 강이 흘러나오리라." 고 말씀하셨습니다. 이 생수에 관해서 에스겔 선지자는 다음과 같이 예언했습니다.

"이 강물이 이르는 곳마다 번성하는 모든 생물이 살고 또 고기가 심히 많으리니 이 물이 흘러 들어가므로 바닷물이 되살아나겠고 이 강이 이르는 각처에 모든 것이 살 것이며" (겔 47:9)

스가랴와 에스겔 선지자의 예언에서 말하는 생수는 언제 어디서나 살아 있는 모든 것들에 생명을 주는 물입니다. 이 예언의 말씀들은 예수님을 통해서 이루어졌습니다. 예수님께서 말씀하신 대로 예수님을 믿는 사람마다 영생을 얻고 성령의 생수를 마심으로 온 세계가 살아나는 역사가 이루어지게 되었습니다.

마틴 로이드 존스는 촉망받는 의사였지만 하나님께서 그에게 원하시는 것이 몸의 질병을 고치는 의사가 아니라 영혼의 질병을 고치는 목회자임을 깨닫고 목사가 되었습니다. 그 후 그는 30년 동안 능력 있는 설교로 유럽 전역과 미국을 순회하며 큰 부흥을 일으켰습니다. 그는 은퇴 직전의 설교를 모아서 엮은 그의 책 『생수를 채우라』에서 다음과 같이 말했습니다.

"우리는 목말라 죽어 가고 비틀거리며 세상을 헤맵니다. 그러나 여기 우리에게 필요한 모든 것이 있습니다. 바로 주님의 생수입니다. 이것이 우리의 목마름을 해소해 주고 우리의 발에 힘을 주며 우리에게 생명을 줄 것입니다. 그러므로 사랑하는 여러분, 더 이상 자신의 종교성과 도덕과 명철과 의지력을 붙잡지 마십시오. 주님께 나아가 그분이 주는 물을 마시십시오. 그럴 때 세상이 존재하는 한 결코 목마르지 않으며 우리 속에 영생하도록 솟아나는 샘물을 얻게 될 것입니다."

이스라엘 백성이 광야에서 마신 물은 그들의 갈증을 영원히 해갈해 주지 못했고, 물의 잔치인 초막절에 모인 많은 유대인들도 풍성하게 먹고 마셨지만 영원한 것은 아니었습니다. 그러나 예수님을 믿는 사람은 그 속에서 성령의 생수가 넘쳐 나서 영원히 목마르지 않게 됩니다.

"이는 그를 믿는 자들이 받을 성령을 가리켜 말씀하신 것이라(예수께서 아직 영광을 받지 않으셨으므로 성령이 아직 그들에게 계시지 아니하시더라)" 요 7:39

예수님께서 말씀하신 '생수의 강'은 '믿든 자들이 받을 성령님'을 뜻합니다. 이때는 아직 예수님께서 영광을 받지 않으셨기 때문에, 다시 말하면 예수님께서 십자가에 달려 죽으시고 부활하심으로 구원 사역을 다 이루시기 전이었기 때문에 성령님께서 임하지 않으셨습니다. '예수님께서 영광을 받으실 때'가 언제인지에 대해서는 예수님께서 십자가에 못 박하시기 전날 밤 하나님께 드린 '대제사장의 기도'를 통해 알 수 있습니다.

"예수께서 이 말씀을 하시고 눈을 들어 하늘을 우러러 이르시되 아버지여 때가 이르렀사오니 아들을 영화롭게 하사 아들로 아버지를 영화롭게 하게 하옵소서"(요 17:1)

구약 시대에는 하나님께서 몇몇 사람들에게 일시적으로 성령을 오순절 성령 강림 이후 성령의 시대가 시작되었습니다.

부어 주어 하나님의 뜻을 이룰 수 있게 하셨습니다. 그러나 예수님께서 영광을 받으신 후, 즉 부활, 승천하신 후에는 오순절 성령 강림 사건을 통해 예수님을 믿는 모든 사람이 성령 충만을 받을 수 있게 되었고 이로써 성령의 시대가 시작되었습니다. 예수님께서는 십자가 고난을 받으시기 전 유월절 만찬 자리에서도 다음과 같이 말씀하셨습니다.

"그러나 내가 너희에게 실상을 말하노니 내가 떠나가는 것이 너희에게 유익이라 내가 떠나가지 아니하면 보혜사가 너희에게로 오시지 아니할 것이요 가면 내가 그를 너희에게로 보내리니"(요 16:7)

예수님께서 영광을 받으신 후에 모든 믿는 사람들에게 임하신 성령님께서는 생명의 강물이 되셔서 복음이 힘 있게 증거되도록 역사하셨습니다. 오순절 날에 성령 침례를 받은 120명의 제자들을 통해 온 예루살렘에 복음의 강력한 능력이 나타났고, 사마리아 땅에 놀라운 부흥이 일어났으며, 유럽과 아시아에 복음이 강력하게 전파되면서 많은 사람들이 회개하고 주님께로 돌아오는 역사가 일어났습니다.

미국 이글스랜딩 제일침례교회에서 청소년 사역을 하고 있는 마크 홀 목사님은 『내 인생의 우물, 예수』에서 다음과 같이 말했습니다.

"성령님께서 우리 안에 흘러 들어오신 까닭은 우리를 통해 이 생수가 다른 사람들에게 흘러가게 하기 위해서이다. 흐르는 물이 살아 있는 물이다. 고이면 썩는다. 생수이신 성령님께서는 우리 안에 고여 있기를 원하지 않으신다. 그분의 능력이 다른 사람에게 흘러가기를 원하신다."

우리는 성령님께서 베푸시는 은혜와 능력은 어느 한 사람, 어느 한 교회에 머물러 있지 않고 온 세계를 향해 넘쳐흐르게 된다는 것을 기억해야 합니다. 이것은 단지 영적 차원에서만 일어나는 일이 아닙니다. 성령의 생수를 소유한 사람은 삶이 놀랍게 변화됩니다. 그의 삶 전체가 나누어 주고 베푸는 삶으로 변화됩니다. 자기만을 위해 살고 자기중심적으로 살던 사람이 하나님을 사랑하고 이웃을 사랑하는 사람으로 변화됩니다.

우리 한국에는 5만여 교회와 10만 4천여 명의 주의 종들이 있습니다. 그런데 80%의 교회가 재정적으로 어려움을 겪고 있습니다. 그래서 주님과 교회를 위해 헌신하고서도 은퇴하고 나면 여생을 보낼 곳이 없는 목사님 부부가 많습니다. 특히 홀로되신 사모님들은 의지할 사람도, 머물 곳도 없는 경우가 많습니다. 저는 그런 이야기를 들을 때마다 마음이 아팠습니다. 그래서 저는 은퇴하신 목사님 부부가 여생을 보낼 숙소를 마련해 드리고 싶은 꿈을 갖게 되었습니다. 그런데 이것을 위해 기도하고 있을 때 40여 년 전에 제가 가르쳤던 제자에게서 연락이 왔습니다. 놀랍게도 그 제자는 저에게 "목사님, 아버지에게서 받은 땅 2만 평이 있는데 양로원을 짓고 싶지만 저는 능력이 안되니 교회에 헌물하겠습니다."라고 말했습니다.

은퇴하신 목사님 부부를 위해 숙소를 지을 땅을 하나님께서 허락해 주신 것입니다. 이 소식을 들은 어느 성도님은 숙소 건축을 위한 씨앗으로 사용해 달라고 1억 원을 헌금하셨습니다. 이러한 마음들이 모여서 현재 경기도 용인에 숙소가 건축되기 시작했습니다. 이처럼 성령님께서 함께하는 그리스도인과 교회에는 나눔의 역사가 일어납니다.

2. 예수님에 대한 다양한 반응

"이 말씀을 들은 무리 중에서 어떤 사람은 이 사람이 참으로 그 선지자라 하며" 요 7:40

초막절의 끝 날 예수님께서 사람들을 향해 목마른 자에게 물을 주시겠다고 외치자 그 말씀을 들은 사람 중에 어떤 사람이 예수님을 가리켜 '그 선지자'라고 말했습니다. 그는 광야에서 하나님께 간구하여 백성들이 물을 마실 수 있도록 한 모세를 떠올리며 모세가 말한 '하나님께서 세우실 나와 같은 선지자'가 바로 예수님이라고 생각했습니다(신 18:15).

"어떤 사람은 그리스도라 하며 어떤 이들은 그리스도가 어찌 갈릴리에서 나오겠느냐 성경에 이르기를 그리스도는 다윗의 씨로 또 다윗이 살던 마을 베들레헴에서 나오리라 하지 아니하였느냐 하며" 요 7:41-42

어떤 사람은 예수님께서 그리스도라고 말했지만 다른 어떤 사람들은 예수님께서 그리스도일 리가 없다고 했습니다. 예수님께서 그리스도가 아니라고 말한 사람들은 미가 5장 2절의 예언대로라면 그리스도는 다윗의 고향 베들레헴에서 나와야 하는데 예수님께서는 갈릴리 출신이므로 메시아 일리가 없다고 생각했습니다.

이처럼 사람들은 예수님께서 누구신가를 놓고 딜레마에 빠졌습니다. 예수님께서 행하신 일들, 곧 죽은 자를 살리고 병든 자를 고치며 수만 명의 무리를 먹이신 기적을 생각하면 예수님께서 그리스도라고 충분히 생각할 수 있었지만 예수님의 출신을 생각해 보면 예수님을 그리스도라고 말할 수가 없었습니다.

"예수로 말미암아 무리 중에서 쟁론이 되니" 요 7:43

사람들은 예수님에 대하여 사람들의 의견이 나뉜 데서 그치지 않고 '예수님은 누구신가?' 에 대해 논쟁을 벌여 그들 사이에 분열이 일어났습니다. 이와 같이 사람들이서 서로 논쟁하고 분열된 것은 아직 그들이 예수님께서 어떤 분이신지 분명히 깨닫지 못했다는 것을 말해 줍니다. 예수님을 영접하여 주인으로 모시고 사는 사람들 사이에서는 논쟁하고 분열하는 일이 있을 수 없습니다. 왜냐하면 예수님께서는 하나님과 사람 사이뿐 아니라 사람과 사람 사이도 화목하게 하시는 분이기 때문입니다. 만약에 예수님을 믿는 사람들 사이에 논쟁과 분열이 있다면 아직 그들의 자아가 깨어지지 않았다는 증거입니다. 영국의 탁월한 복음주의 설교가 존 스토트 목사님은 이렇게 말했습니다.

> **만약에 예수님을 믿는 사람들 사이에 논쟁과 분열이 있다면 아직 그들의 자아가 깨어지지 않았다는 증거입니다.**

"그리스도 없는 기독교는 보물 없는 보석함이요, 그림 없는 액자요, 호흡 없는 생명체이다. 따라서 우리는 예수 그리스도를 통해(through), 그분 위에(on), 그분 안에(in), 그분 아래에(under), 그분과 함께(with), 그분을 향해(unto), 그분을 위해(for), 그리고 그분처럼(like) 살아야 한다."

예수님으로 충만한 삶을 살면 다툼이나 분열이 있을 수 없습니다. 오직 주님만을 바라보고 주님께 영광 돌리기 위해 살면 주님의 평화가 우리 개인과 가정, 직장, 그리고 교회에 가득하게 됩니다. 예수님으로 충만한 삶은 곧 성령 충만한 삶입니다. 날마다 성령으로 충만하면 참된 만족과 기쁨을 누릴 수 있습니다. 세상의 것에 목마르지 않기 때문에 세상의 부귀영화를 더 얻기 위해 다툴 일도 없습니다. 내가 가진 것이 아니라 내 안에 계신 예수님을 자랑하며 사시기 바랍니다. 예수님만 높이며 예수님 중심으로 살아갈 때 참된 만족과 기쁨, 그리고 천국의 평안을 누릴 수 있습니다.

"그중에는 그를 잡고자 하는 자들도 있으나 손을 대는 자가 없었더라" 요 7:44

분쟁하는 사람들 중에는 예수님을 잡고자 하는 사람들도 있었습니다. 물론 앞에서도 한 번 나왔듯이 예수님을 해하려는 마음을 먹은 사람들이 있었던 것은 이번이 처음은 아니었습니다.

"그들이 예수를 잡고자 하나 손을 대는 자가 없으니 이는 그의 때가 아직 이르지 아니하였음이러라" (요 7:30)

이와 같이 예수님에게 적개심을 품은 사람들은 호시탐탐 예수님을 잡을 기회를 엿보고 있었습니다. 그러나 아직 예수님께서 잡히실 때가 이르지 않았기 때문에 감히 예수님께 손을 대는 자가 없었습니다.

3. 예수님을 대적하는 바리새인들

"아랫사람들이 대제사장들과 바리새인들에게로 오니 그들이 묻되 어찌하여 잡아 오지 아니하였느냐" 요 7:45

대제사장들과 바리새인들은 성전 수비대 군인들이 예수님을 잡아 오지 않은 것을 보고 그 이유를 따져 물었습니다. 여기서 '대제사장들' 이란 말을 눈여겨볼 필요가 있습니다. 원래 대제사장은 한 명이며 종신직입니다. 그러나 유대 민족이 로마 제국의 지배를 받게 되면서 대제사장의 임명권은 로마 제국에 귀속되었습니다. 로마 제국에서는 현직 대제사장이 제국의 이익에 반하는 행동을 하면 다른 사람을 대제사장으로 세웠습니다. 그래서 한 명이어야 할 대제사장이 여러 명이 되었습니다.

이로 인해 대제사장들은 항상 로마 제국의 눈치를 보는, 정치적이고 기회주의적인 사람들이 되었습니다. 그런데 예수님께서 백성들의 관심을 한 몸에 받자 그들은 자신들의 입지가 흔들릴 것이 두려워 예수님을 눈엣가시처럼 생각했습니다. 바리새인들 역시 그들이 누리고 있는 종교적 권위를 지키기 위해서는 백성들에게 미치는 예수님의 영향력이 커지는 상황을 그냥 두고 볼 수 없었습니다. 그래서 대제사장들과 바리새인들은 예수님을 제거하려는 공통의 목적을 갖게 되었습니다.

"아랫사람들이 대답하되 그 사람이 말하는 것처럼 말한 사람은 이 때까지 없었나이다 하니" 요 7:46

대제사장들과 바리새인들의 질문에 아랫사람들은 예수님의 말씀을 들어 보니 예수님처럼 능력 있고 감동을 주는 말씀을 하는 사람을 본 적이 없었다고 대답했습니다. 예수님을 잡아 오라는 명을 받고 갔다가 예수님의 말씀에 감동을 받아 그들의 심령이 예수님께 사로잡혔던 것입니다. "예수께서 이 말씀을 마치시매 무리들이 그의 가르치심에 놀라니 이는 그 가르치시는 것이 권위 있는 자와 같고 그들의 서기관들과 같지 아니함일러라"(마 7:28-29)는 말씀처럼 그들은 예수님의 가르침이 당대 어떤 율법 교사들보다도 월등하다고 생각했습니다.

그리고 그들은 피도 눈물도 없이 무조건하고 상관의 명령에 복종하는 로봇 같은 군인들이 아니었습니다. 그들은 비록 대제사장들이나 바리새인들의 지위에는 못 미치는 신분이었지만 성전에서 하나님을 섬기는 사람들이었습니다. 그렇기 때문에 그들은 예수님을 잡으러 갔다가 성전에서 담대하게 백성들을 가르치시는 예수님의 말씀을 듣고 감화를 받아 예수님은 자기들이 잡아야 할 대상이 아님을 깨닫게 되었습니다.

우리 교회에서도 이와 비슷한 일이 있었습니다. 어느 소매치기한 사람이 우리 교회에 소매치기하러 왔다가 예배 시간에 말씀을 듣고 은혜를 받아 회개한 일이 있었습니다. 이처럼 살아 계신 주님의 말씀을 통해 하나님의 은혜를 체험하면 삶이 변화됩니다. 그러므로 우리에게 필요한 것은 은혜입니다. 예수님께서 주시는 은혜로 우리의 마음이 가득 채워지면 날마다 주님께서 기뻐하시는 새로운 삶을 살아갈 수 있습니다.

A. W. 토저 목사님은 그의 책 『세상과 충돌하라』에서 '사람을 두려워하지 말고 하나님을 두려워하라' 고 하면서 다음과 같이 말했습니다.

"하나님을 마땅히 두려워해야 할 만큼 두려워한다면 그 무엇도, 그 누구도 두렵지 않을 것이다. 사람들이 나의 재산과 명예, 그리고 나의 목숨을 취한다고 해도 그리스도의 보혈로 붉게 물든 두꺼운 외투가 나를 두르고 있다면, 나는 이미 죽어서 2천 년 동안 하나님의 품에 안겨 있는 사람들만큼 안전하다."

"바리새인들이 대답하되 너희도 미혹되었느냐" 요 7:47

아랫사람들의 대답을 들은 바리새인들은 "너희도 미혹된 것이냐?" 라고 신경질적으로 반문했습니다. 여기서 '미혹되다' 는 '거짓 가르침에 속아 넘어가다' 라는 의미입니다. 따라서 우리는 당시 바리새인들이 예수님을 이단 사설을 유포하는 사람으로 간주했다는 것을 알 수 있습니다. 바리새인들은 이미 예수님을 신성 모독죄를 범한 죄인으로 낙인을 찍었기 때문에 예수님의 말씀이 전혀 귀에 들어오지 않았습니다. 그러나 대제사장들이나 바리새인들과는 달리 그들의 아랫사람들은 귀를 열어 예수님의 말씀을 들었고, 그로 인해 그들에게 주어진 임무, 즉 예수님을 잡아 오는 것을 포기하였습니다.

"당국자들이나 바리새인 중에 그를 믿는 자가 있느냐" 요 7:48

바리새인들은 아랫사람들에게 "당국자들이나 바리새인 중에 그를 믿는 자가 있느냐?" 라고 재차 물었습니다. 이 질문은 당국자들이나 바리새인 중에 예수님을 믿는 사람은 없다는 의미를 담고 있습니다. 그들은 적어도 유대교 지도자라면 이단이자 사설가인 예수를 믿지 않을 것이라고 확신했습니다.

"율법을 알지 못하는 이 무리는 저주를 받은 자로다" 요 7:49

바리새인들은 아랫사람들의 말에 분노가 일자 이제는 일반 백성들에게 화살을 돌렸습니다. 그들은 백성들이 '율법을 알지 못하는 저주받은 무리'라고 말했습니다. 그들은 종교적 우월감에 빠져 진리이신 예수님을 알아보지 못했을 뿐만 아니라 예수님께 마음의 문을 열고자 하는 사람들까지도 저주했습니다.

오늘날에도 자기의 신앙 기준에 따라 다른 사람들을 판단하고 정죄하는 사람들이 있습니다. 내 신앙만 옳고 다른 사람의 신앙은 모두 다 틀리다고 생각하는 오류에 빠진 사람들이 있습니다. 또한 오랫동안 신앙생활을 했다는 이유로 교만한 모습을 보이면서 다른 사람들의 연약함을 용납해 주지 않는 사람들도 있습니다. 주님의 은혜를 입은 우리는 결코 목이 곧은 사람이 되어서는 안 됩니다. 겸손한 마음으로 모든 사람과 화목하며 다른 사람의 연약함을 품어 주어야 합니다.

주님의 은혜를 입은 우리는 결코 목이 곧은 사람이 되어서는 안 됩니다.

"그중의 한 사람 곧 전에 예수께 왔던 니고데모가 그들에게 말하되 우리 율법은 사람의 말을 듣고 그 행한 것을 알기 전에 심판하느냐" 요 7:50-51

요한복음 3장에서 예수님을 찾아왔던 니고데모가 바리새인들이 아랫사람들과 대화하는 자리에 있다가 "우리 율법은 사람의 말을 듣고 그 행한 것을 알기 전에 심판하느냐?" 고 물었습니다. 니고데모는 다른 사람들의 눈을 의식해 밤중에 예수님을 찾아갔지만 예수님의 말씀을 듣고 거듭남의 진리를 깨닫는 은혜를 입은 사람이었습니다.

"그들이 내답하여 이르되 너도 갈릴리에서 왔느냐 찾아보라 갈릴리에서는 선지자가 나지 못하느니라 하였더라" 요 7:52

바리새인들이 예수님에 대해 감정적으로 판단하고 있다는 니고데모의 지적은 매우 합리적이었습니다. 그러나 이미 예수님을 잡아서 죽이고자 하는 마음이 가득한 바리새인들은 니고데모의 말에 귀를 기울이지 않았습니다. 도리어 니고데모에게 "너도 갈릴리 출신이냐?" 라고 인신공격을 했습니다. 그리고 "갈릴리에서는 선지자가 나지 못한다." 라고 말하며 예수님에 대한 자신들의 잘못된 판단을 정당화시켰습니다.

갈릴리에서 선지자가 나올 수 없다는 바리새인들의 비난은 사실 잘못된 것이었습니다. 왜냐하면 하나님께 귀하게 쓰임 받은 선지자들 중에는 요나, 엘리사, 호세아, 나훔, 아모스와 같은 갈릴리 출신들이 많았기 때문입니다. 결국 바리새인들은 자신들의 오해와 편견에 사로잡혀 예수님에 대한 올바른 판단을 내리기를 거부한 것입니다.

사랑하는 여러분, 우리는 오직 예수님을 삶의 주인으로 모시고 성령 충만한 삶을 살아갈 때에만 참된 만족과 기쁨을 누릴 수 있습니다. 우리 영혼의 목마름은 결코 세상에 속한 것으로 해결되지 않습니다. 아무리 높은 지위에 오르고 부귀영화와 명예를 얻는다고 해도 그것들이 우리에게 영원한 생명을 주지 못합니다. 우리 속에 예수님께서 계시지 않는다면 예수님께 적대적이던 유대인들처럼 교만과 오만으로 일그러진 영혼을 갖게 됩니다. 예수님을 사랑하십시오. 세상 끝 날까지 예수님을 사랑하십시오. 주님의 사랑에 매여 오직 주님만을 위해 살아갈 때 하나님 나라의 거룩한 상속자가 될 것입니다.

묵상을 위한 질문

1. 예수님께서 "누구든지 목마르거든 내게로 와서 마시라" 고 외치신 곳은 어디이며, 언제입니까(요 7:37)?

2. 예수님께서 위와 같이 외치신 장소와 때는 예수님께서 사람들에게 하신 말씀에 대하여 무엇을 말해 줍니까?

3. 예수님께서 "나를 믿는 자는 성경에 이름과 같이 그 배에서 생수의 강이 흘러나오리라" 고 하신 말씀에서 '생수' 는 무엇입니까(요 7:38-39)?

4. 대제사장들과 바리새인들이 예수님을 잡아오라고 보낸 아랫사람들은 어떻게 돌아왔으며, 그 이유는 무엇입니까(요 7:45-46)?

5. 당신은 예수님께서 말씀하신 생수의 강을 경험하고 있습니까?

암송 성구

"나를 믿는 자는 성경에 이름과 같이 그 배에서 생수의 강이 흘러나오리라 하시니" (요 7:38)

영원히
목마르지
아니하리라